§ 1 Generalklausel

Wer im geschäftlichen Verkehre zu Zwecken des Wettbewerbes Handlungen vornimmt, die gegen die guten Sitten verstoßen, kann auf Unterlassung und Schadensersatz in Anspruch genommen werden.

Die Kommentierung des § 1 wird in mehreren Lieferungen erfolgen, beginnend mit den Abschnitten C–E. Beim Vorliegen der Abschnitte A, B kann diese Seite entfernt werden.

C. Schutz sonstiger Marktteilnehmer („Stufenwettbewerb“)

Übersicht

Alphabetische Übersicht

Literatur

Ahlert/Siebenbrock Der Großhandelsbegriff im Spannungsfeld marketing-wissenschaftlicher, wettbewerbspolitischer und wettbewerbsrechtlicher Betrachtungen, BB 1987, Beil. 15; *Barth* Betriebswirtschaftslehre des Handels (1988); *Berg* Die Entscheidungspraxis zur Nachfragemacht im Handel: Formeln statt Fakten?, WRP 1986, 577; *Biedenkopf* Zur Problematik der Direktverkäufe durch den Großhändler, JuS 1962, 65; *Böger* Konditionenspreizung der Hersteller gegenüber dem Lebensmittelhandel (Wirtschaftspolitische Studien Heft 80) (1990); *Dietrich* Die wettbewerbsrechtliche Qualität der Sonderzuwendungspraktiken unter Kaufleuten, DB 1978, 525; *Droste* Der unzulässige Direktverkauf, WRP 1960, 27; *Droste* Schaufenstermiete in wettbewerbsrechtlicher Sicht, MA 1961, 745; *Droste* Der Direktverkauf als täuschende Werbung, DB 1961, 1185; *Droste* Rechtsfragen zum Direktverkauf, GRUR 1961, 67; *Droste* Rechtsprobleme des „Direktverkaufs“, WRP 1963, 253; *Engelhardt* Wandel der Marketing-Strategien im Bereich der Distribution, MA 1980, 50; *Exner* Der Mißbrauch von Nachfragemacht durch das Fordern von Sonderleistungen nach deutschem Recht (1984); *Franzen/Giessen* Einzelhandel und Nachfragemacht, BB 1978, 1642; *Gaedertz* Das „Anzapfen“ in wettbewerbsrechtlicher Sicht, WRP 1973, 250; *Gieseke* Die Untersagung von Parallelimport-Beschränkungen durch EG-Kommission und EuGH, Diss. Dortmund (1994); *Gillert* Die rechtliche Bewertung des sogenannten Anzapfens nach § 1 UWG (1980); *Gillert* Handelsfunktion und Nebenleistung, BB 1981, 702; *Graeff* Konsumgenossenschaftlich-gemeinwirtschaftlicher Einzelhandel und BGH-Funktionstheorie, BB 1981, 1801; *Gröner/Köhler* Der Selbstbedienungsgroßhandel zwischen Rechtszwang und Wettbewerb (1986); *Gümbel* Handel, Markt und Ökonomik (1985); *Hansen* Absatz- und Beschaffungsmarketing des Einzelhandels[2] (1990); *Hereth* Großhandel und Wettbewerbsrecht, WRP 1988, 352; *Herrmann* Anzapfverbote im Einzelhandel und privatrechtlicher Verbraucherschutz, GRUR 1982, 395; *Hiersemann* Verkäuferprämien, WRP 1964, 222; *Kaufer* Anmerkungen zur anekdotischen Wettbewerbslehre des Bundesgerichtshofs, BB 1992, 1731; *Kaligin* Die wettbewerbsrechtliche Beurteilung des „Anzapfens“ nach § 1 UWG und § 26 GWB (nF), WRP 1981, 129; *Hölzler/Satzky* Wettbewerbsverzerrungen durch nachfragemächtige Handelsunternehmen. Möglichkeiten und Grenzen ihrer Kontrolle (1980); *Kilian* Schutz des Verbrauchers oder der Handelsstrukturen? (1987); *Köhler* Wettbewerbs- und kartellrechtliche Kontrolle der Nachfragemacht (1979); *Köhler* Nachfragewettbewerb und Marktbeherrschung (1986); *Krahe* Zum Begriff „Großhandel“ bei Direktverkäufen, DB 1961, 1313; *Leipold* Ordnungspolitische Implikationen der Transaktionskostenökonomie, Ordo 36 (1985), 31; *Leo* Die Gewährung von sogenannten Verkäuferprämien – eine Methode der Absatzförderung, WRP 1966, 153; *Löhr* Sonderforderungen des Handels in wettbewerbsrechtlicher Sicht, MA 1973, 210; *Loewenheim* „Eintrittsgelder“ und Sittenwidrigkeit, GRUR 1976, 224; *G. Meier* Zur Sicherung des Leistungswettbewerbs (1977); *G. Meier* Verhaltensregeln der Wirtschaft und „Leistungswettbewerb“, WRP 1978, 514; *G. Meier* Maßnahmen des Nebenleistungswettbewerbs als unlauteres und marktmißbräuchliches Verhalten im Lebensmittel-Einzelhandel, DB 1980, 721; *Merz* Die Vorfeldthese (1988); *v. Moeller* Marktprozesse in der Distributionswirtschaft (1995); *Monopolkommission* Sondergutachten 7: Mißbräuche der Nachfragemacht und Möglichkeiten zu ihrer Kontrolle im Rahmen des Gesetzes gegen Wettbewerbsbeschränkungen (1977); *Monopolkommission* Sondergutachten 14: Die Konzentration im Lebensmittelhandel (1985); *Müller-Hagedorn* Handelsmarketing (1984); *Nieschlag/Dichtl/Hörschgen* Marketing[16] (1991); *Pernice/Pröpper* Funktionen des Einzelhandels und UWG-Relevanz, WRP 1979, 272; *Picot* Transaktionskosten im Handel. Zur Notwendigkeit einer flexiblen Strukturentwicklung in der Distribution, BB 1986,

Beilage 13; *Rödding* Scheinargumente im Wettbewerbsrecht, DB 1969, 1877; *Sack* Wettbewerbsverzerrungen durch „Anzapfen", WRP 1975, 261; *Schenk* Geschichte und Ordnungstheorie der Handelsfunktionen (1970); *Schricker* Funktionstreue des Großhandels – ein Rechtswert?, GRUR 1990, 567; *Schricker/Lehmann* Der Selbstbedienungsgroßhandel[2] (1987); *Seyffert* Wirtschaftslehre des Handels[5] (1972); *Siebenbeck* Zur Preisauszeichnung im Einzelhandelsbetrieb durch den Lieferanten, DB 1977, 1352; *Siebeneck* Verstoß gegen Einzelhandelsfunktion als Akt unlauteren Wettbewerbs?, BB 1979, 1475; *Sölter* Betriebs- und Belegschaftshandel in wirtschaftspolitischer Sicht, WuW 1956, 332; *Sölter* Nachfragemacht und Wettbewerbsordnung[2] (1960); *Spengler* Die Ausschaltung von Handelsstufen als ein Problem des Wettbewerbsrechts?, WuW 1957, 539; *Tietz* Der Handelsbetrieb (1985); *Treis* Zur Erklärung von Händlerverhalten mittels der Lehre von den Handlungsfunktionen, GRUR 1985, 955; *Warzecha* „Eintrittsgelder" für die Aufnahme von Markenartikeln ins Sortiment, BB 1975, 1602; *Weyhenmeyer* Der wettbewerbsrechtliche Großhandelsbegriff, WRP 1988, 141; *Wilde* Wettbewerbsverzerrungen und Wettbewerbsbeschränkungen durch Nachfragemacht (1979); *Wirtz* Der unlautere Handel mit dem Handel, GRUR 1985, 15.

I. Überblick und Grundlagen

1. Begriff des Stufenwettbewerbs

Im **traditionellen Mittelpunkt** des Lauterkeitsrechts steht die **Einzelhandelsstufe**, **C 1** auch Endhandelsstufe oder Endverbraucherstufe genannt, schlagwortartig verstanden als der **letzte Absatzschritt** in der Warendistribution von einem (gewerblichen) Anbieter zu einem (privaten) Nachfrager als Verbraucher. Der im Laufe der Zeit stattfindenden Einbeziehung des Verbraucherschutzes (dazu Einl. B Rdn. 32, 42 und 47; Einl. C Rdn. 4 ff; 24 ff) stand diese Blickwinkelverengung auf die Einzelhandelsstufe nicht im Wege, unterstützte sie eher noch.

Auf der vorgeordneten **Marktstufe des Großhandels** – wie der Einzelhandel wie- **C 2** derum in einer **Doppelrolle** jedenfalls des Nachfragers gegenüber den Herstellern und des Anbieters gegenüber dem Einzelhandel (näher, insbes. zur sog. Reziprozität, s. § 1 C Rdn. 32 ff) – war wohl schon begriffsbedingt weniger Raum für Verstöße gegen die guten Sitten iS des § 1 UWG, insoweit man für das Rechtsregime an irgendeinen kaufmännischen Ehrenkodex, an das Anstandsgefühl der beteiligten Verkehrskreise etc. anknüpfen wollte (zur Konkretisierung der „guten Sitten" grundsätzlich Einl. D Rdn. 1–136). Gleichwohl „anstößige" Praktiken mußten jedenfalls nicht unbedingt mit den Mitteln des Lauterkeitsrechts bekämpft werden, weil dagegen unter der Ägide einer lange nicht nur geduldeten, sondern namentlich in Krisenzeiten geradezu propagierten und von der Rspr. (RGZ 28, 238, 243 f; 38,155) von Anfang an mitgetragenen **Kartellfreiheit**[1] vielfach ein gesellschaftsrechtliches Instrumentarium zur Disziplinierung im Rahmen und iS einer – bestenfalls – selbstverwalteten Wirtschaft[2] zu Gebote stand.

Das Inkraftsetzen eines grundsätzlichen **Kartellverbotes** durch das GWB (BGBl. **C 3** I 1957, 1081) mit Wirkung zum 1. 1. 1958 einerseits, ein sich zunehmend verschärfender, die herkömmlichen Handelsstrukturen teilweise grundsätzlich in Frage stellender Wettbewerb andererseits, haben vor allem seit den ausklingenden 60er Jahren

---

[1] Bezeichnend schon *Kleinwächter* Die Kartelle (1883), S. 201: Kartelle als „Kinder der Not". Zur (deutschen) Kartellgeschichte vgl. hier neben *Emmerich* Kartellrecht[5] (1988) § 2, 2 nur *Rittner*[4] (1993) § 5 A II 1–3 sowie auch Großkomm.-*Schünemann* Einl. B Rdn. 18 ff.

[2] Zum nationalsozialistischen Zwangskartellgesetz vom 15. Juli 1933 (RGBl. I 1933, 488), das die im vordergründig privatrechtlichen Kontext agierende Wirtschaft in Wahrheit der Fremdverwaltung durch die Exekutive unterwarf, aufschlußreich *Brunner* Zwangskartelle (1936).

dieses Jahrhunderts das wettbewerbsrechtliche Augenmerk verstärkt auf einschlägige Phänomene gelenkt: Es geht hier um Besonderheiten in der wettbewerbsrechtlichen Beurteilung von oft neuartigen Maßnahmen im Wettbewerb etwa von Anbietern (Produzenten) um Großhändlern (Zwischenhändlern) und umgekehrt um die rechtliche Einschätzung von Verhaltensweisen im Zusammenhang mit deren Nachfragekonkurrenz gegenüber Lieferanten. Im Verhältnis zwischen Groß- und Einzelhandel stellen sich prinzipiell die gleichen Fragen, deren Eigenart häufig in eben der **Doppelrolle des Handels** auf der Groß- und Einzelhandelsstufe als Anbieter ebenso wie als Nachfrager gründet. Der hierbei zu thematisierende wettbewerbsrechtliche Schutz dieser sonstigen, nicht den (privaten) Verbrauchern zuzurechnenden Marktteilnehmer schließt wegen der Komplexität und Vernetzung der Gesamtwirtschaft freilich nicht aus, daß in der einen oder anderen Fallgruppe auch Verbraucherinteressen involviert sind.

C 4 Unter dem wenig aussagekräftigen Stichwort **„Nebenleistungswettbewerb"** (s. z. B. die „Gemeinsame Erklärung von Spitzenorganisationen der gewerblichen Wirtschaft" von November 1975, abgedruckt in § 1 C Rdn. 55; ferner *Meier* DB 1980, 721; *Herrmann* GRUR 1982, 395 ff) werden so die verschiedenartigsten Vorgänge thematisiert, wie **z. B.** die Auslobung von **Umsatzprämien** oder die **Regal- und Schaufenstermiete** durch Produzenten bzw. Großhändler einerseits, das Verlangen von Zahlungen für die Aufnahme eines Produktes in das Handelssortiment (**„Eintrittsgelder"**), die Abwälzung der **Preisauszeichnung** und der **Regalpflege** an vorgelagerte Wirtschaftsstufen seitens des (Einzel-)Handels andererseits. Zu dem Themenkreis des sog. Nebenleistungswettbewerbs wird ferner gerechnet das Verlangen von **Werbekostenzuschüssen** und von Sonderleistungen bei Neueröffnungen (etwa durch **Personalleihe**), von **Listungsgebühren** und **Investitionszuschüssen** etwa im Zusammenhang mit Geschäftseinrichtungen, von besonders weitgesteckten Zahlungszielen. Diskutiert wird schließlich z. B. die sog. **Konditionenspreizung**, allgemein: das Durchsetzen günstigerer Beschaffungsbedingungen durch marktstarke Nachfrager in Relation zu marktschwächeren (vgl. *Böger* S. 79 ff unter Einbeziehung auch kostenbedingter Preisunterschiede). Problematisch mag dann erst recht erscheinen, ob eine Umgehung von Groß- und Einzelhandel durch die Produzenten (**Direktvertrieb ieS, „Fabrikverkauf"**) oder die Herstellung unmittelbarer Leistungsbeziehungen zwischen Großhandel und Verbraucher unter Ausschaltung des Einzelhandels, also der **Direktvertrieb iwS**[3], mit den „guten Sitten" in Einklang steht.

C 5 Die derart skizzierten zahlreichen Versuche, die traditionelle Aufgabenverteilung zwischen Hersteller, Groß- und Einzelhandel etwa durch die Schaffung von verhältnismäßig neuartigen Handelsbetriebsformen wie den Großbetriebsformen des Selbstbedienungshandels substantiell zu verändern, paralysieren die **historisch gewachsenen Absatzstrukturen** mit teilweise durchgreifenden gesamtgesellschaftlichen Effekten (z. B. Innenstadtverödung, Existenzbedrohung des Mittelstandes als typischem Träger des Einzelhandels)[4]. Das gesamte Problemfeld zentriert sich somit um die Interessen der Produzenten sowie des Groß- und Einzelhandels und deren wettbewerbsrechtliche Schutzwürdigkeit unter dem ökonomischen Druck des Wettbewerbsprozesses und seines Innovationspotentials auch bezüglich der Ausgestal-

---

[3] S. a. auch *Droste* WRP 1963, 253, 259: Der direktvertreibende „Großhändler" überspringe gar nicht den Einzelhandel, sondern übe ihn schlicht aus.

[4] S. a. *Monopolkommission* Sondergutachten 14, Rdn. 74 ff.

tung des Absatzes im Spannungsfeld zwischen Produzenten und Konsumenten. Plakativ und bei entsprechendem Vorverständnis doch durchaus treffend formuliert handelt es sich hier insgesamt um Probleme des sog. **Stufenwettbewerbs** (Begriff wohl von *Sölter* Nachfragemacht S. 43), also des Wettbewerbs innerhalb der bzw. zwischen den Handelsstufen, ja, um die Existenzfrage einer Handelsstufe überhaupt.

Gelegentlich wird der **Begriff des Stufenwettbewerbs** aber auch in einem anderen Sinn verstanden: So wird unter dem Stichwort Stufenwettbewerb auch diskutiert, welchen Einfluß das Verhalten der Marktgegenseite, z. B. also das der Nachfrager, auf das Verhalten der Anbieter und ihre Marktstellung hat (vgl. *Knöpfle* Der Rechtsbegriff „Wettbewerb" und die Realität des Wirtschaftslebens (1966), S. 281 f mzN). Stufenwettbewerb wird hierbei somit als Synonym für den wettbewerblichen Austauschprozeß (vgl. Einl. A Rdn. 10) und das ihm eigene Spannungsverhältnis zwischen den beiden Marktseiten gebraucht (vgl. *Engelhardt* MA 1980, 50: Stufenwettbewerb als „Wettbewerb zwischen Hersteller und Handel"). Dagegen ist sachlich nichts einzuwenden, denn in der Tat wirkt wirtschaftlicher Wettbewerb nicht nur im Parallelprozeß, wie es einem recht laienhaften Verständnis von Wettbewerb entspricht, sondern auch im Austauschprozeß (eingehend Einl. A Rdn. 10 f, 29; Einl. D Rdn. 226 ff). **C 6**

Vielfach werden die Rechtsfragen des Stufenwettbewerbs unter einer unsachgerechten Blickwinkelverengung auf die **Warendistribution** formuliert und diskutiert. Vertriebsstufen sind nämlich nicht nur denkbar, sondern auch existent im **Dienstleistungsbereich.** Dieser volkswirtschaftlich sog. tertiäre Sektor hat allerdings auf weite Strecken der Wirtschaftsgeschichte gegenüber der Warenproduktion und -distribution nur eine untergeordnete Rolle gespielt, wenig Aufmerksamkeit gefunden und dementsprechend auch in der Ausbildung des Handelsbegriffs kaum Spuren hinterlassen. **C 7**

Beispiele für den **gestuften Dienstleistungsvertrieb** sind etwa im **Versicherungswesen** zu finden: Der Vertrieb des Produktes „Versicherung", im wesentlichen also die Organisation der Umverteilung von Versichertengeldern auf die Mitglieder der Solidargemeinschaft[5], erfolgt überwiegend durch selbständige (Klein-)Unternehmer, die als sog. Versicherungsagenten entgegen landläufigen Vorstellungen über den Handelsbegriff handelsrechtlich bezeichnenderweise als Inhaber eines Handelsgewerbes (!) nach §§ 1 Abs. 2 Nr. 7 i. V. mit 84 ff, 92 Abs. 1 HGB und damit als Kaufleute zu qualifizieren sind. Auch eine Binnenstufung wird hier erkennbar, und zwar in Gestalt des sog. Generalagenten (quasi der „Großhändler") einerseits und der sonstigen Versicherungsagenten andererseits. Auch das Pendant, die **Direktversicherung** ohne Einschaltung eines „Zwischenhandels" durch Versicherungsagenten, wird in der Praxis zunehmend vorgefunden. **C 8**

Eine ähnliche paradigmatische Vertriebsgestaltung im Dienstleistungsbereich tritt in der modernen **Telefonkommunikation** (Mobilfunk) entgegen, wobei neben dem Direktvertrieb (der Telefonkunde verabredet die Teilnahme am Telefonverkehr eines Netzbetreibers unmittelbar mit diesem) sogar eine Art Groß- und Einzelhandel unterscheidbar sind: Zwischen einem „Einzelhändler", der als Vertragspartner des **C 9**

[5] So im Kern ganz richtig – mit immensen rechtlichen und wirtschaftlichen Folgen – gegen eine durchweg sehr vordergründig, ja oft haltlos argumentierende hM andeutungsweise schon *H. D. Meyer* ZRP 1990, 424. Eingehend nun *Schünemann* BB 1995, 417, 419; *ders.* JZ 1995, 430, 431 ff; *ders.* JuS 1995, 1062.

Netzbetreibers nicht nur die erforderlichen technischen Einrichtungen an den Kunden liefert, sondern auch durch „Freischalten" der Telefonkarte mittels einer elektromagnetischen Manipulation diesem den Zugang zum Netz des Betreibers eröffnet, schiebt sich nicht selten als „Großhändler" ein sog. service-provider: Aufgrund seiner vertraglichen Beziehungen zum Netzbetreiber eröffnet der service-provider den Einzelhändlern von Mobilfunkgeräten erst seinerseits die Möglichkeit zum Freischalten der einschlägigen Telefonkarten unter Einbeziehung seines eigenen Serviceangebotes (Hotelreservierung, Pannenhilfe, elektronische „Mail Box" etc.). Damit gleitet der service-provider freilich von der Rolle des „Großhändlers" quasi in die des „Herstellers".

2. Handelsstufen und Handelsrecht

C 10 Die in der wettbewerbsrechtlichen Argumentation immer wieder aufgegriffenen Kategorien Groß- und Einzelhandel sind keine originären Resultate juristischer Dogmatik, sondern **wirtschaftswissenschaftlich besetzte Begriffe**, die sich vor dem wirtschaftsgeschichtlichen Hintergrund einer Entwicklung gebildet haben, welche im merkantilistischen Fernhandel, im kontinuierlichen, nicht messetypisch periodischen „Gewölbehandel" und ähnlichen vertikalen Ausdifferenzierungen der Absatzwirtschaft ihren Anfang nahm und im ausgehenden 19. Jahrhundert mit der deutlichen Ausbildung einer **zweistufigen Warendistribution** ihren (vorläufigen) Abschluß gefunden zu haben schien (*Henzler* HdSW (1965) S. 664, Stichwort: Großhandelsbetrieb; *Seyffert* Wirtschaftslehre S. 87 ff, 239 ff)[6].

C 11 Dieser Prozeß fand seinen Niederschlag auch in **handelsrechtlichen Unterscheidungen**. Das preußische Allgemeine Landrecht von 1794 etwa grenzte in seinem 2. Teil, Titel 8, 7. Abschnitt: „Von Kaufleuten" durch § 486 ALR die „Krämer ..., Hausierer, Trödler und gemeine Viktualienhändler" aus dem Kaufmannsbegriff aus und beschränkte das handelsrechtliche Regelungsfeld sonach ganz auf den Großhandel heutiger Lesart. Dem Handwerker war durch das ALR lediglich die Befugnis eingeräumt, „die von ihm verfertigte Arbeit in seinem Zunftbezirke, auch außerhalb des Hauses, anzubieten". Den Fabrikanten dagegen war ohne Aufnahme in eine Kaufmannsgilde der Vertrieb eigener Produkte hinwiederum nur mit der Einschränkung gestattet, daß keine „Vereinzelung ihrer Fabrikwaren", also gerade kein Einzelhandel, stattfand (näher zu den einschlägigen Vorschriften des ALR sowie zu sonstigen Quellen des 18. Jahrhunderts und den dort vorgenommenen handelsrechtlichen Unterscheidungen von Groß- und Einzelhandel: *Spengler* WuW 1957, 539 f). Während der Entwurf des ADHGB von 1848/1849 jede Unterscheidung von Groß- und Einzelhandel dezidiert abgelehnt hatte[7], wies Art. 10 ADHGB die „Höker, Trödler ..." etc. dann doch wiederum in eine handelsrechtliche Sonderstellung ein, schloß diese Einzelhandelsbetriebsformen aber immerhin nicht mehr vom Kaufmannsstatus schlechthin aus.

C 12 Der heutige § 4 Abs. 1 HGB, die Nachfolgeregelung des Art. 10 ADHGB, knüpft an das Erfordernis kaufmännischer Innenorganisation des Betriebes an (Notwendigkeit geordneter Buchführung, geordneter Material- und Personalwirtschaft sowie Auftragsverwaltung etc.). Die dadurch bewirkte **Grenzziehung** zwischen voll- und

---

[6] Zu den handelsökonomischen Eckdaten der Rechtsprobleme des Stufenwettbewerbs vgl. durchweg sehr instruktiv und prägnant *Schrikker/Lehmann* S. 1–96.

[7] Texte und Materialien bei *Baums* (Hrsg.), Beiheft Nr. 54 zu ZHR 146 (1982), hier S. 66.

minderkaufmännischem Handelsgewerbe deckt sich aber angesichts der Großbetriebsformen der Absatzwirtschaft auf einer zweiten Distributionsstufe, damit ex definitione eben auf der Stufe des „Einzelhandels", nicht mit dessen Abgrenzung gegenüber dem Großhandel. Zahlreiche Einzelhandelsbetriebe haben vollkaufmännischen Status, während in der Tat Großhandelsbetriebe mit minderkaufmännischem Zuschnitt kaum vorstellbar sind.

Die heutige **handelsrechtliche Irrelevanz der Distributionsstufen** für irgendeine spezifische normative Anknüpfung kann nicht verwundern, sprengt doch schon § 1 Abs. 2 Nr. 1 HGB mit der Einbeziehung von Produktionsbetrieben in das Handelsgewerbe eine absatzwirtschaftliche Begriffsform überhaupt. Die übrigen in § 1 Abs. 2 HGB bezeichneten Gewerbe zielen grundsätzlich auf Dienstleistungen ab und sind damit ebenfalls nicht mehr dem Handel iS von Warendistribution zuzuordnen. Vollends löst sich das Handelsrecht von irgendeinem gegenständlich oder funktional näher bestimmten Begriff des Handels, wenn § 2 HGB generalklauselartig jeden Betrieb bei Notwendigkeit kaufmännischer Innenorganisation als potentiellen Handelsbetrieb erscheinen läßt, oder wenn man an den Handelsbetrieb kraft Rechtsform (vgl. etwa § 13 Abs. 3 GmbHG i. V. mit §§ 6 Abs. 1, 1 Abs. 1 HGB) denkt. Das Handelsrecht schafft damit von vornherein einen Freiraum für eine „konkurrenzbedingte Evolution" des Handels und vermeidet insb. eine „Festschreibung bestimmter Warenverteilungsstrukturen" ebenso wie eine Festlegung von handelsspezifischen Betriebsformen (*Schricker/Lehmann* S. 15). Ob de lege lata die normativen Begriffskriterien des „Handelsgewerbes" gleichwohl zu eng oder überhaupt unsachgerecht, ja verfassungswidrig konzipiert sind[8], ist eine von dieser Feststellung unabhängige Frage. C 13

Auch unter der Geltung des HGB gab es wiederholt massive Verstöße, eine **festgefügte Statik** von Erzeugern und einen nachgeschalteten zweistufigen Vertrieb mit Groß- und Einzelhandel rechtlich zu gewährleisten. Besonders hervorgetan hat sich dabei der nationalsozialistische Gesetzgeber. So ermächtigte das sog. Wirtschaftsaufbaugesetz[9] den Reichswirtschaftsminister, Branchenorganisationen zu schaffen. In der Reichsgruppe „Handel" wurden demnach im Zuge der Umsetzung des Wirtschaftsaufbaugesetzes auch Groß- und Einzelhandel als jeweils eigene Gruppe instituiert. Sie grenzten sich ihrerseits untereinander durch das sog. Funktionsabkommen[10] mit einer enumerativ gefaßten Aufgabenverteilung und im übrigen auch insgesamt gegenüber Industrie und Handwerk klar ab[11]. Verfestigt wurde die Zweistufigkeit der Distribution durch mannigfache andere Rechtsakte, etwa durch das Gesetz zum Schutze des Einzelhandels[12] und die Anordnung zum Schutz des Großhandels[13]. C 14

Nach 1945 definierte das später allerdings weitgehend für verfassungswidrig erklärte[14] und aufgehobene[15] Gesetz über die Berufsausübung im Einzelhandel (BGBl. I 1957, 1121) und § 1 Abs. 1 noch einmal **Status und Funktion des Einzel-** C 15

---

8 Dazu eingehend unter umfassenden Nachweisen der Historie und des aktuellen Meinungsstandes: *Neuner* ZHR 157 (1993), 243 ff, insb. 286 ff.

9 Gesetz zur Vorbereitung des organischen Aufbaus der deutschen Wirtschaft vom 27. 2. 1934 (RGBl. I 1934, S. 185).

10 Abdruck bei *Britsch* Der deutsche Großhandel. Seine Aufgabe und sein Recht (1940), S. 49. Referierend *Krahe* BB 1961, 1313.

11 Vgl. *Gröner/Köhler* S. 20 ff.

12 RGBl. I 1933, S. 262 mit Änderung RGBl. I 1934, S. 523.

13 RWiMinBl 1940 Nr. 3.

14 BVerfGE 19, 330, 336 f; 34, 71 ff.

15 BGBl. I 1976, S. 2445.

handels. Einzelhandel betrieb demnach, „wer gewerbsmäßig Waren anschafft und sie unverändert oder nach im Einzelhandel üblicher Be- und Verarbeitung in einer oder mehreren offenen Verkaufsstellen zum Verkauf an jedermann feilhält". Nicht nur durch die Anschauung einer in der Vergangenheit für jeden erfahrbaren ökonomischen Lebenswirklichkeit, sondern auch und gerade durch – in einem weiten Sinne: handelsrechtliche – Rechtsnormen konnten sich die auch heute noch vorhandenen, sich mit einer veränderten ökonomischen Realität allerdings permanent reibenden festen Vorstellungen über ein vermeintlich sachgesetzlich verankertes Wesen von Groß- und Einzelhandel stabilisieren (s. zu alledem und weiterführend *Kilian* S. 18 ff; *Schricker/Lehmann* S. 18 ff). Diese Stabilisierung war so nachhaltig, daß die Judikatur selbst aus der Aufhebung des Einzelhandelsgesetzes noch ein Argument für die fortbestehende Gültigkeit jener Einzelhandelsdefinition gewinnen zu können glaubte[16]. Hinzukam, daß der Gesetzgeber auch in der Zeit nach 1945 durch Rechtsnormen, in denen der Groß- bzw. Einzelhandel offen oder versteckt Tatbestandsmerkmal ist[17], einen entsprechenden Definitionsbedarf erzeugte. Aus Sicht der Handelsökonomik wird damit freilich auf einen theoretisch wie realpraktisch sehr problematischen Begriff Bezug genommen.

3. Handelsökonomische Aspekte

C 16 **Wirtschaftswissenschaftlich** wird von einem sehr weiten (**„funktionalen"**) **Handelsbegriff** ausgegangen, schon wenn als Tauschobjekte[18] nicht nur **Realgüter** wie Gebrauchs-, Umsatz- und Investitionsgüter (juristisch jedenfalls als körperliche Gegenstände, also gemäß § 90 BGB als Sachen zu klassifizieren), sondern etwa auch **Nominalgüter** wie Geld oder Wertpapiere, Rechte und vor allem auch Dienstleistungen genannt werden (*Barth* S. 13; *Tietz* S. 4; *Müller-Hagedorn* S. 15). Handel ist dann die Gesamtheit aller Tätigkeiten von Herstellern, Groß- und Einzelhandelsbetrieben, Importeuren und Exporteuren, Lagerhaltern, Frachtführern, Reedern, Maklern, Handelsvertretern, Werbeagenturen, Marktforschungsunternehmen, Banken etc., die im Prozeß der Absatzmittlung die Spannungen zwischen Produktion und Konsumtion in räumlicher, zeitlicher, qualitativer und quantitativer Hinsicht zum Ausgleich bringen (*Hansen* S. 13 ff; *Treis* GRUR 1985, 955 f). Trotz dieses gedanklichen Ausgangspunktes wird aber tatsächlich die Problematik solcher unkörperlichen Wirtschaftsgüter als Tauschobjekte nicht im Rahmen der Handelsökonomik, sondern etwa in der speziellen Betriebswirtschaftslehre der Banken oder Versicherungen erörtert. Handelsökonomisch im Vordergrund steht damit doch der **„institutionelle" Handel**, die Distribution von beweglichen Sachgütern durch sog. Warenhandelsbetriebe (unter Einschluß von Importeuren bzw. Exporteuren), häufig unter Einsatz begleitender Dienstleistungen (*Müller-Hagedorn* S. 16 f; *Tietz* S. 4). Dieser institutionelle handelsökonomische Handelsbegriff bildet ersichtlich auch die **Basis** für die lauterkeitsrechtliche Diskussion von Problemen des Stufenwettbewerbs.

---

[16] Vgl. OVG Münster als Landesberufsgericht für Heilberufe, Entsch. v. 17. 1. 1990 – Az. 2 A 14/86 = Pharmazeutische Ztg. 1990, 92, 96.

[17] Vgl. z. B. § 6 a Abs. 2; § 7 UWG, § 1 LadenschlußG, § 7 Abs. 1 Nr. 1 Preisangabenverordnung, § 43 AMG, § 11 Abs. 3 BauNVO; s. ferner *Ahlert/Siebenbrock* BB 1987, Beil. 15, S. 6; *Gröner/Köhler* S. 25 ff.

[18] Die Ökonomik verwendet den Tauschbegriff juristisch gesehen durchweg untechnisch, also nicht iS von § 515 BGB, sondern als Synonym für Erwerb/Veräußerung von Sachen bzw. Erbringen von Dienstleistungen gegen Entgelt.

Doch lassen sich hier bedenkenlos auch Phänomene eines weitergehenden („funktionalen") Handelsbegriffs problematisieren.

Vor allem im Verlauf der **wirtschaftlichen Entwicklung** der letzten 100 Jahre ist in Deutschland wie in allen entwickelten Industrienationen ein kontinuierliches Wachstum des Anteils der Handelsleistung am Sozialprodukt festzustellen. Die Wachstumsraten des Handels als Teil des gesamtwirtschaftlich sog. tertiären Sektors sind, dabei bezogen auf die Urproduktion (primärer Sektor) und die verarbeitende Industrie (sekundärer Sektor), überproportional. Die Gründe dafür sind sehr vielfältig. So gehen etwa einerseits bei immer steigenden Produktionsmengen aufgrund von Degressionseffekten die Fertigungskosten pro Erzeugniseinheit zurück (economies of scale), andererseits aber steigt die Distributionsintensität zwecks Überwindung von Marktwiderständen gerade deshalb an. Die **Erhöhung der Distributionsaufgaben** ist ferner beispielsweise Folge einer veränderten Bevölkerungsstruktur und eines immer anspruchsvolleren Konsumentenverhaltens, dem bezüglich Warenverfügbarkeit in zeitlicher Hinsicht, Sortimentsbreite und -tiefe, hohen Beratungsbedarfs wegen hoher Produktkomplexität etc. Rechnung zu tragen ist, ohne daß wie in der Fertigung die Mechanisierung einen entscheidenden Rationalisierungsbeitrag leisten könnte (zu alledem s. nur *Barth* S. 15 ff mzN und statistischem Material; *Hansen* S. 26 f; *v. Moeller* S. 93 ff). **C 17**

Die Erhöhung der Distributionsaufgaben kontrastiert in gewisser Weise mit der schon seit der Wende zum 20. Jahrhundert festzustellenden, sich in den Jahren nach 1950 und vor allem in den 70er und 80er Jahren verstärkt abzeichnenden **Konzentrationsbewegungen im Handel** auf immer weniger voneinander unabhängige, unorganisierte Unternehmen[19], die unter Wettbewerbsdruck vor allem auf den Beschaffungsmärkten zunehmend international agieren[20]. Die Entwicklung der Warenhauskonzerne, der Supermarkt- und Baumarktketten im Einzelhandel, der Cash- and Carry-Lager – zumal in Kettenform – im Großhandel[21], steht hier als pars pro toto. Als Versuch einer Gegengewichtsbildung iS der Countervailing Power (dazu näher Einl. A Rdn. 21) entstanden auf der anderen Seite Kooperationen des mittelständischen Handels, zunächst Einkaufsgenossenschaften, später sog. freiwillige Ketten. Als diese dazu übergingen, im Interesse der Gruppeneffizienz innerorganisatorische Bereinigungen vorzunehmen und leistungsschwache Mitglieder zum Ausscheiden zu veranlassen, wurden sie unter Sinnerosion ihres Ursprungszwecks nicht selten selber Bestandteil des Konzentrationsphänomens (zu alledem s. *Hansen* S. 27 ff mzN). **C 18**

Angesichts der über lange Zeit stetig gewachsenen Bedeutung des Handels nicht auf den ersten Blick einleuchtend ist, daß der Handel sich gleichwohl bereits in der hellinistischen Philosophie (*Platon, Aristoteles*), durch Scholastiker (*Thomas von Aquin*), Physiokraten (*Quesnay*) und frühe Sozialisten (*Fourier, Owen*) bis in die Gegenwart hinein des Verdachts und des Vorwurfs erwehren mußte und muß, er sei letztlich **unproduktiv** und die Handelsspanne die Manifestation einer ökonomisch ungerechtfertigten Bereicherung[22]. Von daher verständlich werden die Anstrengun- **C 19**

---

[19] S. nur *Monopolkommission* Sondergutachten 7, S. 21 ff, 45 ff; *dies.* Sondergutachten 14, Rdn. 1 ff, 63 ff; s. a. *Böger* S. 59 ff mzN.

[20] Eingehend *Meissner/Simmet* in: *Trommsdorff* (Hrsg.) Handelsforschung 1990, 27 ff.

[21] Speziell zur Branchenstruktur des Großhandels vor dem Hintergrund des Konzentrationsprozesses s. *Schricker/Lehmann* S. 34 f.

[22] Vgl. zur einschlägigen Wirtschafts- und Wissenschaftsgeschichte insb. *Leitherer* Geschichte der handels- und absatzwirtschaftlichen Literatur (1961) S. 86 ff; *Gümbel* S. 13 ff, 25 ff, 193 ff; *Hansen* S. 585 ff; *Salin* Politische Ökonomie. Geschichte der wirtschaftspolitischen Ideen von Platon bis zur Gegenwart (1989) S. 3 ff, 60 ff, 93 ff; *Schenk* S. 1 ff – aaO S. 44 ff zu *Karl Marx* und seiner distanzierten Haltung gegenüber der Annahme einer „mehrwert"-schaffenden Pro-

gen der klassischen Handelsökonomik, die Leistung des Handels im Rahmen der gesamtwirtschaftlichen Wertschöpfungsprozesse nicht nur explikativ, in ihrer jeweiligen historischen Vorfindlichkeit, zu beschreiben, sondern zugleich mehr oder weniger normativ-legitimatorisch zu begreifen.

C 20 Den methodischen Hebel dafür lieferte die traditionelle Lehre von den **Handelsfunktionen**, die zunächst als aufgegebene Verrichtungen[23] und im Falle ihrer tatsächlichen Erfüllung als Handelsleistung und damit als Legitimationsargument iS der Wertschöpfungsforderung figurieren (*Schenk* passim; s. a. *Barth* S. 45 f). Die Lehre von den Handelsfunktionen unterscheidet dabei vier sog. **transpositorische Grundfunktionen**, die sich auf Güterumgruppierung, Bedarfsanpassung, Marktausgleichung und auch Sachgüteraufbereitung richten, wobei innerhalb des jeweiligen Funktionssegments dann auf hohem begrifflichen Niveau Differenzierungen vorgenommen werden[24]. **Güterumgruppierung** meint dabei die Umwandlung fertigungstechnisch bedingter Programme in bedarfsorientierte Sortimente, während die **Bedarfsanpassung** vor allem auf Überwindung räumlicher und zeitlicher Inkongruenzen zwischen Produzent und Verbraucher durch Transport und Lagerung, aber auch auf Beratung und Erbringung von Garantieleistungen zielt. Der Vorgang der **Marktausgleichung** bezieht sich auf Marktuntersuchung und Marktbeeinflussung, aber auch auf Umsatzakquisition und Umsatzabwicklung, also auf die eigentliche Abstimmung von Angebot und Nachfrage. Die **Sachgüteraufbereitung** schließlich umfaßt Maßnahmen der Sortierung, Mischung, Warenmanipulation, Montage, Wartung etc. Es handelt sich dabei strenggenommen um eine Güterumwandlungsfunktion, nicht um eine Handelsfunktion ieS. Sie wird jedoch als Handelsfunktion iwS eingeordnet, weil sie aus Distributionsvorgängen erwächst oder traditionell in bestimmten Branchen als Handelsaufgabe betrachtet und wahrgenommen wird (*Barth* S. 46 f; *Tietz* S. 14).

C 21 Die gängige, weniger von theoretischen Einsichten als vielmehr von der konkreten Anschauung typischer Gestaltungen des Wirtschaftslebens motivierte Unterscheidung von Groß- und Einzelhandel wiederum knüpft nicht an diese transpositorischen Grundfunktionen an, die dem Handel ja schlechthin eignen sollen, sondern an der Art der Einbindung des Marktpartners. Der **Großhandel** (im „institutionellen" Sinn, also der Großhandelsbetrieb) hat zum Unternehmensgegenstand die Umsatztätigkeit von Waren (und ggf. die Erbringung ergänzender Dienstleistungen) an Wiederverkäufer, Weiterverarbeiter, gewerbliche Verwender, sog. Freiberufler sowie Großverbraucher. Der **Einzelhandel** hingegen ist durch seine Tauschbeziehung mit (privaten) Letztverbrauchern unter Beschränkung auf Konsumgüter in kleineren Mengen gekennzeichnet, was in der Tendenz jedenfalls in früheren Epochen reflektorisch auf die jeweils relativ geringe Betriebsgröße im Einzelhandel einwirkte[25].

---

duktivität des Handels; *Treis* GRUR 1985, 955 f; *Weber* ZfB 1976, 47 ff; ferner *Barth* S. 43 f; *Tietz* S. 11.

[23] *Engelhardt* ZfbF 1966, 160; *Seyffert* Über Begriff, Aufgaben und Entwicklung der Betriebswirtschaftslehre[6] (1971) S. 26.

[24] Hierzu und zum folgenden s. *v. Moeller* S. 29 ff; *Oberparleiter* Funktionen und Risiken des Warenhandels[2] 1. Teil (1955); *Sundhoff* HdSW (1965) S. 762 ff, 766, Stichwort: Handel.

[25] Vgl. *Ausschuß* für Begriffsdefinitionen aus der Handels- und Absatzwirtschaft – angesiedelt beim Bundeswirtschaftsministerium, sog. Katalogkommission – 3. Ausgabe (1982) S. 20, 24; *Barth* S. 58; *Krahe* DB 1961, 1313; *Müller-Hagedorn* S. 25; *Seyffert* Wirtschaftslehre S. 146 ff; *Tietz* S. 27, teilweise **a. A.** (Umsatzhöhe entscheidend) *Droste* DB 1961, 1185.

In der Systematik der Handelsfunktionen werden jedoch als **Großhandelsfunktionen** besonders die Momente der Distanz- und Zeitüberbrückung, der Qualitäts- und Quantitätstransformation sowie die Informationsfunktion des Großhandels betont (*Ahlert/Siebenbrock* BB 1987, Beil. 15, S. 3; *Schricker/Lehmann* S. 29 ff mzN): Der Großhandel informiert die Marktpartner über Marktveränderungen auf der Beschaffungs- oder Absatzseite, gibt also einerseits dem Einzelhandel bei dessen schwierigen Einkaufsentscheidungen etwa angesichts der wachsenden Warenvielfalt und Sortimentsdiversifikation, aber auch angesichts bekanntgewordener Produktrisiken wirksame Hilfestellung, andererseits übermittelt der Großhandel produktorientierte Nachfragewünsche an den Hersteller. Außerdem wird dem Großhandel aufgrund seines spezifischen Marktgewichts, das seinerseits auf der Verstetigung der Absatzkontingente für den Hersteller beruht, eine wichtige Rolle bei der Preisdämpfung zugewiesen. **C 22**

Auf jeder Handelsstufe hinwiederum hat sich im Laufe der Zeit mit zunehmender Geschwindigkeit eine große Vielfalt von **Betriebsformen**[26] entwickelt, die nach sehr unterschiedlichen Kriterien näher kategorisiert werden können (eingehend *Müller-Hagedorn* S. 26 f, 60 ff; *Tietz* S. 34 ff): So kennt der **Großhandel** namentlich Sortiments- und Spezialgroßhandelsbetriebe, Cash-and-Carry-Lager (Selbstbedienungsgroßhandel), den rack-jobber („Regalgroßhändler“: Großhändler, denen in Einzelhandelsbetrieben Verkaufsraum oder Regalfläche zur Verfügung gestellt werden und die dort für eigene Rechnung Waren anbieten, die ggf. das vorhandene Sortiment – nur – ergänzen), Großhandels- und Handelsvertreterzentren, Werkhandelsunternehmen und vieles mehr. **C 23**

Noch breiter ist das Spektrum der **Betriebsformen im Einzelhandel**: Hier finden sich neben Fach- und Spezialgeschäften (spezialisierte Fachgeschäfte) das Gemischtwarengeschäft, das Warenhaus, das Gemeinschaftswarenhaus (räumlicher und organisatorischer Verbund zumeist selbständiger Einzelhandelsbetriebe, z. B. ein „City-Center“), das Kaufhaus (branchenspezialisiertes Warenhaus, z. B. Textil- oder Bekleidungskaufhaus), der Verbrauchermarkt, der Supermarkt, der Fachmarkt, das Discountgeschäft, der Drugstore, der Nachbarschaftsladen (Convenience Store), die Boutique, der Katalogschauraum, der Duty-Free-Shop, der Filialbetrieb, das Franchiseunternehmen, das Versandgeschäft, der „Heimdienst“ (insb. für Tiefkühlkost) und der Verkaufswagenverkauf als Teil des ambulanten Handels[27]. Noch gar nicht voll abzuschätzen ist der Einfluß des informations- und kommunikationstechnischen Innovationsprozesses auf das Marketing und dabei speziell auf neue Betriebsformen des Handels[28], wobei Telefon- und Btx-Verkauf beinahe schon zu vertrauten Absatzvarianten avanciert sind. **C 24**

Die Ausbildung der Handelsstufen selber ebenso wie die große Fülle unterschiedlicher Handelsbetriebsformen ist aus moderner wirtschaftswissenschaftlicher Sicht freilich nichts weiter als das Resultat einer umfassenden **„Ökonomisierung der Distribution“**[29]. Mit irgendwelche normativen Vorgaben kann sich diese Phänomeno- **C 25**

---

[26] Abweichend von der üblichen Nomenklatur (vgl. nur *Müller-Hagedorn* S. 25) spricht *Barth* S. 58 f hier vom „Betriebstyp“ (ähnlich *Tietz* S. 30), während er die „Betriebsform“ auf die Unterscheidung von Groß- und Einzelhandel münzt.

[27] *Barth* S. 94 ff; *Müller-Hagedorn* S. 26, 60 ff; *Tietz* S. 30 ff.

[28] Dazu *Simmet* Neue Informations- und Kommunikationstechnologien im Marketing des Lebensmitteleinzelhandels (1990).

[29] So der Titel des Werkes von *Klein-Blenkers* (1964); s. a. *Barth* S. 47 ff.

logie weder decken noch sich mit ihnen in Widerspruch setzen (s. a. *Treis* GRUR 1985, 955, 957). Da die auf dem Weg einer Ware zwischen Hersteller und Konsument zu erfüllenden Handelsfunktionen offensichtlich zu vielgestaltig und zu zahlreich sind, um sie alle gleichzeitig in einer einzigen Betriebsstätte zu bewirken, herrscht zwischen Produzent und Handel (im institutionellen Sinn) einerseits, innerhalb des Handels andererseits, eine sachliche und räumliche Arbeitsteilung. Nicht anders als in der Produktion ist auch in der Distribution das optimale Arrangement der „Produktions"-Faktoren der Handelsdienstleistung in Zeit, Raum, Qualität, Quantität, Kosten und Ertrag mit Blick auf die Erfüllung der Handelsfunktionen ex ante unbekannt. Erst der Wettbewerb liefert hier das Entdeckungsverfahren zur effizienten Koordination der auch in der Distribution herrschenden Arbeitsteilung und Verbesserung der handelsbetrieblichen Marktleistung durch erfüllte Handelsfunktionen.

C 26 Aus **gesamtwirtschaftlicher Sicht** stellt sich diese Ökonomisierung mithin als permanenter Rationalisierungs- und Auswahlprozeß möglichst wirtschaftlicher Funktionsausübung durch altbekannte wie innovative Absatzinstitutionen dar. Neue Ideen zur Marktbearbeitung und Marktsicherung, der technische Fortschritt, die Änderung der Konsumentenpräferenzen und des sozioökonomischen Umfeldes wie vieles andere mehr stellen die Handelsfunktionen selber, die Art ihrer Wahrnehmung, ihre Verteilung zwischen Hersteller, Groß- und Einzelhandel und die konkret vorfindliche Struktur der Absatzwirtschaft insgesamt ständig zur Disposition der wettbewerblichen Dynamik[30].

C 27 Die **„wirtschaftliche Bedingtheit der distributiven Funktionen"** und ihrer Wahrnehmung auf verschiedenen Handelsstufen in diversen Betriebsformen (*Hansen* S. 15) bringt es mit sich, daß Aussagen über eine ökonomisch „richtige" Funktionsaufteilung wegen der Unüberschaubarkeit der Marktfaktoren und deren stetiger Veränderung durch die Wettbewerbsprozesse selber wie durch exogene Einflußgrößen aus Sicht der Wirtschaftswissenschaften unmöglich sind. Jede normative Funktionszuweisung trägt deshalb den Charakter einer „willkürlichen Fixierung eines zufälligen Zustandes" (*Treis* GRUR 1985, 955, 957), die die Chancen einer zukünftigen Ökonomisierung der Distributionsvorgänge iS einer – permanent erforderlichen – handelsspezifischen Anpassungsleistung verbauen müßte.

C 28 Die Darstellung von Handelsfunktionen dient deshalb allein der **Beschreibung** und **Bestandsaufnahme** konkret vorfindlicher Distributionsverhältnisse in ihrer immer jeweiligen Historizität, und auch dies lediglich mit gesamtwirtschaftlichem Akzent. Die Lehre von den Handelsfunktionen taugt hingegen nicht, um in irgendein normatives Postulat, womöglich noch in bezug auf einzelbetrieblich übernommene, auf unternehmerischer Entscheidung beruhende Handelsfunktionen verkehrt zu werden. Die gegenteilige Auffassung würde, so wird in der handelsökonomischen Theorie betont, „einen Eckpfeiler marktwirtschaftlicher Wirtschaftsordnung" stürzen (*Treis* GRUR 1985, 955, 958). Gerade dann, wenn ganz neue Aufgaben der **Distributionslogistik** wie etwa in Entsorgung bzw. Recycling zu bewältigen sind, muß jede konservativ-normative Konzeption der Handelsfunktionen ihre ganze unproduktive Hilflosigkeit offenbaren. Das in der Wettbewerbsdynamik unter den Bedingungen von Handlungs- und Entschließungsfreiheiten der Wirtschaftssubjekte beschlossene Innovationspotential (dazu eingehend Einl. A Rdn. 28 ff, insb. 34) lie-

---

[30] *Engelhardt* MA 1980, 50; *Hansen* S. 15 ff; *Warzecha* BB 1975, 1602 f.

fert auch hier den weder antizipierbaren noch normativ fixierbaren Schlüssel zur Lösung durch Ausübung bisher unbekannter oder zumindest wenig beachteter „Funktionen".

Die Existenz des Handels, seiner Stufung und seiner Betriebsformen erklärt und legitimiert sich unter dem Regime des Wettbewerbs sonach aus der sog. **Transaktionskostenökonomik**[31], einer speziell handelsökonomisch formulierten Wettbewerbstheorie: Nur solange und soweit Handelsunternehmen in der Lage sind, die Spannungen zwischen verschiedenen Marktstufen und Marktpartnern zu geringeren Kosten abzubauen als diese selbst, nur solange und soweit es die einschlägigen Dienstleistungen kostengünstiger als andere Marktteilnehmer erbringen kann, kann und darf sich das Handelsunternehmen am Markt behaupten[32]. Im Verhältnis zu direktvertreibenden Produzenten[33] bestehen dafür von vornherein recht gute Chancen, weil die Mitwirkung des (institutionellen) Handels im Absatz grundsätzlich zur Reduktion der Transaktionskontakte und damit zur effizienzsteigernden Senkung des gesamten Transaktionskostenvolumens führt[34]. Diese Transaktionskostensenkung kann um so deutlicher ausfallen, je zahlreicher die Wirtschaftssubjekte auf den verschiedenen Wirtschaftsstufen sind und je größer die Sortimentsbreite bzw. -tiefe der nachgefragten Güter ist. Doch kann im Einzelfall gleichwohl der Direktvertrieb die ökonomisch vorzugswürdige Option darstellen, wenn z. B. Transportnachteile durch Vorteile zentraler Lagerung überkompensiert werden (vgl. *Tietz* S. 20 f). C 29

Sowohl Produzenten als auch Konsumenten können, aber müssen mithin nicht am (institutionellen) Handel interessiert sein. Sie sind es nur, wenn und soweit sie an der kollektiven Ressourcenersparnis in Folge des verminderten Gesamtvolumens der Transaktionskosten namentlich durch Preisvorteile partizipieren. Über Bestehen und Grad dieses **Partizipationseffektes** läßt sich vom Standpunkt eines außenstehenden Dritten wenig sagen: Nur die Marktteilnehmer selber vermögen Einschätzungen vorzunehmen und diese Einschätzungen durch „trial and error" anhand des Preises als wichtigstem Informationsinstrument zu evaluieren. Analog zu den güterwirtschaftlichen Marktprozessen und den von ihnen hervorgebrachten Produkten wirkt also auch auf der institutionellen Ebene des Handels der Wettbewerb als Entdekkungsverfahren, und zwar bezüglich effizienter, kostenminimierender Transaktions- bzw. Betriebsformen und Marktstrukturen (*Leipold* Ordo 35 (1985), 31, 42; *Nieschlag/Dicht/Hörschgen* S. 42; *Schricker/Lehmann* S. 3 ff). Wirtschaftswissenschaftlich gesehen gibt es eben nun einmal grundsätzlich „keine bestimmte Arbeitsteilung zwischen Industrie und Handel, die der marktwirtschaftlichen Ordnung vorgegeben wäre. Die jeweils effiziente Arbeitsteilung bildet sich vielmehr im funktionsfähigen Wettbewerb heraus" (*Monopolkommission* Sondergutachten 14, Rdn. 220). Die dabei aufgetretenen **Konzentrationsprozesse** erscheinen wettbewerbspolitisch keineswegs von vornherein negativ, sofern man nämlich davon abrücken muß, daß opti- C 30

---

31 Grundlegend *Coase* The Nature of the Firm, Economica Vol. 4 (1937), 386 ff. Zur Fortentwicklung dieses Ansatzes in Richtung auf die sog. Neue Institutionsökonomik s. vor allem *Williamson* The Economic Institutions of Capitalism, New York (1985).

32 *Ahlert/Siebenbrock* BB 1987, Beil. 15, S. 3 f; *Gümbel* S. 193 ff; *Picot* BB 1986, Beilage Nr. 13, S. 10 ff; *Schricker/Lehmann* S. 2 ff.

33 Für den direktvertreibenden Großhandel gilt Entsprechendes.

34 Zu diesem sehr eindrucksvollen Baligh/Michartz-Effekt s. im einzelnen *Gümbel* S. 110 ff; *Hansen* S. 349 ff; *Picot* BB 1986, Beilage Nr. 13, S. 6; *Tietz* S. 20 f.

male Wettbewerbsintensität die Funktion einer bestimmten Marktstruktur darstellt (vgl. Einl. A Rdn. 22 f).

C 31 Im Verlauf des evolutiven Wettbewerbsprozesses hat sich neben vielfältigen Veränderungen hinsichtlich der Handelsfunktionenwahrnehmung, der Handelsbetriebsformen und der Handelsstrukturen nicht zuletzt auch ein **fundamentaler Rollenwechsel** des (institutionellen) Handels eingestellt. Pflegten die Hersteller früher vor dem Hintergrund ihrer Angebotsmacht einen gleichsam patriarchalischen Umgangsstil gegenüber dem Handel, der bezeichnenderweise als bloßer „Erfüllungsgehilfe" der Produzenten im Rahmen deren Absatzinteressen tituliert wurde, so sieht man die Herstellerseite nunmehr oft geradezu als Opfer einer **Nachfragemacht des Handels** (vgl. *Köhler* Nachfragewettbewerb S. 8). Im Zuge der Ausübung solcher Nachfragemacht kann sogar umgekehrt der Hersteller zum „Erfüllungsgehilfen" des Handels werden, wenn dieser nur noch Produkte unter eigenen Handelsmarken vertreibt und jene Produkte von der Industrie quasi in Lohnfertigung herstellen läßt[35]. Nicht zuletzt dadurch bedingt kam es auch zu grundlegend veränderten Marketing-Strategien der Warendistribution (*Engelhardt* MA 1980, 50).

C 32 Den Begriffen Nachfragewettbewerb und Nachfragemacht liegt gewöhnlich ein prinzipiell einfaches **Deutungsschema** von Angebot und Nachfrage zugrunde. In ihm erscheint der Handel gegenüber den Produzenten als Nachfrager, gegenüber den Konsumenten seinerseits hingegen als Anbieter. Diese zunächst augenfällige Doppelrolle des Handels wird also dadurch charakterisiert, daß der Handel zu jeweils verschiedenen Marktpartnern, auf verschiedenen Marktstufen, in Beziehung tritt. Diese Sichtweise wird freilich den eigentlichen handelsökonomischen Gegebenheiten nur sehr bedingt gerecht, ja, sie verkennt im Grunde das Spezifikum moderner handelsökonomischer Realität überhaupt. Auszugehen ist gedanklich vielmehr vom **Synallagma** zwischen Leistung und Gegenleistung: Der Anbieter eines Wirtschaftsgutes ist zugleich Nachfrager des Tauschgutes. Dabei macht es prinzipiell keinen Unterschied, ob das Tauschgut, die Gegenleistung, nun in Geld, in Sachen oder in Diensten besteht. Was als Leistung, was als Gegenleistung zu gelten hat, ist angesichts ihrer vertragsdefinierten Äquivalenz ohnehin belanglos. Diese **synallagmatische Doppelrolle** des Handels gegenüber den Herstellern wird also gerade gegenüber demselben Marktpartner, auf ein und derselben Marktstufe, begründet. Bei den ökonomisch allein interessierenden synallagmatischen, also im weitesten Sinne entgeltlichen Transaktionen ist somit in Wahrheit ein **Parallelmarkt** vorhanden, der ein Schattendasein führt, solange allein Geld angeboten wird, aus seiner Virtualität aber heraustritt, sobald das Leistungsangebot sich ganz oder zum Teil auf Dienstleistungen bezieht.

C 33 Erst innerhalb eines solchen konzeptionellen Rasters, das mit dieser **Reziprozität der Märkte** in der Tauschbeziehung ernst macht, läßt sich die **Vertriebsleistung des Handels** richtig einordnen und sich die Frage des dafür entrichteten Entgelts beantworten[36]: Der Handel kann seine Vertriebsleistung selber zum Gegenstand von Tauschbeziehungen machen, sie quasi an die Marktpartner der vorgelagerten Marktstufe „verkaufen"[37]. Dabei variiert seine konkrete Vertriebsleistung nament-

---

[35] *Köhler* Nachfragewettbewerb S. 14 f; *Monopolkommission* Sondergutachten 14, Rdn. 220; *Nieschlag/Dichtl/Hörschgen* S. 54.

[36] S. zum Folgenden zutreffend *Köhler* Nachfragewettbewerb S. 14 ff; *Warzecha* BB 1975, 1602, 1604; s. a. *Koller* Der Gleichheitsmaßstab im Diskriminierungsverbot des Gesetzes gegen Wettbewerbsbeschränkungen (1972) S. 109.

[37] Verkannt von *Wirtz* GRUR 1985, 15, 19 ff.

lich in Abhängigkeit zur jeweiligen Handelsbetriebsform und der in ihr vertypten Handelsfunktion. Die Vertriebsleistung des Handels ist also keine von der Natur der Sache ein für allemal vorgegebene Größe, sondern ein Bündel von Leistungsmodulen (als wahrgenommene Handelsfunktionen), deren Umfang und Kombinatorik aus handelsökonomischer Sicht prinzipiell beliebig ist und zur freien unternehmerischen Disposition steht (s. a. *Warzecha* BB 1975, 1602 f).

Soweit die Gegenleistung hier – wie es auch sonst die Regel ist – monetär definiert wird, mag sie etwa als „Eintrittsgeld" oder „Werbekostenzuschuß" des Herstellers an den Handel in Erscheinung treten. Dabei zahlt der Händler also den vollen Warenpreis; lediglich verrechnungstechnisch wird seine Preisforderung kompensatorisch – im Wege der Aufrechnung oder durch Einstellen seiner Preisforderung in das Kontokorrent – in Ansatz gebracht. Nur insoweit ist es zutreffend, hier von einem indirekten Preisnachlaß zu sprechen[38]. Der **Preis für die Vertriebsleistung** des Handels mag aber beispielsweise auch von dem Warenumsatz abhängig gemacht und dann als Verkaufsprämie oder als „Funktionsrabatt", also als Preisnachlaß hinsichtlich der bezogenen Waren, ausgestaltet sein. **C 34**

Im **Funktionsrabatt**, der ja ein Abschlag auf den ansonsten geforderten Kaufpreis ist und damit logisch nur einem sog. Eigenhändler als Käufer im Rechtssinne zugute kommen kann, wird ferner deutlich, daß es keineswegs notwendig die Handelsspanne ist, in der das Entgelt für die Handelsvertriebsleistung steckt, und mit der der Warenabnehmer des Händlers diesen auch insoweit entlohnt. Deshalb macht es handelsökonomisch auch keinen Unterschied, ob **Träger der Handelsvertriebsleistung** nun etwa ein Handelsvertreter oder Kommissionär ist, dessen Vertriebsleistung mit der Provision abgegolten wird und die ja ebenfalls und schon prima facie ganz selbstverständlich vom Hersteller gezahlt wird, oder ob in den Vertrieb eben ein Eigenhändler eingeschaltet ist. Bei der sog. **Nachfragemacht des Handels** wird diese ökonomische Sachnatur lediglich besonders konturiert, ist aber auch ansonsten (gegenüber der vorgeordneten Marktstufe) in den Handelstransaktionsverhältnissen mehr oder weniger beschlossen. **C 35**

Erst im **Grenzfall**, in dem es dem Marktpartner, namentlich dem Hersteller gegenüber dem Großhandel oder dem Großhandel gegenüber dem Einzelhandel, auf die angebotene Vertriebsleistung überhaupt nicht ankommt, reduziert sich das Entgelt dafür auf Null: Es wird für die angebotene Vertriebsleistung keine geldwerte Gegenleistung erbracht, also kein Funktionsrabatt gewährt, kein „Eintrittsgeld" gezahlt, kein Personal überlassen etc. Dann aber macht handelsökonomisch die Einbindung eines Vertriebspartners überhaupt keinen Sinn, weil bei dieser Konstellation der Direktvertrieb indiziert ist. Bei alledem ist es aus wirtschaftswissenschaftlicher Sicht zumindest schief, hier vom „Nebenleistungswettbewerb" zu sprechen: Funktionsrabatt und „Eintrittsgeld", herstellerseitige Regalpflege und Preisauszeichnung beim Händler etc. sind weniger **„Nebenleistung"** des Herstellers zur „Hauptleistung" „Warenlieferung", als vielmehr die **„Gegenleistung"** für die vom Lieferanten auf dem Parallelmarkt nachgefragte Vertriebsleistung. Schon im Sprachgebrauch **C 36**

---

[38] S. a. *Loewenheim* GRUR 1976, 224, 225 f; *Meier* DB 1977, 537; *Warzecha* BB 1975, 1602 f. Fehl geht allerdings die Kritik, wenn die Ablehnung des sog. Eintrittsgeldes als indirekter Preisbestandteil mit der mangelnden Korrelation zwischen „Eintrittsgeld" und Warenumsatz begründet wird (so *Franzen/Giessen* BB 1978, 1642 f; *Löhr* BB 1976, 248). So, wie es fixe und variable Kosten gibt, gibt es auch fixe und variable Preise bzw. Preiselemente und Preisnachlässe (ganz richtig *Gillert* BB 1981, 702, 704; *Warzecha* BB 1975, 1602 f).

manifestiert sich also im Kern ein „mangelnder Einblick in die betriebswirtschaftliche Leistung" des Handels (*Barth* S. 44). Völlig verfehlt aber ist es, in diesem Zusammenhang von „parasitärem" Verhalten des Handels gegenüber den Herstellern zu sprechen (so aber *Löhr* WRP 1975, 370).

C 37 Betrachtet man diesen sog. **Nebenleistungswettbewerb** von finanzierungsmethodischer Seite, so wird hier die Vertriebsleistung des Handels schlicht nicht mehr – wie früher üblich – von dessen Vertragspartnern auf der nachgeordneten Marktstufe (Einzelhandel bzw. Konsumenten) vermittels der **Handelsspanne**, sondern von denjenigen auf der vorgeordneten Marktstufe (namentlich dem Produzenten) vergütet. Die analoge Konstellation einer Auswechselung von Finanzierungsquellen findet sich auf dem Zeitschriftenmarkt bei den nur für die Leser kostenlosen **Anzeigeblättern**: Ihre Finanzierung erfolgt eben nicht (mehr) durch einen Kaufpreis, sondern allein durch die Insertionsentgelte. Der Wettbewerbsprozeß hat hier wie dort zur Entdeckung früher unbekannter Finanzierungsmethoden geführt, die dem einzelnen Unternehmer unter den heute gegebenen marktlichen Randbedingungen eine höhere Effizienz im Hinblick auf Kosten und Ertrag versprechen.

C 38 Die synallagmatische Doppelrolle des Handels auf den reziproken Märkten, also als Nachfrage auf dem Produkt- oder Warenmarkt einerseits, als Anbieter auf dem Dienstleistungsmarkt für Vertriebsleistungen andererseits, wirft die Frage nach der Möglichkeit einer gedanklichen **Trennung** und jeweiliger Eigenständigkeit beider bzw. umgekehrt nach ihrer substantiellen **Einheit** auf. Diese Frage ist für die Handhabung des Kartellrechts mit seiner wirtschaftstheoretisch problematischen Konzeption abgrenzbarer (Partial-)Märkte (dazu bereits Einl. A Rdn. 19, 29) und der auf ihnen jeweils bestehenden Marktmacht zwar besonders drängend, erheischt aber auch für das Lauterkeitsrecht Beantwortung, weil verbreitet auch hier dem Marktmachtaspekt für das Sittenwidrigkeitsurteil schon ganz allgemein Bedeutung beigemessen wird (vgl. Einl. D Rdn. 103 ff) und speziell Vorgänge im Stufenwettbewerb ja unter dem Blickpunkt einer Nachfragemacht des Handels problematisiert werden.

C 39 Die kartellrechtliche Dogmatik diskutiert den Problemkreis kontrovers: Unter dem Teilaspekt, ob es einen **Markt für Vertriebsformen** (Fachhandel, Discount, Versandhandel etc.) gibt, wird teilweise die Nachfragemacht als solche letztlich überhaupt negiert und völlig in eine **Angebotsmacht** (bezüglich der zur Verfügung gestellten Vertriebsform) umdefiniert (vgl. z. B. *Kartte* WRP 1976, 1, 3; *Reimann* WuW 1976, 541; **a. A.** – mit unterschiedlichen Begründungen – etwa *Hölzler/Satzky* S. 22; *Möschel* in: Immenga/Mestmäcker GWB² (1992) § 22 Rdn. 40).

C 40 Demgegenüber beginnt sich die Einsicht Bahn zu brechen, daß man der ökonomischen Ontologie nur gerecht werden kann, wenn die Reziprozität des Warenmarktes und des Vertriebsleistungsmarktes iS einer **Markteinheit** verstanden wird (dazu eingehend *Köhler* Nachfragewettbewerb S. 22 ff): Es ist nicht sachgerecht, den Einsatz der Aktionsparameter auf beiden Seiten aufzuspalten in eine auf Warenbezug gerichtete Dimension und in eine solche, die auf die Erbringung von Vertriebsdienstleistungen abzielt. Der unlösbare, eben synallagmatische, wechselseitig sich bedingende Zusammenhang wird nur besonders augenfällig in einer Entgeltvereinbarung, die sich in einem durch Funktionsrabatte geminderten Warenpreis ausdrückt. Die herkömmliche, allein auf den Warenmarkt abhebende, mit „Nachfragewettbewerb" und „Nachfragemacht" operierende Terminologie stellt jedenfalls eine sachlich stark verkürzende Beschreibung komplexer handelsökonomischer Sachverhalte dar. Diese Praxis gewinnt nicht darum an Attraktivität, weil z. B. § 22 GWB die Alternative suggeriert, ein Unternehmen könne entweder nur als Anbieter oder (!) nur als Nachfrager am Markt auftreten.

Vollends lösen sich die traditionellen absatzwirtschaftlichen Denkstrukturen auf, wo selbst Warenvertriebsleistungen überhaupt nicht mehr von „Handels"-Unternehmen, sondern von Finanzdienstleistern wie **Kreditkartenunternehmen** erbracht werden. Die Denkfigur der angeblich von der Endverbraucherstufe **„abgeleiteten Nachfragemacht"**, also einer von den Güternachfragern als Kreditkarteninhabern abgeleiteten Nachfragemacht des Kreditkartenunternehmens, trägt deshalb weder zur Erfassung der ökonomischen Substanz noch zur Lösung der kartellrechtlichen Probleme letztlich etwas bei (s. *Horn* ZHR 157 (1993), 324 ff, 342 f; **a. A.** *Oechsler* ZHR 156 (1992), 330 ff, 338 f). **C 41**

4. Sedes materiae außerhalb § 1 UWG

a) Exkurs: **Das österreichische Nahversorgungsgesetz** (öNVG). Eine die Einflußnahme auf den Stufenwettbewerb deutlich thematisierende gesetzliche Regelung fehlt im deutschen Recht. Insofern unterscheidet sich die **Rechtsquellenlage** hier augenfällig vom benachbarten österreichischen Recht und seinem bereits aus dem Jahre 1977 stammenden, 1980 neu gefaßten und um ein gegenständlich beschränktes Verbot des Verkaufs unter Einstandspreis erweiterten Gesetz zur Verbesserung der Nahversorgung und der Wettbewerbsbedingungen (österr. BGBl. 1977 Nr. 392 und 1980 Nr. 121). Es ist entwicklungsgeschichtlich als direkte Antwort auf die auch in Österreich beobachteten starken Veränderungen in der Struktur des (Lebensmittel-)Handels zu verstehen (vgl. *Hölzler/Satzky* S. 78 ff; *Koppensteiner* § 11 II): Mit dem öNVG sollte den als aggressiv empfundenen Strategien nachfragestarker Handelsunternehmen, wie in Deutschland die herkömmliche Rollenverteilung zwischen Industrie und Handel durchgreifend zu verändern, Paroli geboten werden. Es ging aber nicht nur darum, einer als „Ausbeutung" durch Funktionsverlagerung und Konditionenspreizung verstandenen Entwicklung zu Lasten der Herstellerseite zu begegnen. Vielmehr war und wird gerade – wie der Gesetzestitel unterstreicht – bezweckt, die Position solcher Konsumenten zu stärken, die – z. B. aus Gründen eingeschränkter Mobilität – auf den Einkauf in Wohnungsnähe zumindest aus subjektiver Sicht angewiesen sind, infolge der Konzentrationsprozesse im Handel aber in der näheren Umgebung keine Kleinbetriebsformen des (Lebensmittel-)Einzelhandels mehr vorfinden (vgl. auch § 4 Abs. 2 öNVG). **C 42**

Das öNVG scheint im **Rechtsleben**, jedenfalls aber in der Judikatur Österreichs, praktisch keine Rolle zu spielen (vgl. *Koppensteiner* § 11 Abs. 3). Dies wird bereits auf seine gesetzgebungstechnischen Mängel zurückgeführt[39], vor allem aber auch auf seinen weitgespannten Adressatenkreis, der – jedenfalls dem Wortlaut der Normen entsprechend – nicht nur marktmächtige Handelsunternehmen umschließt. Der Sache nach wird damit, namentlich durch § 2 öNVG, ein allgemeines **Diskriminierungsverbot** statuiert (ebenso *Hackl* ÖBl 1982, 57, 60 f). Anders ausgedrückt wird der Versuch unternommen, eine umfassende materielle Chancengleichheit von Handelsunternehmen unterschiedlicher Größe zu erzwingen (s. a. *Koppensteiner* § 11 II mzN aus den Materialien sowie aaO § 12 II). Dieser Vorstoß ist unbeschadet **C 43**

[39] Vgl. dazu etwa *Barfuß* Österr. Zschr. f. Wirtschaftsrecht 1978, 10 ff; *John* GRUR Int. 1978, 343, 349.

seiner Beschwörung des „leistungsgerechten Wettbewerbs“ (§ 1 öNVG) nicht nur wettbewerspolitisch prekär (vgl. bereits Einl. D Rdn. 81 ff, 95 ff, 104), sondern auch schwerlich in operationale Normen zu fassen, eben weil er ansonsten die Privatautonomie offen in Frage stellen müßte[40]. Es überrascht deshalb nicht, daß die „Schlüsselformulierungen des Gesetzes überaus dunkel“ ausgefallen sind (*Koppensteiner* Vor § 11 S. 165, s. a. *Hölzler/Satzky* S. 80 f). Dies trifft nicht zuletzt – aus allerdings handelsökonomischen Gründen – auch auf die von § 1 Abs. 2 öNVG definitiv abverlangte Unterscheidung von **Haupt- und Nebenleistung** zu (*Koppensteiner* § 12 I 2).

C 44 Von seinem systematischen Standort her wird man das öNVG an die Nahtstelle von Kartellrecht und Lauterkeitsrecht zu stellen haben[41]. Dies entspricht im wesentlichen der in Deutschland ebenfalls in Kartell- wie Lauterkeitsrecht geführten Diskussion um die rechtliche Beurteilung der im Stufenwettbewerb involvierten Prozesse. Die mit dem öNVG gemachten Erfahrungen lassen von vornherein Skepsis angezeigt lassen, die stufenwettbewerblichen Prozesse in Deutschland normativ regulieren zu wollen, noch dazu lauterkeitsrechtlich auf der Basis einer Generalklausel.

C 45 b) **Kartellrechtliches Mißbrauchs-, Behinderungs- und Diskriminierungsverbot (§§ 22, 26 GWB).** Greifbare kartellrechtliche Ansatzpunkte zur Beurteilung von Maßnahmen im Stufenwettbewerb liefern §§ 22, 26 GWB. Vor dem Hintergrund des bewußten gesetzlichen **Verzichts** auf ein **allgemeimes Diskriminierungsverbot** (vgl. *Markert* in: Immenga/Mestmäcker GWB² (1992) § 26 Rdn. 53 ff) äußern sie sich dazu naturgemäß allerdings nur in den verhältnismäßig engen Grenzen ihrer an Marktbeherrschung (§§ 26 Abs. 2 S. 1 iV mit 2 GWB) bzw. an nur relativer Marktmacht (§ 26 Abs. 2 S. 2, Abs. 4 GWB) anknüpfenden, damit marktstrukturell determinierten, wettbewerbstheoretisch durchaus problematischen Konzeption[42].

C 46 Im thematischen Kontext hervorzuheben ist dabei vor allem, daß grundsätzlich im Rahmen der Prüfung, ob ein **sachlich gerechtfertigter Grund** für das Vertriebsverhalten vorliegt, nicht einmal den als Normadressaten in Betracht kommenden, namentlich durch ihre Marktstärke besonders exponierten Unternehmen von der **stRspr.** das Recht bestritten wird, ihr Absatzsystem nach eigenem unternehmerischen Gutdünken frei zu gestalten[43].

C 47 Für den **Beschaffungsmarkt** kann prinzipiell nichts anderes gelten. Für die Nachfrageseite gewinnt indes zunächst die spezielle **Abhängigkeitsvermutung** des § 26 Abs. 2 S. 3 GWB besondere Bedeutung[44]. Gleichwohl wird die Anwendung des § 26 Abs. 2 GWB auf (Handels-)Unternehmen mit sog. **Nachfragemacht** als problematisch angesehen. Denn gerade Verhaltensweisen solcher marktstarker, ja marktbeherrschender Unternehmen gelten wettbewerbspolitisch völlig zu Recht als ambivalent und werden jedenfalls nicht ohne weiteres als wettbewerbsschädlich eingestuft. So kann die Durchsetzung von Eintrittsgeldern oder einer Konditionenspreizung als

---

[40] S. a. *Mestmäcker* Der verwaltete Wettbewerb (1984) S. 104 ff.

[41] So auch *Hölzler/Satzky* S. 79; *Koppensteiner* Vor § 11, S. 165 mit Fn. 2.

[42] Vgl. hier nur Großkomm.-*Schünemann* Einl. A Rdn. 18 ff, 29, 70 und Einl. D Rdn. 103 ff, 209 ff, 225 ff; *Markert* in: Immenga/Mestmäcker GWB² (1992) § 26 Rdn. 60 f; ferner *Möschel* aaO § 22 Rdn. 141 f.

[43] BGHZ 38, 90, 102; BGH GRUR 1979, 177 – *Zeitschriften-Grossisten*; 1979, 792 – *Modellbauartikel I*; 1987, 393, 396 f – *Freundschaftswerbung*; 1989, 220 f – *Lüsterbehangsteine*.

[44] Dazu näher etwa *Markert* in: Immenga/Mestmäcker GWB² (1992) § 26 Rdn. 57; grundsätzlich kritisch *Hölzler/Satzky* S. 125 ff; *Köhler* DB 1982, 313.

Teil oder aber doch als Voraussetzung eines wünschenswerten aktiven Preiswettbewerbs auf der nachgeordneten Marktstufe mit dem Effekt eines möglichst niedrigen Verbraucherpreisniveaus begriffen werden. Zutreffend wird deshalb aus kartellrechtlicher Sicht betont, daß § 26 Abs. 2 GWB unter dem Stichwort „Bekämpfung der Nachfragemacht" nicht in den Dienst einer Marktordnungspolitik gestellt werden kann und darf, nur um durch Verringerung des Wettbewerbsdrucks auf den Beschaffungsmärkten des Handels und durch Abschaffung oder wenigstens Dämpfung eines vorgeblich „übersteigerten Nebenleistungswettbewerbs" außerwettbewerblich, etwa regional- oder mittelstandspolitisch inspirierte Wertungsvorstellungen über die „richtige" Verteilung wirtschaftlicher Funktionen auf den einzelnen Marktstufen durchzusetzen: Nur der Wettbewerb selber ist dazu imstande, vorausgesetzt, seine rechtliche Organisation wird nicht von Marktordnungsdenken, sondern vom **Leitbild** eines möglichst freien, in einem dynamischen Sinne funktionsfähigen Wettbewerb geprägt[45].

c) **Wettbewerbsregeln (vgl. § 28 GWB). aa) Wettbewerbsregeln des (deutschen) Markenverbandes.** § 28 GWB eröffnet Wirtschafts- und Berufsvereinigungen die Möglichkeit, die für ihren Bereich aufgestellten **Wettbewerbsregeln** von der Kartellbehörde anerkennen zu lassen und so (§ 29 GWB) deren **Freistellung vom Kartellverbot** des § 1 GWB zu erwirken (zur Rechtsgeschichte der §§ 28 ff GWB vor dem Hintergrund des Kartellverbots vgl. *Emmerich* Kartellrecht[5] (1988) § 11, 2). Seit der 2. Kartellrechtsnovelle von 1973 dürfen derartige Wettbewerbsregeln ausdrücklich den Zweck verfolgen, einem den Grundsätzen des leistungsgerechten – nicht nur des lauteren – Wettbewerbs zuwiderlaufenden Verhalten im Wettbewerb entgegenzuwirken und ein diesen Grundsätzen entsprechendes Wettbewerbsverhalten anzuregen. Derartige Leistungswettbewerbsregeln (s. bereits Einl. D Rdn. 94 f) wurden bislang im Einklang mit den Motiven der Novelle[46] gerade auch im Blick auf „Verzerrungen" im Stufenwettbewerb konzipiert[47]. Paradigmatisch hierfür sind die schon 1976 kartellbehördlich anerkannten (vgl. WuW/E BKartA 1633 ff) Wettbewerbsregeln des (deutschen) Markenverbandes (abgedruckt in WRP 1976, 576 ff), an die sich die Wettbewerbsregeln des österreichischen Verbandes der Markenartikelindustrie (abgedruckt in ÖBl 1976, 147 f) eng anlehnen (dazu näher *Koppensteiner* § 12 I 1 Fn. 4 aE, S. 175). C 48

Wettbewerbsregeln des Markenverbandes C 49

Zur Förderung eines leistungsgerechten Wettbewerbs und seiner Sicherung gegen wettbewerbsfremde Praktiken hat der Markenverband für die Markenartikelindustrie die nachfolgenden Verhaltensgrundsätze aufgestellt. Sie sollen auch dazu bei-

---

[45] Eingehend *Markert* in: Immenga/Mestmäcker GWB[2] (1992) § 26 Rdn. 62, 67 f; *Mestmäcker* Der verwaltete Wettbewerb (1984) S. 51, 82 f; *Lehmann* GRUR Int. 1985, 273 f.

[46] Begr. z. RegE, BT-Drucks. VI (1971)/2520, S. 34 f; Bericht d. Aussch. f. Wirtschaft, BT-Drucks. VII (1973)/765, S. 10.

[47] *Kellermann* in: Immenga/Mestmäcker GWB[2] (1992) § 28 Rdn. 24 f bezeichnen namentlich mehr als 30 solcher Regelwerke vornehmlich der Nahrungs- und Genußmittelindustrie. Im Dienstleistungsbereich scheinen Probleme des Stufenwettbewerbs weniger drängend zu sein oder zumindest als weniger drängend empfunden zu werden. Die Wettbewerbsrichtlinien der Versicherungswirtschaft jedenfalls als pars pro toto streifen dieses Thema höchstens, wenn sie beiläufig auf den Generalagenten zu sprechen kommen. Zum Stufenwettbewerb im Dienstleistungssektor s. bereits Großkomm.-*Schünemann* § 1 C Rdn. 7 ff.

tragen, den Mißbrauch von Marktmacht gegenüber Mitbewerbern und Marktbeteiligten anderer Wirtschaftsstufen zu verhindern. Als selbstordnende Maßnahmen dienen sie zugleich dem Schutz des Verbrauchers.

1. Verhalten bei Anzapfversuchen

Hersteller verstoßen gegen die Grundsätze eines leistungsgerechten Wettbewerbs, wenn sie sich von ihren Abnehmern „anzapfen" lassen, d. h. der Forderung nach zusätzlichen Leistungen ohne Gegenleistung entsprechen, die nicht unmittelbar mit dem Warenverkauf verbunden sind und zu deren Durchsetzung in offener oder verdeckter Form Druck ausgeübt wird. Unter den Voraussetzungen des Satzes 1 lassen sich die Beispiele für Leistungen, die ungeachtet ihrer jeweiligen Bezeichnung wettbewerbsfremd sind, nennen: Eintrittsgelder zur Anbahnung und Zahlungen zur Erhaltung oder Erweiterung der Geschäftsbeziehung, Listungsgebühren, Investitionsbeiträge, Einrichtungszuschüsse, Automationskostenbeteiligungen, Zuwendungen zu Jubiläen u. a., Ausgleich für Schäden und Umsatzausfall im eigenen Risikobereich, übersteigerte Werbegeschenke, Barzahlungen statt handelsüblicher Werbepräsente.

2. Freiwillige Sonderleistungen; Platzmiete

Ebenso ist es wettbewerbswidrig, wenn Hersteller zur Eröffnung oder Förderung einer Geschäftsbeziehung ihren Abnehmern aus freien Stücken Zuwendungen ohne Gegenleistung anbieten oder gewähren, die geeignet sind, geschäftliche Entscheidungen unsachlich zu beeinflussen. Insbesondere ist das Anbieten oder Gewähren von Schaufenster-, Regal- oder sonstiger Platzmiete wettbewerbswidrig.

3. Sonderprämien

Hersteller verstoßen gegen die guten Sitten im Wettbewerb, wenn sie die Mitarbeiter ihrer Abnehmer oder diese selbst unsachlich beeinflussen, indem sie Preisausschreiben oder Reisen veranstalten, Gewinne ausspielen, Prämien oder sonstige geldwerte Vorteile gewähren, um Bestellungen oder eine besondere Behandlung ihrer Erzeugnisse herbeizuführen oder den Verkauf von Erzeugnissen anderer Lieferanten zu unterbinden oder zu beeinträchtigen.

4. Arbeitskräfte der Industrie in Diensten des Handels

Die unentgeltliche Bereitstellung von Arbeitskräften des Lieferanten für die Mitwirkung im Geschäftsbetrieb des Abnehmers, insbesondere im Verkauf oder bei der Inventur, verstößt grundsätzlich gegen die Zugabeverordnung. Dies gilt nicht für die Tätigkeit von im Geschäftsbetrieb des Abnehmers tätigen Propagandisten des Lieferanten, die als solche eindeutig gekennzeichnet sind und die ausschließlich Ware dieses Lieferanten anbieten oder verkaufen. Zulässig ist ferner der Einsatz von Herstellerpersonal im Handelsbetrieb, soweit dies für die ordnungsgemäße Produktionsbetreuung (z. B. Frische-Kontrolle und -Gewährleistung) unabweisbar ist. Unzulässig ist dagegen die Übernahme der unentgeltlichen Auszeichnung jedes einzelnen Artikels mit dem Verkaufspreis des jeweiligen Abnehmers durch den Lieferanten oder für ihn tätige Dritte.

5. Display-Artikel mit Zweitnutzen

Sog. Display-Artikel mit überwiegendem Zweitnutzen, d. h. Gegenstände, die nur dem Scheine nach der vorteilhaften Lieferung oder Darbietung eines Markenartikels dienen, in Wirklichkeit jedoch dem Abnehmer oder seinen Mitarbeitern für den persönlichen Bedarf zugewendet werden, dürfen vom Hersteller nicht angeboten oder gewährt werden.

6. Mondpreise

Vom Hersteller unverbindlich empfohlene Preise für Markenwaren dürfen keine Phantasiegrößen sein, sondern müssen nach Marktbeobachtung tatsächlich erzielte oder voraussichtlich erzielbare marktgerechte Verbraucherpreise sein.

7. Mogelpackungen

Fertigpackungen, die der Hersteller in den Verkehr bringt, dürfen unbeschadet technisch notwendiger oder sonst zulässiger Ausnahmen nicht durch ein Mißverhältnis zwischen Packungsgröße und Fassungsvermögen eine größere Füllmenge vortäuschen, als sie tatsächlich enthalten.

8. Delkredere

Vergütungen für eine Delkredere-Übernahme dürfen nur gewährt werden, wenn dafür der tatsächliche Vorteil einer zusätzlichen Haftungsgrundlage geboten wird.

bb) Beispielskatalog des Bundeswirtschaftsministeriums. Da die regierungsseitig **C 50** in die Wirksamkeit von Leistungswettbewerbsregeln gesetzten Erwartungen allein durch die Novellierung des § 28 Abs. 2 GWB im Jahre 1973 (vgl. § 1 C Rdn. 48) sich nicht erfüllten, unternahm das Bundeswirtschaftsministerium schon 1974 einen erneuten Versuch, mit Hilfe des § 28 Abs. 2 GWB den – tatsächlichen oder auch nur vermeintlichen – Mißbräuchen der Nachfragemacht im Stufenwettbewerb zu begegnen. Gleichsam als „amtliche" Konkretisierung des leistungsgerechten Wettbewerbs und seiner Wirksamkeit bzw. seiner Verzerrung (vgl. *Emmerich* Kartellrecht[5] 1988 § 11, 2) wurde den Spitzenverbänden der deutschen Wirtschaft mit Schreiben vom 15. 11. 1974 ein entsprechender Beispielskatalog übermittelt (abgedruckt in WRP 1975, 24). Er wurde wegen der vielfach als Synonym für Geschäftsmoral begriffenen guten Sitten iS von § 1 UWG bald als **„Sündenregister"** apostrophiert (vgl. *Wiedemann* ZGR 1980, 147, 165), obwohl die Präambel sehr zurückhaltend gefaßt ist, namentlich also den Beispielskatalog nur iS dann möglicher, nicht aber notwendig vorliegender **Wettbewerbsverzerrung** verstanden wissen will und sich einer rechtlichen Wertung ausdrücklich enthält.

Zumindest in den beteiligten Verkehrskreisen ist der Beispielskatalog – wie gesagt – gleichwohl als offiziöse Statuierung von Wettbewerbsregeln im Stufenwettbewerb verstanden (vgl. auch die nur marginal distanzierte Stellungnahme des Rats des Deutschen Handels mit zahlreichen Fallbeispielen, WRP 1975, 293) oder von interessierter Seite wenigstens so propagiert worden. Dazu wiederum hat das entsprechende Anschreiben (wörtlicher Abdruck ebenfalls WRP 1975, 24) geradezu herausgefordert. In ihm heißt es, das Bundeswirtschaftsministerium gehe davon aus, daß die Verbände selber die erforderlichen Initiativen ergriffen, um derartige Praktiken zu Lasten kleinerer und mittlerer Unternehmen zu vermeiden. **C 51**

Beispielskatalog des Bundeswirtschaftsministeriums **C 52**

Wettbewerbsverzerrungen

Praktische Beispiele

Diese Zusammenstellung enthält – unabhängig von einer rechtlichen Wertung – Beispiele für Praktiken, bei denen es zu Wettbewerbsverzerrungen kommen kann.

Sie will in erster Linie solche Wettbewerbsverzerrungen erfassen, die – ohne positive preispolitische Wirkungen – zu machtbedingten Einkommensverteilungen führen. Durch Anwendung solcher Praktiken werden direkt kleine und mittlere Unternehmen auf der Marktgegenseite betroffen, indirekt aber auch kleine und mittlere Wettbewerber, die sich bei ihren Lieferanten oder Abnehmern entsprechende Vorteile nicht verschaffen können. Die erwähnten Praktiken sind keine Wesensmerkmale bestimmter Einkaufs- oder Verkaufssysteme, so daß ihre Vermeidung die erwünschte Vielfalt der Formen und Methoden des Einkaufs oder Verkaufs unberührt läßt. Einige Praktiken, insbesondere die verschiedenen Arten von Funktions- und Risikoverlagerungen, erscheinen nicht schlechthin problematisch, sondern nur insoweit, als diese Leistungen den Lieferanten oder Abnehmern einseitig abverlangt werden.

Tatbestände, bei denen es zu Wettbewerbsverzerrungen kommen kann

1. Eintrittsgelder für Erstaufträge
2. Regalmieten
3. Werbekostenzuschüsse
4. Sonderleistungen bei Neueröffnungen
5. Verlagerung der Regalpflege
6. Verlagerung der Preisauszeichnung
7. Inventurhilfe
8. Listungsgebühren
9. Deckungsbeiträge für Umsatzausfälle
10. Darlehen zu nichtmarktgerechten Bedingungen
11. Investitionszuschüsse
12. Beteiligung an Geschäftseinrichtungen
13. Buß- und Strafgelder
14. Fordern eines „Bündels" von Sonderleistungen mittels Fragebogen
15. Preisfallklausel
16. Jederzeitige Kontrolle des Abnehmers im Betrieb des Herstellers
17. Rabattkumulierung
18. Nachträgliche Erhöhung der vereinbarten Rückvergütungssätze für die Umsatzprämie
19. Besonders lange Zahlungsziele
20. Abwälzung von Kosten organisatorischer Betriebsumstellungen auf Lieferanten
21. Lieferverpflichtungen in ungewisser Höhe
22. Ausschluß der Kreditsicherung durch Forderungsabtretung
23. Gespalteter Abonnementspreis
24. Gespaltener Anzeigenpreis
25. Kostenlose Werbeexemplare über längeren Zeitraum.

C 53 Daran anschließend werden zu den vorgenannten enumerierten Tatbeständen sehr detaillierte, auf konkreten Geschäftsvorfällen basierende **Beispiele** gegeben.

C 54 cc) **Gemeinsame Erklärung der Spitzenorganisationen der (deutschen) gewerblichen Wirtschaft.** Die **Initiative des Bundeswirtschaftsministeriums** wurde von 15 Spitzenverbänden der gewerblichen Wirtschaft, namentlich auch des Deutschen Industrie- und Handelstages, alsbald aufgegriffen und mündete schon im November 1975 in deren „Gemeinsamer Erklärung", die am 25. 6. 1984 um ein Verbot des systematischen Verkaufs unter Einstandspreis erweitert und in dieser Form neu bekannt gemacht wurde (abgedruckt in WRP 1976, 9 bzw. MA 1984, 398, WuW 1984, 712).[48] Diese gemeinsame Erklärung findet ihr österreichisches Pendant in einer sachlich ähnlichen Erklärung der dortigen Bundeskammer der gewerblichen Wirtschaft zur Sicherstellung des „kaufmännischen Wohlverhaltens" iS er §§ 1 f des öNVG (dazu bereits § 1 C Rdn. 38 ff).

Gemeinsame Erklärung von Spitzenorganisationen der gewerblichen Wirtschaft C 55

Die Spitzenorganisationen und weitere Verbände der gewerblichen Wirtschaft haben die Initiative des Bundeswirtschaftsministers aufgegriffen, Wettbewerbsverzerrungen in der Wirtschaft entgegenzutreten. Die folgende Zusammenstellung hat das Ziel, im Wege der Selbsthilfe der Wirtschaft Störungen des Leistungswettbewerbs zu vermeiden und zu verhindern. Dies soll – unabhängig von einer rechtlichen Wertung – durch Aufzählen wettbewerbsverzerrender Verhaltensweisen geschehen, die sich z. Z. besonders störend bemerkbar machen. Die Aufzählung erhebt keinen Anspruch auf Vollständigkeit und kann im Bedarfsfalle geändert, ergänzt und fortentwickelt werden. Leistungsbezogene Rabatte sind nicht Gegenstand dieser Erklärung. Das natürliche Spannungsverhältnis zwischen den verschiedenen Marktstufen wird dabei ebenso anerkannt wie die Vielfalt der Formen und Methoden des Einkaufs und des Vertriebs. Zur Sicherung der marktwirtschaftlichen Ordnung müssen alle Beteiligten dazu beitragen, daß der Wettbewerb mit der Hauptleistung (z. B. Qualität, Preise und leistungsbezogene Rabatte) gegenüber einem übersteigerten Nebenleistungswettbewerb den ihm gebührenden Vorrang erhält und daß Wettbewerbsverzerrungen und Störungen des Leistungswettbewerbs sowie dadurch bewirkte, nicht leistungsbedingte Strukturveränderungen vermieden werden. Die Unternehmen und die Organisationen der gewerblichen Wirtschaft werden aufgerufen, diese Grundsätze in der Praxis zu verwirklichen.

Störungen des Leistungswettbewerbs treten nicht nur im Wettbewerb privater Unternehmen auf, sondern werden auch durch die öffentliche Hand als Auftraggeber und Abnehmer verursacht. Die Organisationen der gewerblichen Wirtschaft appellieren deshalb an die öffentliche Hand, auch im Bereich des öffentlichen Auftragswesens, insbesondere im Bauwesen, entsprechende Grundsätze zur Sicherung eines leistungsgerechten Wettbewerbs anzuwenden.

Nach gemeinsamer Auffassung gefährden folgende Verhaltensweisen den Leistungswettbewerb:

1. Das Anbieten, Fordern oder Gewähren von Geldbeträgen oder sonstigen Sonderleistungen, wie z. B. Eintrittsgelder, Automationskostenbeteiligungen, Investitions- oder Einrichtungszuschüssen anläßlich von Neueröffnungen, von Verwaltungskostenzuschüssen und von Darlehen zu nichtmarktgerechten Bedingungen für die Erteilung von Erstaufträgen oder die Aufnahme bzw. die Aufrechterhaltung von Geschäftsbeziehungen, wenn und soweit diese Sonderleistungen nicht ausschließlich zur Abgeltung besonderer Mehraufwendungen dienen, die dem Abnehmer durch die Einführung oder Abnahme der jeweiligen Erzeugnisse entstehen. Wettbewerbswidrig ist es in jedem Fall, solche Sonderleistungen mit der Auflage zu verbinden, die Geschäftsbeziehungen mit anderen Lieferanten oder Abnehmern vergleichbarer Erzeugnisse nicht aufzunehmen oder abzubrechen.

[48] Zu Geschichte, Motiven und Inhalt der Gemeinsamen Erklärung wegen seiner persönlichen Beteiligung bei ihrer Entstehung aufschlußreich *Hinz* WRP 1976, 4.

2. Das Anbieten, Fordern oder Gewähren einer Zahlung von Regal-, Schaufenster- oder sonstigen Platzmieten an den Abnehmer. Nicht darunter fällt es, wenn der Abnehmer beim Vertrieb nur als Vertreter oder Kommissionär des Lieferanten tätig wird (z. B. Rack-jobber-System).

3. Das Anbieten, Fordern oder Gewähren von Werbekostenzuschüssen und/oder sonstigen Werbeleistungen für einzelne Abnehmer (z. B. Verbundwerbung), ohne daß dafür eine angemessene spezifische Gegenleistung erbracht wird. Eine spezifische Gegenleistung ist die besondere Förderung der Ware eines Lieferanten z. B. durch Hervorhebung in Katalogen, Ordersätzen, Zeitungsanzeigen, Werbeflächen, Schaufenstern, Regalen und sonstigen Werbeträgern.

4. Das Anbieten, Fordern oder die Übernahme der unentgeltlichen Auszeichnung jedes einzelnen Artikels mit dem Verkaufspreis des jeweiligen Abnehmers durch den Lieferanten oder für ihn tätige Dritte.

5. Die Anforderung oder Bereitstellung von Arbeitskräften des Lieferanten oder der für ihn tätigen Handelsvertreter ohne Entgelt für die Mitwirkung im Geschäftsbetrieb des Abnehmers, insbesondere im Verkauf oder bei der Inventur. Darunter fallen nicht im Geschäftsbetrieb des Abnehmers tätige Propagandisten des Lieferanten, die als solche eindeutig gekennzeichnet sind und die ausschließlich Ware dieses Lieferanten anbieten oder verkaufen.

6. Die einseitige nachträgliche Festsetzung oder Durchsetzung von Deckungsbeiträgen für die Nichterreichung bestimmter Umsatzgrößen. Ausgehandelte Vertragsänderungen bleiben unberührt.

7. Die einseitige nachträgliche Festsetzung oder Durchsetzung günstigerer Vertragsbedingungen wie z. B. eine Erhöhung der vereinbarten Umsatzrückvergütungssätze, eine Gewährung vertraglich nicht vereinbarter sog. „Treuerabatte" oder Inanspruchnahme längerer Zahlungsziele unter Beibehaltung derselben Skontosätze.

8. Die einseitige nachträgliche Festsetzung oder Durchsetzung von Preiszuschlägen, insbesondere sog. Krisen- und Teuerungszuschlägen, sowie der nachträgliche Übergang zur Rechnungserteilung zu Tagespreisen. Das gleiche gilt für Preisabschläge. Ausgehandelte Vertragsänderungen bleiben unberührt.

9. Die Verleitung zum Bruch des Handelsvertretungsvertrages oder die bewußte Ausnutzung eines solchen Vertragsbruchs, um die im Preis enthaltene Provision des für den Lieferanten tätigen Handelsvertreters ganz oder teilweise als Sonderleistung zu fordern, anzubieten oder zu gewähren.

10. Die Forderung des Abnehmers nach Qualifikationskontrollen im Produktionsbetrieb des Herstellers, wenn diese Kontrollen nicht aufgrund der besonderen Gestaltung des Geschäftsverhältnisses zwischen den Parteien oder aus anderen sachlichen Gründen gerechtfertigt sind. Ungerechtfertigt ist es, den Abschluß von Verträgen von der Beantwortung von Fragen abhängig zu machen, die Betriebsgeheimnisse oder Betriebsinterna betreffen und durch den Vertragszweck nicht sachlich gerechtfertigt sind.

11. Die Beinträchtigung der Dispositionsfreiheit von Abnehmern durch folgende Maßnahmen:

a) Verteilung von Gut- oder Wertscheinen durch Lieferanten, die vom Verbraucher beim Einzelhandel eingelöst werden sollen; dies gilt nicht, wenn solche Sonderaktionen im Einvernehmen zwischen Lieferanten und Abnehmern erfolgen;
b) Werbeaktionen von Lieferanten, die bei Verbrauchern den Eindruck eines ermäßigten Preises hervorrufen, obwohl der Lieferant seine Bedingungen nicht geändert hat;

c) Abgabe von Display-Artikeln mit überwiegendem Zweitnutzen, welche dem Abnehmer nur dem Schein nach zur vorteilhaften Darbietung einer Ware zur Verfügung gestellt werden, tatsächlich aber für den persönlichen Bedarf des Abnehmers bestimmt sind.

12. Die Beeinflussung von gewerblichen Abnehmern oder deren Mitarbeitern dadurch, daß für sie Preisausschreiben oder Reisen veranstaltet, Gewinne ausgelost, Display-Artikel mit Zweitnutzen, Prämien oder sonstige geldwerte Vorteile durch den Lieferanten gewährt werden, um Bestellungen oder eine bevorzugte Behandlung ihrer Erzeugnisse herbeizuführen oder den Verkauf von Erzeugnissen anderer Lieferanten zu unterbinden oder zu beeinträchtigen.

13. Anforderungen der Lieferanten an die Sortimentsgestaltung, Vorratshaltung oder Präsentation der Ware als Voraussetzung für die Belieferung, soweit dadurch die Abnehmer in ihrer Dispositionsfreiheit unbillig eingeschränkt werden.

14. Die Irreführung über die Maßgeblichkeit von Preis- oder Rabattlisten.

15. Die Spreizung der Rabatte in einer Weise, die in keinem Zusammenhang mit den Abnahmeleistungen steht.

16. Die Beschränkung der Gewährung bestimmter Rabattarten ausschließlich auf marktstarke Abnehmer, obwohl die vergüteten Leistungen oder Risiken auch von kleineren Abnehmern übernommen werden.

17. Das Anbieten, Fordern oder Gewähren von Rabatten oder Vergütungen, die nicht der Abgeltung tatsächlich erbrachter Leistungen dienen, sondern lediglich der Verschleierung von Preisvorteilen.

18. Das Anbieten, Fordern oder Gewähren eines Skontos (Vergütung für vorzeitige Zahlung), obwohl die Zahlung nicht innerhalb der vereinbarten Fristen vor Fälligkeit erfolgt.

19. Die Behinderung von Wettbewerben dadurch, daß Waren an den letzten Verbraucher systematisch und ohne sachlich gerechtfertigten Grund unter dem Einkaufspreis angeboten werden.

d) **§§ 6a und 6b UWG.** Die mit den UWG-Novellen von 1969 (§§ 6a und b **C 56**
UWG) und 1986 (§§ 6d und e UWG, diese wiederum aufgehoben durch Art. 1 Nr. 1 UWG-ÄndG, BGBl. I 1994, 1738) in das UWG eingefügten Vorschriften sind vom Gesetzgeber mit dringenden Belangen des **Verbraucherschutzes** gegenüber Irreführungen begründet worden[49]. Inwieweit die genannten Normen im Hinblick auf diesen ausgewiesenen Zweck erforderlich und geeignet sind, wird freilich vielfach kritisch beurteilt (vgl. zum Meinungsstand § 6a Rdn. 1–7; § 6b Rdn. 1f; § 6d Rdn. 2–4; § 6e Rdn. 4f jeweils mzN)[50]. Vielmehr besteht schon aus der Gesetzgebungsgeschichte heraus durchaus Grund zu der Annahme, mit den genannten Bestimmungen sollte im Gewand des Verbraucherschutzes konservierende Handelsstrukturpolitik und gerade auch Mittelstandspolitik betrieben werden[51].

---

[49] Vgl. BT-Drucks. V (1966)/4035 = GRUR 1969, 338; BT-Drucks. 10 (1986)/4741, S. 11f und / 5771 S. 21.

[50] Zusammenfassende Kritik etwa bei *Emmerich* § 6, 8; s. a. *Schünemann* S. 161f, 167, 170ff. Die Verfassungskonformität der §§ 6a und b UWG bejahend BVerfG NJW-RR 1993, 1669; s. a. – kritisch – Großkomm.-*Schünemann* Einl. A Rdn. 94.

[51] Vgl. etwa die Hinweise bei *Baumbach/Hefermehl* § 6a Rdn. 1, § 6b Rdn. 2, § 6d Rdn. 3, § 6e Rdn. 3, jeweils mwN; *van den Bergh/Lehmann* GRUR int. 1992, 588, 598f; *Emmerich* § 6, 8a, bb mwN; *Schricker* GRUR int. 1992, 347, 359ff; speziell zu §§ 6a und b vgl. *Schrikker/Lehmann* S. 109ff.

C 57 Auch wer sich diese Sicht der Dinge nicht zu eigen macht, kommt schwerlich umhin, entsprechende handelsstruktur- und mittelstandspolitische Wirkungen vor allem der §§ 6a, 6b UWG, und in geringerem Maße auch der früheren §§ 6d und e UWG – zumindest bei deren üblicher sehr extensiver Interpretation – zu konzedieren (so offen auch § 6a Rdn. 6; vgl. auch § 6d Rdn. 4 und § 6e Rdn. 4: „als solche" hätten die struktur- und mittelstandspolitischen Schutzintentionen keinen gesetzlichen Ausdruck gefunden). Auf eben diese Wirkungen aber kommt es für Auslegung und praktische Handhabung der Normen entscheidend an.

C 58 Abgelöst von den wie auch immer gearteten Vorstellungen des historischen Gesetzgebers ist somit festzustellen, daß die §§ 6a, b UWG, aber auch die früheren §§ 6d und e UWG auf den Stufenwettbewerb objektiv Einfluß nehmen können bzw. konnten, und zwar mit einer die überkommenen Handelsstrukturen verfestigenden Tendenz. Mit der ersatzlosen Streichung der §§ 6e und d UWG hat der Gesetzgeber dieser strukturkonservierenden Tendenz zumindest zu einem Teil den rechtlichen Boden entzogen. Schon deshalb, aber auch aus handelsökonomischer Sicht (eingehend § 1 C Rdn. 25ff) ist es sonach verfehlt, mit *Borck* (WRP 1994, 719) den Regelungsgehalt der §§ 6e und d UWG nun einfach z. B. in die Generalklausel des § 1 UWG „umgießen" zu wollen, um „auf höherer Abstraktionsebene" argumentierend zu praktisch denselben Ergebnissen wie vor der Aufhebung jener Normen gelangen zu können.

5. Ansatzpunkte lauterkeitsrechtlicher Wertung innerhalb § 1 UWG

C 59 Die lauterkeitsrechtliche Beurteilung von Maßnahmen im Stufenwettbewerb anhand § 1 UWG setzt voraus, daß **„zu Zwecken des Wettbewerbs"** gehandelt wurde. Das von einer verbreiteten Meinung, vor allem auch in der Rspr. dabei durchweg für maßgeblich erachtete **„Wettbewerbsverhältnis"** wird – mit unzureichender, allein auf den wettbewerblichen Parallelprozeß abstellenden Begründung (vgl. *Meier* WRP 1978, 514, 516) – allerdings so weit gefaßt, daß es auch Maßnahmen im Stufenwettbewerb ergreift (s. im einzelnen Einl. D Rdn. 202ff, insb. Rdn. 204ff; zur Kritik aaO Rdn. 225ff; *Hölzler/Satzky* S. 42ff). Äußerstenfalls werden Wettbewerbsprozesse im (vertikalen) Austauschverhältnis umgedeutet in solche des (horizontalen) Parallelverhältnisses iS der Alltagsvorstellungen von „Konkurrenz": Der nachfragestarke Händler, der von seinen Lieferanten z. B. Investitionszuschüsse fordert, wird letztlich nicht in seiner Relation zu dem unter wirtschaftlichen Druck stehenden Lieferanten thematisiert, sondern in seiner angestrebten Vorzugsstellung gegenüber anderen Händlern (*Baumbach/Hefermehl* § 1 Rdn. 902).

C 60 **a) Rechtsprechung. aa) „Anzapfen".** Bei der Beschreibung und rechtlichen Bewertung von Maßnahmen im Stufenwettbewerb bedient sich auch die Rspr. seit der Entscheidung des OLG Düsseldorf v. 9. 3. 1973 (WRP 1973, 223 – *Regalpflege*) gelegentlich expressis verbis des Begriffs **„Anzapfen"**[52]. Es handelt sich dabei allerdings durchweg nicht um einen dogmatisch eigenständig herangezogenen Wertungs-

[52] So statt vieler BGH GRUR 1977, 619, 621f – *Eintrittsgeld*; GRUR 1982, 737 – *Eröffnungsrabatt*; s. ferner OLG Saarbrücken MA 1977, 292 und LG Saarbrücken MA 1978, 32 für die Überwälzung der Preisauszeichnung auf den Hersteller; vgl. im übrigen etwa Nr. 1 der Wettbewerbsregeln des Markenverbandes, abgedruckt in Großkomm.-*Schünemann* § 1 C Rdn. 49; aus der Literatur vgl. nur *Baumbach/Hefermehl* § 1 Rdn. 902; *Kaligin* WRP 1981, 129; *Löhr* MA 1973, 210, 214 (die Angabe des Verfassers mit „*Löh*" aaO. beruht offenkundig auf einem Redaktionsversehen); *Sack* WRP 1975, 261; *Wirtz* GRUR 1985, 15).

gesichtspunkt, sondern um ein bloßes „Schlagwort" (*Baumbach/Hefermehl* § 1 Rdn. 902) für ein **mixtum compositum** der nachgenannten Beurteilungskriterien.

Ist in der lauterkeitsrechtlichen Theorie und (Rechtsprechungs-)Praxis schon ganz allgemein eine Neigung festzustellen, **verschiedene Aspekte der Sittenwidrigkeit** alternativ bzw. kumulativ – etwa als „Gesamttatbestand"[53], als „Topoikatalog"[54] oder durch Bildung sich überschneidender Fallgruppen[55] – zur Geltung zu bringen, so trifft dies in besonderem Maße auf Argumentationen im Zusammenhang mit Problemen des Stufenwettbewerbs zu. Dabei wird die Einsicht in die dogmatische Substanz der jeweiligen Argumentation gelegentlich noch dadurch erschwert, daß hier Bewertungskriterien erwogen bzw. angewandt werden, die sich jedenfalls nicht ohne weiteres in das Raster einordnen lassen, das den Diskussionsstand bezüglich der „guten Sitten" prinzipiell kennzeichnet (dazu Einl. D Rdn. 8–116). **C 61**

Dies spiegelt sich auch in der Unterschiedlichkeit der vorfindlichen **Definitionsversuche.** Mit „Anzapfen", so heißt es etwa (*Baumbach/Hefermehl* § 1 Rdn. 902, 908), würden Verhaltensweisen von Händlern bezeichnet, die zur Förderung ihres Absatzwettbewerbs von Lieferanten eine Sonderleistung ohne Gegenleistung ihrerseits verlangten[56]. Ganz anders wiederum formuliert *Kaligin* (WRP 1981, 129): Unter dem Begriff „Anzapfen" seien alle Verhaltensweisen zu subsumieren, die nach der allgemeinen Verkehrsauffassung typischerweise dem Händler oblägen. **C 62**

bb) Irreführung. Im Kontext des anfangs im Vordergrund stehenden **Angebotswettbewerbs** innerhalb der Handelsstufen wurde dabei zunächst schwerpunktmäßig auf die **Irreführung** abgestellt, der die Marktgegenseite im Direktvertrieb unterliegen könnte: Gegenüber den Fehlvorstellungen der Marktgegenseite über die Doppelrolle des Anbieters als Groß- und Einzelhändler bzw. als Hersteller und Händler wurde der lauterkeitsrechtliche Schutz allerdings differenziert ins Feld geführt, indem die Schutzbedürftigkeit der Marktteilnehmer – private Verbraucher einerseits, Handelsunternehmen andererseits – unterschiedlich gewichtet wurde[57]. **C 63**

Der Gesichtspunkt der Irreführung erscheint in einer etwas anderen Wendung, wo durch Beeinflussung herkömmlicher **Handelsstrukturen** die einschlägige **Verbrauchererwartung** enttäuscht werden sollte: So diskutierte und bejahte teilweise die Rspr. die Gefahr, daß der Einzelhändler durch Gewährung von Sondervorteilen wie Verkaufsprämien, durch Teilnahme an einem Schaufensterwettbewerb, durch das Bestreben, die Entrichtung von „Eintrittsgeldern" und ähnlichem zu vermeiden, von einer ihm zugewiesenen Aufgabe abgelenkt bzw. abgehalten werden könnte, bei seinen Beschaffungsmaßnahmen eine sachkundige Prüfung vorzunehmen und im Blick auf seine Absatzmaßnahmen den Verbraucher objektiv zu beraten; eben dies aber werde vom Verkehr erwartet[58]. **C 64**

---

53 Eingehend Großkomm.-*Schünemann* Einl. D Rdn. 114 ff.

54 AaO Rdn. 157.

55 AaO Rdn. 158 ff.

56 Ähnlich BKartA WRP 1976, 576 f; *Emmerich* § 6, 8 d; *Koppensteiner* § 13 I 3 d unter Bezugnahme auf § 1 Abs. 2 öNVG; *Löhr* MA 1973, 210, 214.

57 BGH GRUR 1958, 557 – *Direktverkäufe*; 1968, 595 – *Wiederverkäufer*; 1968, 600 – *Ratio-Markt II*, 1979, 779 – *Wert-Koupons*; 1980, 545 – *Probierpreis-Aktion*. Vgl. zu dieser Rspr. insb. *Hahn* Behinderungsmißbräuche marktbeherrschender Unternehmen (1984) S. 159 ff; *Scholz* BB 1980 Beilage Nr. 5, S. 2 ff; s. a. *Merz* Vorfeldthese S. 134 ff.

58 BGH GRUR 1973, 475 f – *Preisausschreiben*; 1974, 394 f – *Verschlußkapsel-Prämie*; 1968, 600, 602 – *Ratio-Markt II*; BGH WRP 1971, 261, 263 – *clix-Mann*; 1977, 177 ff – *Schaufensteraktion*; WRP 1977, 183, 185 und – in der Vorinstanz – OLG Frankfurt a. M. WRP 1975, 367, 369 f – *Eintrittsgeld*; OLG Düsseldorf WRP 1979, 37 f und 868 f; s. a. *Barth/Möhlenbruch* DB 1973, 593, 598; *Scholz* BB 1980 Beilage Nr. 5, S. 6.

C 65 cc) **Behinderung.** Schon früh ist neben der Irreführung der Marktgegenseite, die wegen § 3 UWG nicht notwendig im Rahmen des § 1 UWG relevant hätte sein müssen, auch die nur in § 1 UWG normativ zu verankernde **Behinderung der Mitbewerber** als Unlauterkeitstopos erwogen worden. Die Durchführung eines Schaufensterwettbewerbs des Einzelhandels mit einem Preisausschreiben wurde allerdings unter dem Behinderungsaspekt nicht als unlauter gewertet (BGH GRUR 1959, 138, 142 – *Italienische Note*), wohl aber das Fordern von Eintrittsgeld[59]. Namentlich in der Schaufensteraktion-Entscheidung des BGH (WRP 1977, 177) wird die Verknüpfung des Irreführungsarguments mit dem Behinderungsargument manifest: In der Prämie des Herstellers an den Händler im Gegenzug für eine bestimmte Warenpräsentation in dessen Schaufenster sei die Möglichkeit einer allgemeinen Marktbehinderung beschlossen. Denn die Mitbewerber des Herstellers könnten dadurch gezwungen sein, ihre an sich den Produkten geltenden wettbewerblichen Absatzbemühungen auf ein gegenseitiges Überbieten des Entgelts für die Überlassung von Schaufensterraum zu verlagern.

C 66 dd) **Nachahmung.** Von der Rspr. wurde vielfach (vgl. nur BGH WRP 1977, 177 – *Schaufensteraktion*; 1977, 183, 185 – *Eintrittsgeld*) in Kombination mit anderen Erwägungen auch auf die zu befürchtende Nachahmung eines Wettbewerbsverhaltens hingewiesen. Diese **Nachahmungsgefahr** könne so entscheidendes Gewicht für das Unlauterkeitsurteil auch bezüglich eines Einzelverhaltens gewinnen, das für sich betrachtet durchaus noch tolerabel sei.

C 67 ee) **Ausübung von Marktmacht/Nötigung.** Vornehmlich in den erst später praktische Bedeutung gewinnenden Fallgruppen der sog. **Nachfragemacht** (zur handelsökonomischen Problematik der Begriffsbildung s. bereits § 1 C Rdn. 32 ff) hat die Rspr. bei ihren Überlegungen zur Sittenwidrigkeit von Maßnahmen im Stufenwettbewerb – konzeptionell im Schlepptau der sog. **Vorfeldthese** (dazu Einl. D Rdn. 107 ff; Einl. E Rdn. 22) – auch den Gedanken der **Marktmacht** bzw. der relativen Marktstärke einfließen lassen: Unternehmen, die eine entsprechende Marktstärke aufwiesen, könnten die Marktgegenseite – zumindest nach deren Eindruck – durch „Anzapfen" so unter Druck setzen, daß von einem wettbewerbsmäßigen freien Aushandeln der Leistungen nicht mehr gesprochen werden könne[60].

C 68 Sittenwidrige **Nötigung** im Stufenwettbewerb soll auch – unabhängig von der Stärke der Marktposition der Kontraktpartner – durch die sog. **vorverkaufende Werbung** (*Hölzler/Satzky* S. 16; *Schünemann* S. 179) ausgeübt werden können: Schon allein die durch Herstellerwerbung geförderte Bekanntheit und Beliebtheit einer Ware mag den Händler zwingen, diese Ware in sein Sortiment aufzunehmen[61].

C 69 ff) **Funktionswidriges Handelsverhalten.** Fügen sich die bislang genannten Wertungsgesichtspunkte durchweg in das Bild ein, das die Diskussion um die wettbewerblichen „guten Sitten" ganz allgemein bietet, so wird mit der **Funktionswidrig-**

---

[59] BGH WRP 1977, 183 und noch deutlicher in der Vorinstanz OLG Frankfurt a. M. WRP 1975, 367, 369 f; s. a. BKartA MA 1984, 188 – *Metro*.

[60] BGH WRP 1977, 183 f – *Eintrittsgeld*; 1983, 16 f und – in der Vorinstanz – OLG Hamm BB 1980, 1341 f – *Eröffnungsrabatt*; BGH GRUR 1982, 677 f – *Unentgeltliche Preisauszeichnung*; OLG Düsseldorf WRP 1973, 223, 225 – *Regalkostenbeteiligung*; GRUR 1974, 161 – *Bettelbriefe*; OLG Frankfurt a. M. WRP 1975, 593; OLG Hamm WRP 1977, 200, 203 f – *Jubiläumszeitschrift*.

[61] BGH GRUR 1969, 295 – *Goldener Oktober*; 1974, 345 – *Geballtes Bunt*; 1980, 805 – *Probierpreis-Aktion*; 1986, 478 – *Herstellerpreiswerbung*; BGHZ 3, 339 – *Rasierklingen-Umtauschaktion*; 23, 365 – *Suwa*; s. a. die Darstellung bei *v. Gamm* Kap. 25 Rdn. 8 ff.

keit ein offenbar neues (s. aber § 1 C Rdn. 62), speziell im Blick auf Probleme des Stufenwettbewerbs ins Feld geführtes, auf *Droste* (MA 1961, 745) rückführbares Sittenwidrigkeitskriterium in die Rspr. eingeführt. Seine dogmatische Eigenständigkeit wird nicht dadurch in Frage gestellt, daß dieser Gesichtspunkt gelegentlich in einer anderen sprachlichen Einkleidung, z. B. im Gewand einer angeblich einschlägigen Verbrauchererwartung erscheint (vgl. schon § 1 C Rdn. 64).

So verhielt es sich z. B. in der Entscheidung BGH GRUR 1961, 588 – *Einpfennig-Süßwaren*: Einzelhändlern waren „branchenfremde" sog. **Mitgehartikel** in Koppelung mit Süßwaren (der **„Hauptware"**) angeboten worden. Der BGH untersagte diese Vertriebsmethode, weil hierdurch die Gefahr begründet werde, daß die Einzelhändler wegen der Aussicht auf billigen Erwerb der Nebenware die Güter der Hauptware nicht mit der wünschenswerten Strenge prüften. Die Entscheidungsgründe stellen dann zwar darauf ab, es werde der Grundsatz der Sachlichkeit der Werbung in wettbewerbswidriger Weise verletzt (aaO S. 593). Diese Argumentation stützt sich aber ihrerseits auf die handelsfunktionale Erwägung, solche Wettbewerbsmethoden seien geeignet, den Handel durch Veranlassung und Ausnutzung sachfremder Erwägungen von der wichtigen, ihm im **Allgemeininteresse** obliegenden Aufgabe der kritischen, fachkundigen Prüfung des Hauptwarenangebotes abzulenken (aaO S. 593 f). **C 70**

Ähnliche Überlegungen stellt die höchstrichterliche Rspr. an, wenn sie anführte, Einzelhändler könnten durch Gewährung von Sondervorteilen von der ihrer Funktion entsprechenden sachkundigen Prüfung beim Einkauf der Ware abgehalten oder dazu verleitet werden, Kunden aus sachfremden Motiven zu beraten, so daß die Erwartung des Publikums auf eine im üblichen Rahmen objektive Beratung enttäuscht würde[62]. Denn der Einzelhandel und dabei besonders der Fachhandel habe auch nach der Verkehrsauffassung die Funktion eines selbständigen Mittlers zwischen Hersteller und Verbraucher; er dürfe sich deshalb bei der Auswahl von Erzeugnissen aus dem Angebot des Herstellers nicht nur von Gewinnerwartungen oder Handelsspannen leiten lassen. Vielmehr müsse vom Fach-(Einzel-)Handel erwartet werden, daß er zugleich mit dem Gewicht seiner **Sachkunde** hinter dem eigenen Angebote stehe und entsprechend seiner ihm auch vom Verbraucher zuerkannten Funktion solche Erzeugnisse beim Einkauf bevorzuge, die nach Art, Qualität und Preis für den Verbraucher vorteilhaft seien (BGH GRUR 1977, 257 – *Schaufensteraktion*). **C 71**

Eine Rolle spielte das Funktionsargument – außer in früheren Entscheidungen des LG Mannheim (BB 1964, 1023; WRP 1965, 107) – auch in einem Urteil des LG München (MA 1976, 141). Dort heißt es lapidar, Werbeaufwendungen für ein Jubiläum würden „typischerweise" nicht von den Lieferanten des Jubilars, sondern von diesem selbst erbracht. Ohne die lauterkeitsrechtliche Maßgeblichkeit dieser um übrigen unterstellten Typizität irgendwie näher zu begründen, subsumiert das Gericht damit wegen jener **Funktionsverschiebung** ohne weiteres unter § 1 UWG[63]. **C 72**

Auch das LG Saarbrücken (MA 1977, 13 f) folgt einem ähnlichen gedanklichen Duktus. In seiner Entscheidungsbegründung verweist es nicht nur auf die empfun- **C 73**

[62] BGH GRUR 1968, 600, 602 – *Ratio-Markt II*; WRP 1971, 261, 263 f – *clix-Mann*; s. a. BGH GRUR 1973, 474, 476 – *Preisausschreiben*; 1974, 394 f – *Verschlußkapsel-Prämie*.

[63] Das Schwergewicht der Entscheidungsgründe liegt freilich nicht auf dem Gesichtspunkt der Funktionsverschiebung, sondern auf dem psychologischen Druck, der gegen die Lieferanten ausgeübt werde, sich zur Vermeidung ökonomischer Nachteile an den Jubiläumsaufwendungen zu beteiligen.

dene Pression einer erheblichen Umsatzeinbuße bei Ablehnung des Verlangens, sondern hebt ohne tiefergehende Erwägungen auf eine angenommene **Funktionsverteilung** innerhalb der Handelsstufen ab, wobei es sich ausdrücklich auf die Wettbewerbsregeln gewerblicher Spitzenverbände bezieht.

C 74 In der insoweit zugrundeliegenden *Eintrittsgeld*-Entscheidung des BGH[64] wird das Funktionsargument dann expressis verbis und dogmatisch eigenständig, also losgelöst von einem Täuschungsmoment zu Lasten der Verbraucher, eingesetzt. Dem (Einzel-)Handel soll demnach innerhalb der Wirtschaftsordnung die im Allgemeininteresse an optimaler Güterversorgung liegende Funktion zugewiesen werden, aus dem Warenangebot der Hersteller diejenigen Waren auszuwählen, von denen er annehme, daß sie vom Verbraucher nach Art, Qualität und Preis bevorzugt würden, wenn dieser selbst auswählen würde. Ein Händler also verhalte sich nur dann **funktionsgerecht**, wenn er sein Warenangebot nach der Nachfrage der Letztverbraucher ausrichte. **Funktionswidrig** sei hingegen eine Sortimentspolitik des Handels, die sich an besonderen finanziellen Zuwendungen seiner eigenen Lieferanten orientiere. Diese Auffassung finde eine Stütze auch in der gemeinsamen Erklärung von Spitzenorganisationen der gewerblichen Wirtschaft zur Sicherung des Leistungswettbewerbs (vgl. § 1 C Rdn. 55). Eine grundsätzliche Abkehr des Handels von seiner Funktion sei lauterkeitsrechtlich nicht hinzunehmen, auch wenn – wie der BGH später klargestellt hat[65] – unterhalb der kartellrechtlichen Marktmachtgrenzen prinzipiell das bloße Aushandeln günstiger Preise durch den (Einzel-)Händler keine Funktionswidrigkeit darstelle[66].

C 75 Die genannte, sich als Klarstellung früherer Judikatur verstehende Entscheidung des BGH[67] greift sachlich allerdings wohl doch erheblich in die Substanz der Funktionsthese ein. Diese Entscheidung wird daher im Verein mit BGH GRUR 1982, 677 – *Unentgeltliche Preisauszeichnung* von der Literatur allgemein als Signal gewertet, daß sich die höchstrichterliche Rspr. von der lauterkeitsrechtlichen Orientierung an angeblichen oder tatsächlichen **Handelsfunktionen**, denen **normative Bedeutung** beigelegt wird, abkehren wolle[68].

C 76 Dezidiert auf eine funktionale Betrachtung stellte die höchstrichterliche Rspr. auch bezüglich des Großhandels ab. In einer allerdings zu § 6 a Abs. 2 UWG ergangenen Entscheidung (BGH GRUR 1978, 173, 175 – *Metro I*) heißt es, daß der Großhändler „den für den Einzelhandel geltenden Vorschriften und damit auch dem Verbot des § 6 a Abs. 2 UWG nicht unterliegt, soweit er eine funktionsechte Großhandelstätigkeit ausübt“ (von „funktions*gerechtem* Großhandel“ spricht z. B. OLG Frankfurt a. M. NJW-RR 1993, 874 – *Metro-„Kommissionskärtchen“*). Den Bezugsbegriff der **Funktionsechtheit** (oder der **Funktionsgerechtigkeit**) entfaltet die Rspr. dabei vornehmlich in einer historischen Dimension, wenn der BGH feststellt, daß zu den „typischen Großhandelskunden ... seit jeher (!) Wiederverkäufer, gewerbliche Verbraucher und diesen gleichstehende Großverbraucher“ gehörten. Im Zuge dieser Argumentation wird es weiterhin als „für den Großhandel allgemein funktionswidrig und dem Einzelhandel zuzuordnen“ bezeichnet, daß Einkäufe Ge-

---

64 GRUR 1977, 619 = WRP 1977, 183; s. a. OLG Frankfurt a. M. WuW/E OLG 1589.

65 GRUR 1982, 737 – *Eröffnungsrabatt*; s. a. OLG Hamm BB 1980, 1341.

66 Vgl. auch OLG Saarbrücken BB 1977, 710 und LG Saarbrücken MA 1978, 32; zu ihnen wiederum *Gillert* S. 16 ff.

67 GRUR 1982, 737 – *Eröffnungsrabatt.*

68 Vgl. nur *Emmerich* § 6, 8 d; *Knöpfle* Die marktbezogene Unlauterkeit (1983) S. 96; *Meier* DB 1982, 2178.

werbetreibender zur Deckung des privaten, nicht gewerblichen Bedarfs erfolgen. Allerdings sei auch im Rahmen eines „funktionsechten Großhandels" eine Deckung des betriebsfremden Eigenbedarfs des Kunden in gewissem Umfang tolerabel. Dies sei „seit jeher" üblich gewesen. Auch § 6 b UWG und die dazu ergangene höchstrichterliche Rspr. haben insgesamt zur Wiederbelebung handelsfunktionaler Vorstellungen mit normativem Anspruch beigetragen, Vorstellungen, die zuletzt die wirtschaftsrechtliche und ökonomische Realität im nationalsozialistischen Deutschland geprägt hatten[69].

Die vorstehend dargestellte „Funktions"-Judikatur entzieht sich nur prima facie gänzlich einer Einordnung in die traditionellen Strukturen der Dogmengeschichte zum Begriff der wettbewerblichen „guten Sitten". Nach ihrem Selbstverständnis ist diese Rspr. vielmehr eingebettet in den gedanklichen Kontext des **„Leistungswettbewerbs"** als Bestimmungsgrund jener „guten Sitten" oder wenigstens einer Wertungshilfe bei der Zulässigkeitsprüfung eines Wettbewerbsverhaltens im Rahmen des § 1 UWG (zum Leistungswettbewerb eingehend Einl. D Rdn. 81 ff). Diese argumentative Wahlheimat wird allenthalben deutlich, wenn die inkriminierte Funktionswidrigkeit z. B. mit einer „Verfälschung des Leistungswettbewerbs"[70], mit dem „Gesichtspunkt des unverfälschten Leistungswettbewerbs"[71], mit „Verzerrungen des Leistungswettbewerbs"[72] oder mit dem „leistungsgerechten Wettbewerb" und den „unter Leistungsgesichtspunkten besseren Angeboten"[73] in Verbindung gebracht wird (näher *Gillert* S. 21 ff). Schließlich wird der Aspekt des Leistungswettbewerbs als der Kern der „Funktions"-Judikatur erkennbar, wenn in den Entscheidungsgründen auf verbandliche Wettbewerbsregeln rekurriert wird, die sich ihrerseits dem Leistungswettbewerb verpflichet erklären[74]. C 77

b) Kritik und eigene Stellungnahme. Die in der Rspr. zum Stufenwettbewerb herangezogenen Wertungsgesichtspunkte induzieren eine ganze Palette kritischer Fragen, die allerdings grundsätzlich auch außerhalb des Stufenwettbewerbs zu stellen sind. Insoweit kann also auf die Kommentierung an anderer Stelle verwiesen werden. C 78

aa) „Anzapfen"? Besonders einzugehen ist an dieser Stelle zunächst hingegen auf den **Begriff** des „Anzapfens", weil er gerade auf Erscheinungen des Stufenwettbewerbs gemünzt ist. Wäre es möglich, diesen Begriff in einem rein deskriptiven Sinne zu verwenden, so wäre gegen ihn nichts einzuwenden. Tatsächlich aber suggeriert er notwendig zugleich die negative Bewertung des sog. Nebenleistungswettbewerbs[75]. Dieselbe **Bedeutungsinversion** weist im übrigen der ebenfalls im Zusammenhang mit dem sog. Nebenleistungswettbewerb gebrauchte Begriff der Wettbewerbsverzerrung auf (s. dazu insbes. § 1 C Rdn. 98 f): Sachverhaltsbeschreibung und Unterlauterkeitsverdikt bedingen einander (zu dieser bei der Operationalisierung der Generalklausel durchaus häufig praktizierte Inversionsmethode s. bereits C 79

---

69 Vgl. *Kilian* S. 17, 21 mzN der Rspr. z. B. BGH GRUR 1966, 323 – *Ratio-Markt*; 1975, 375 – *Kaufausweis II*; 1979, 411 – *Metro II*; BGH WRP 1974, 85 – *Großhandelshaus*; BGH BB 1978, 1538 – *Schäfer-Shop*.

70 LG Saarbrücken MA 1977, 13 f.

71 OLG Düsseldorf WRP 1973, 223 f.

72 OLG Saarbrücken BB 1977, 710.

73 BGH GRUR 1977, 619; s. a. LG Saarbrücken MA 1978, 32, 34.

74 Vgl. BGH GRUR 1977, 619 – *Eintrittsgeld*; LG Saarbrücken MA 1977, 13 f; zu den Wettbewerbsregeln vgl. Großkomm.-*Schünemann* § 1 C Rdn. 48 ff.

75 Treffend *Mestmäcker* Der verwaltete Wettbewerb (1984) S. 69 ff; zustimmend *Merz* Vorfeldthese S. 152 mit Fn. 473.

Einl. D Rdn. 164). Im Interesse einer lauterkeitsrechtlich vorurteilsfreien Auseinandersetzung mit den einschlägigen handelsökonomischen Phänomenen ist die Verwendung solcher stark affektiv wirkender Begriffe deshalb prinzipiell abzulehnen.

C 80 Inhaltlich ist gegen die Perhorreszierung des „Anzapfens" ganz prinzipiell geltend gemacht worden[76], die **Schutzwürdigkeit des Nachfragewettbewerbs** sei schwerlich zu begründen, weil der Nachfragewettbewerb tendenziell nicht preissenkend, sondern preistreibend wirke. Damit sei aber auch offen, warum Nachfragemacht wettbewerbsrechtlich überhaupt bekämpft werden solle. Der Auffassung, im „Anzapfen" liege eine leistungsfremde Behinderung der Konkurrenten des anzapfenden Nachfragers (BKA WuW/E 2092 f – *Metro-Eintrittsvergütung*), sei entgegenzuhalten, daß in einem günstigen Einkauf ebenso eine wirtschaftliche Leistung liege wie in dem günstigen Verkauf auf der folgenden Marktstufe, den jener Einkauf erst ermögliche. Die Dinge würden auf den Kopf gestellt, wolle man die Wahrnehmung von Einkaufsvorteilen als leistungsfremd, wettbewerbswidrig und damit sittenwidrig einstufen. Auch das volle Ausnutzen einer Nachfragemacht sei in der Regel nur „angewandte wirtschaftliche Vernunft", die entscheidende und wünschenswerte Triebfeder des ökonomischen Geschehens. Wolle man dem Grenzen setzen, so sei dazu das Kartellrecht heranzuziehen.

C 81 Dieser **Kritik** ist alles in allem **zuzustimmen**, wenngleich die Zweifel an der Schutzwürdigkeit der Nachfragekonkurrenz nicht geteilt werden können. Sie beruhen nämlich ihrerseits auf einer äußerst fragwürdigen Unterstellung, nämlich dem „niedrigsten" Preis als Wettbewerbsfunktion[77] (zu den Wettbewerbsfunktionen s. Einl. A Rdn. 22, 28). Schief ist auch, das hier diskutierte Marktgeschehen allein unter dem Blickwinkel des Handels als Nachfrager zu sehen, wo doch in Wahrheit von ihm – zumindest auch – Vertriebsleistungen angeboten werden (vgl. § 1 C Rdn. 33). Nachhaltig zu unterstreichen ist der Hinweis auf die **Sperrwirkung**, die das Kartellrecht hier entfaltet (vgl. bereits Einl. D Rdn. 103–109; Einl. E Rdn. 22 ff). Die Mobilisierung des Lauterkeitsrechts würde in der Tat unter Rechtssicherheitsaspekten das unlösbare Gradationsproblem erzeugen, jenen Schwellenwert festzulegen, von dem ab unterhalb der kartellrechtlichen Marktmachtgrenzen der Egoismus des Handels sittenwidrig sein sollte.

C 82 **bb) Behinderung der Konkurrenten oder der Marktgegenseite?** Der Behinderungsaspekt sieht sich in seiner diffusen Generalität mit denselben **Bedenken** konfrontiert, die gegen die Rechtsfigur einer marktbezogenen Unlauterkeit in ihrer Version eben als allgemeine Marktbehinderung geltend zu machen sind (s. schon Einl. D Rdn. 101 f; ausführlich auch § 1 D Rdn. 3 ff). Besonders prekär erscheint der Rekurs auf die Nachahmungsgefahr (eingehend dazu Einl. D Rdn. 99, 110 ff) und auf die Belange eines ominösen Allgemeininteresses (aaO Einl. B Rdn. 32 ff; Einl. C Rdn. 5 f, 19, 26 ff). Dogmatisch unattraktiv ist ferner, die Frage lauterkeitsrechtlicher Zulässigkeit stufenwettbewerblicher Maßnahmen unter dem Topos der Marktmacht bzw. relativen Marktstärke zu beantworten, weil dies die Anerkennung der sog. Vorfeldthese zur Voraussetzung hat. Diese verschüttet im Ergebnis aber die kartellrechtlichen Grundentscheidungen und ist deshalb ihrerseits abzulehnen (eingehend Einl. D Rdn. 107 ff; Einl. E Rdn. 22 ff; s. a. § 1 D Rdn. 14).

C 83 cc) **Enttäuschung der Verbrauchererwartung?** Im Zusammenhang mit der Irreführung bzw. Enttäuschung von Verbrauchererwartungen ist auch hier problema-

---

[76] *Knöpfle* Die marktbezogene Unlauterkeit (1983) S. 96 ff; *ders.* JZ 1982, 923, 925 f.

[77] Ähnlich auch *Herrmann* GRUR 1982, 395, 400.

tisch, ob z. B. die dabei involvierten Verkehrsauffassungen empirisch zu erheben und nur ggf. normativ zu korrigieren sind, oder ob nicht – was zu bejahen ist – von vornherein eine normative, **„normierte" Verkehrsauffassung**, ausgerichtet am **Leitbild des mündigen Wirtschaftsbürgers**, als Maßstab anzulegen ist (dazu Einl. C Rdn. 25; Einl. D Rdn. 251 ff, insb. 255 ff, 267 ff; **a. A.** aber § 3 Rdn. 101). Jedenfalls hatte der BGH zunächst wohl recht realistisch die Verbrauchererwartung hinsichtlich objektiver Beratung durch den Handel gering eingestuft: Der Verbraucher wisse, daß sogar der Fachhändler sich primär von eigenen Gewinnchancen leiten lasse[78]. Die von der späteren Rspr. vorgenommenen Verschärfungen, der Verkehr sehe im (Einzel-)Händler eine Art objektiven Mittler zwischen Produzent und Verbraucher[79], dürften sich nicht empirisch evaluieren lassen[80]. Jedenfalls könnten selbst solche Vorstellungen keine Schutzwürdigkeit reklamieren und im Ergebnis keine substantielle Eingriffe in die Freiheit des Stufenwettbewerbs rechtfertigen. Wenn Verbrauchererwartungen etwa an das Sortiment des Händlers von diesem nicht erfüllt werden, bestraft ihn der Markt durch Abwanderung der Kunden mit Einkommenseinbußen bis hin zum Existenzverlust. Diese Sanktion ist als wettbewerbsimmanent ebenso sachgerecht wie effektiv[81]. Die Irreführungsthese deshalb als „verfehlt" zu bezeichnen (so *Merz* Vorfeldthese S. 147), trifft trotz der polemischen Spitze der Formulierung sachlich durchaus das Richtige.

dd) Funktionswidrigkeit? Eingehender zu würdigen ist vor allem die speziell im Kontext des Stufenwettbewerbs bemühte These der Rspr., der lauterkeitsrechtliche Verstoß gegen die „guten Sitten" könne durch die **Verletzung ökonomischer Funktionen** begründet werden, die den Marktteilnehmern, insb. dem Handel, zugewiesen seien. Es mag dabei dahinstehen, inwieweit die Rspr. den völligen Funktions*verlust* des Handels gegenüber dem Hersteller von der Funktions*verschiebung* zwischen Einzel- und Großhandel tatsächlich begrifflich streng unterschieden und wettbewerbsrechtlich unterschiedlich bewertet hat[82]. Denn entscheidend ist doch, ob die Funktionsthese dogmatisch überhaupt ergiebig ist. **C 84**

Der hierzu erforderlichen Stellungnahme läßt sich nicht mit einer **Problemverlagerung** auf den **„Leistungswettbewerb"** ausweichen, auf den die „Funktions"-Judikatur vielfach Bezug nimmt (vgl. § 1 C Rdn. 77): Die mangelnde begriffliche Schärfe und wettbewerbsrechtliche Substanz des Leistungswettbewerbs (dazu eingehend Einl. D Rdn. 81 ff) entwertet nicht eo ipso das Funktionsargument. **C 85**

Wohl aber kann der Rekurs der Rspr. auf den „Leistungswettbewerb" die Sensibilität für die Zielrichtung der „Funktions"-Judikatur schärfen. Denn im Zusammenhang mit den für die Thematik des Stufenwettbewerbs essentiellen Strukturwandlungen und Konzentrationsprozessen im Handel (s. § 1 C Rdn. 18) wurde der Leistungswettbewerb gerne beschworen, um wirtschaftspolitisch, genauer: mittelstands- und verbraucherpolitisch (Stichwort: **Nahversorgung**) schlicht unerwünschte Entwicklungen zu verhindern oder doch wenigstens zu verlangsamen (näher Einl. D Rdn. 94 mwN). Die sonach angestrebten **Marktordnungseffekte** sind **C 86**

---

78 GRUR 1959, 138, 142 – *Italienische Note*; auch noch WRP 1971, 261, 263 – *clix-Mann*.

79 Vgl. BGH GRUR 1973, 475 f – *Preisausschreiben*.

80 S. *Köhler* Kontrolle S. 28 unter Hinweis auf *Sack*.

81 Richtig *Köhler* Kontrolle S. 28 f; *Warzecha* BB 1975, 1602 f.

82 Bejahend vor allem die Analyse von *Gillert* S. 18 ff; *ders.* BB 1981, 207 f; **a. A.** *Merz* Vorfeldthese S. 145; s. a. *Emmerich* § 6, 8 d, der die Rspr. mit Funktions*verlagerungen* auf die *Hersteller* zitiert.

aber wettbewerbstheoretisch von vornherein fragwürdig, schon weil sie auf einem Konzept beruhen, das den Wettbewerb sach- und verfassungswidrig statisch, als Resultante einer bestimmten Marktstruktur begreift (vgl. Einl. A Rdn. 16 ff, 28 ff, 55). Außerdem impliziert Marktordnungsdenken die lauterkeitsrechtliche Zulässigkeit von Folgenerwägungen; gerade deren Zulässigkeit ist aber zu verneinen (vgl. Einl. D Rdn. 98 ff, 106).

C 87 Die **Funktionsthese** nun hat in der Literatur verbreitete und zum Teil scharfe **Ablehnung** gefunden[83]. Das trifft nicht nur für die juristische Literatur zu, sondern auch für das wirtschaftswissenschaftliche Schrifttum, weil Handelsfunktionen nur in ihrer jeweiligen historischen Bedingtheit beschreibbar, nicht aber am Maßstab irgendeiner Richtigkeit zu messen und den Marktteilnehmern entsprechend zuzuweisen seien (s. dazu bereits § 1 C Rdn. 20 ff)[84]. Doch hat die Funktionsthese der Judikatur durchaus auch den **Beifall** gerade eines Teils des juristischen Schrifttums gefunden[85].

C 88 Unter dem Eindruck dieser Kritik scheint jedenfalls die **Rspr.** nunmehr von handelsfunktionalen Kriterien hinsichtlich der lauterkeitsrechtlichen Prüfung der Zulässigkeit von Maßnahmen im Stufenwettbewerb Abstand nehmen zu wollen[86]. Im Ergebnis ist den Angriffen des Schrifttums auf die „Funktions"-Judikatur gewiß voll beizupflichten (zu den Gründen im einzelnen s. § 1 C Rdn. 25 ff). Gleichwohl sollte festgehalten werden, daß die „Funktions"-Judikatur einen bemerkenswerten Schritt in die richtige methodische Richtung vollzogen hat, indem sie unter Abkehr von traditionell wirtschaftsethisch gefärbten Konkretisierungsstrategien bezüglich der „guten Sitten" nunmehr einer Orientierung des Entscheidungsmaßstabs an ökonomischen Vorgaben, einer Orientierung quasi an der Natur der Sache, nämlich an der **ökonomischen Mechanik des Wettbewerbsprozesses**, den Vorzug gab (zur Maßgeblichkeit dieser Konkretisierungslinie eingehend Einl. D Rdn. 37 ff, insb. 45). Nicht darin liegt also der pinzipielle Fehler der „Funktions"-Judikatur, der ihre Revision unabweisbar erscheinen läßt, sondern in der Verkennung jener ökonomischen Sachnatur des Wettbewerbs, hier: des Stufenwettbewerbs. Aussagen darüber zu ma-

---

[83] *Barth/Möhlenbruch* DB 1983, 593, 599; *Baumbach/Hefermehl* § 1 Rdn. 906; *Dietrich* DB 1978, 525, 529; *Emmerich* § 6, 8 d; *Gillert* S. 163 ff; *ders.* BB 1981, 704 ff; *Graeff* BB 1981, 1801 f; *Hölzler/Satzky* S. 138; *Knöpfle* Die marktbezogene Unlauterkeit (1983) S. 85 ff; *Köhler* Wettbewerbs- und kartellrechtliche Kontrolle S. 28 ff; *Merz* Vorfeldthese S. 146 ff; *Mestmäcker* Der verwaltete Wettbewerb (1984) S. 69 ff, 250, 282 ff; *Meier* DB 1980, 721, 723 f; *Monopolkommission* Sondergutachten 7 Rdn. 79; *Möschel* Pressekonzentration und Wettbewerbsgesetz (1978) S. 99; *ders.* in: FS Locher (1990) S. 461, 474 f; *ders.* in: *Immenga/Mestmäcker* GWB² (1992) § 22 Rdn. 136; *Nordemann* Rdn. 190 a; *Pernice/Pröpper* WRP 1979, 272 f; *Sack* WRP 1975, 261, 264 f; *Scholz* BB 1980, Beilage Nr. 5; *Schricker* GRUR 1990, 567 ff; *Schünemann* S. 129; *Wilde* Wettbewerbsverzerrungen S. 65, 103 ff. Geradezu sarkastisch: *Kaufer* BB 1992, 1731.

[84] Sehr viel positiver gegenüber handelsstrukturpolitisch motivierten Interventionen auch mittels § 1 UWG aber *Nieschlag/Dichtl/Hörschgen* S. 54 ff, 61 ff, 71 ff.

[85] A. A. aber *Droste* MA 1961, 745; *Engelhardt* MA 1980, 50; *Franzen/Giessen* BB 1978, 1642, 1644; *Graeff* BB 1981, 1801; *Gröner/Köhler* S. 3 ff, 144, 147; *Hahn* Behinderungsmißbräuche marktbeherrschender Unternehmen (1984) S. 172; *Kaligin* WRP 1981, 129 f; *Treis* GRUR 1985, 955; *Vogt* NJW 1976, 735; *Ulmer* WuW 1978, 330, 333 ff; s. a. *Hiersemann* WRP 1964, 222. Ganz eigenartig *Wirtz* GRUR 1985, 15, der die Funktionsthese verbaliter zwar ablehnt, aber die von ihr gesteuerten Ergebnisse sittlich zu rechtfertigen versucht (aaO S. 20).

[86] Vgl BGH GRUR 1982, 677 – *Unentgeltliche Preisauszeichnung*; 1982, 737 – *Eröffnungsrabatt*; dazu schon Großkomm.-*Schünemann* § 1 C Rdn. 75; s. ferner KG GRUR 1987, 454 – *Inbetriebnahme- und Service-Pauschale*, die der Hersteller dem Installateur für Kundendienstarbeiten bezahlt, die eigentlich dem Hersteller oblägen.

chen, obliegt den Wirtschaftswissenschaften, in vorliegender thematischen Ausrichtung also der Handelsökonomik.

Auf dieser Grundlage sind gegen die „Funktions"-Judikatur zusammenfassend vor allem folgende **Einwände** geltend zu machen (vgl. § 1 C Rdn. 25 ff sowie schon Einl. A Rdn. 34): **C 89**

Die Formulierung von Handelsfunktionen und ihre Zuweisung an eine zweistufige Gliederung von Groß- und Einzelhandel mit jeweils bestimmten Betriebsformen ist im Kern Ausdruck des die Wirtschaftswissenschaften wie jede Wissenschaft leitenden Bemühens um begriffliche Analyse und Systematisierung. Der Anspruch einer Handlungsanleitung wird damit jedoch allenfalls insoweit erhoben, als Vorschläge zu effizienter Vertriebsgestaltung innerhalb eines sich ständig ändernden ökonomischen Umfeldes gemacht werden. Selbst in diesem engen Raum gibt es keine abschließenden Gewißheiten: Der Wettbewerbsprozeß generiert womöglich ganze neue, bisher noch unbekannte Handelsfunktionen, und er entscheidet selber über deren Verteilung auf die Marktteilnehmer. Diese Verteilung ist immer nur eine vorläufige; entsprechend dem geschichtlich induzierten Wandel der Lebensverhältnisse und der in ihnen beschlossenen, unübersehbar vielgestaltigen Bedingungen wirtschaftlichen Handelns steht jene Funktionsverteilung permanent zur Disposition. Eine Konservierung von Handelsstrukturen müßte die Notwendigkeit dauernder Anpassungsleistungen im allgemeinen Wirtschaftsleben wie speziell im Vertrieb und damit die **Dynamik des Wettbewerbs** überhaupt ignorieren und zu einer gerade auch gesamtwirtschaftlich-dauerhaft suboptimalen Ökonomisierung der Distribution zum Nachteil aller führen. Dadurch eventuell erzielbare, keineswegs aber notwendig und schon gar nicht auf lange Sicht hin erzielbare Effekte wie z. B. eine flächendeckend „gute" Nahversorgung ändern nichts daran, daß sie wettbewerbsfremd-unorganisch sind. Die geringe praktische Relevanz des öNVG und der trotz öNVG unübersehbar weiter fortschreitende Strukturwandel im österreichischen Handel können dafür als Beleg gelten. **C 90**

ee) „Haupt"- und „Nebenleistung"? Durchgreifende Bedenken bestehen auch hinsichtlich einer von der Funktionsthese vorausgesetzten Trennungsmöglichkeit in bezug auf **Haupt- und Nebenleistung**[87]. Auf der Basis dieser Unterscheidung erscheint dann die Erzielung eines günstigen Einkaufspreises für die Hauptleistung als funktionsgerecht und wettbewerbskonform (und in der Folge dann lauterkeitsrechtlich einwandfrei), während für das Fordern oder gar Durchsetzen von Nebenleistungen eine grundsätzlich gegenteilige Einschätzung erfolgt. Eine derartige Aufteilung könnte aber nur exogen und autoritär vorgenommen werden: Was Haupt- und was Nebenleistung ist, bestimmen die am Tauschprozeß Beteiligten selber, und zwar möglicherweise jeweils für sich unterschiedlich nach ihrer ganz individuellen Präferenzstruktur (s. a. *Hölzler/Satzky* S. 44). Die Hauptleistung mit der stRspr. nach der Auffassung der angesprochenen Verkehrskreise von der Nebenleistung trennen zu wollen[88], verkennt eben diesen dem marktlichen Austauschprozeß wesenseigenen **individualistischen Bezugspunkt**, dessen alleinige Maßgeblichkeit in einem auf indi- **C 91**

[87] S. schon Großkomm.-*Schünemann* Einl. B Rdn. 25, sodann *Gillert* BB 1981, 702 f; *Monopolkommission* Sondergutachten 7 Rdn. 79; s. a. *Merz* Vorfeldthese S. 146.

[88] So z. B. – für das Zugaberecht – BGHZ 11, 274, 276 – *Orbis-Reisemarken*; BGH GRUR 1963, 322, 324 – *Mal- und Zeichenschule*; 1972, 611 f – *Cognac-Portionierer*; 1976, 314 – *Büro-Service-Vertrag*; 1978, 547, 550 – *Automatentruhe*; 1979, 483 – *Briefmarken-Auktion*; 1988, 321 – *Zeitwertgarantie*; s. a. – für die sog. Vorspannangebote – z. B. BGH GRUR 1962, 418; 1967, 530; 1971, 582; 1976, 637; 1977, 110.

viduellen wirtschaftlichen Handlungs- und Entscheidungsfreiheiten gründenden Wettbewerbskonzept ohnehin selbstverständlich ist (dazu Einl. A Rdn. 28 ff). Das Abstellen darauf, was die Verkehrsauffassung als Haupt- und als Nebenleistung ansieht, knebelt – auch außerhalb des Zugaberechts – den einzelnen Nachfrager in einem zutiefst unfreiheitlichen Geist, indem es ihn auf bloß typische traditionelle Bedürfnismuster festlegt (s. *Schünemann* S. 79, 189, 199), deren empirische Fundierung zudem oft mehr als fragwürdig bleibt (dazu *Meier* DB 1980, 721, 723).

C 92 Speziell im Blick auf den Stufenwettbewerb geht das Denken in Haupt- und Nebenleistungen schon an der handelsökonomischen Ontologie des Geschehens vorbei[89]: Umsatz- und Treueprämien, „Eintrittsgelder", Investitionshilfen, Übernahme der Regalpflege und ähnliches sind auf Seiten etwa des Herstellers gegenüber dem Handel nur vordergründig „Nebenleistungen" zu der „Hauptleistung" Ware, in Wahrheit vielmehr **Vorgänge auf reziproken Märkten,** nämlich Entgelte für Vertriebsleistungen des Handels, die dieser in Abkehr von traditionellen Finanzierungsmethoden sich nicht mehr oder nur noch teilweise von seinen (Waren-)Abnehmern qua Handelsspanne vergüten läßt (s. § 1 C Rdn. 32 ff, 37)[90].

C 93 In diesem Zusammenhang aufschlußreich ist auch die Diskussion um §§ 1 f öNVG, wo de lege lata eine Unterscheidbarkeit von Haupt- und Nebenleistung vorausgesetzt und die lauterkeitsrechtliche Zulässigkeit solcher Nebenleistungen im Stufenwettbewerb von einer „entsprechenden Gegenleistung" abhängig gemacht wird. Völlig zu Recht wird dazu festgestellt, dem Gesetz einen Sinn abzugewinnen und es irgendwie anzuwenden, gestalte sich deshalb so schwierig, weil es eine stufenspezifische rechtliche Festschreibung von Absatzfunktionen als Voraussetzung einer Unterscheidung von Haupt- und Nebenleistung nicht gebe. Was die Entgeltlichkeit der Nebenleistung angehe, so sei zusätzlich zu bedenken, daß mit solchen Nebenleistungen, sollte die Isolierung einzelner Elemente aus einem Leistungspaket und ihre exogene Gewichtung überhaupt möglich und statthaft sein, nur die Vertriebsleistung des Händlers (mit-)abgegolten werde. Das **Gegenleistungskriterium** ist dann ebenso immer erfüllt wie damit zugleich sinnlos. Jedenfalls beruhe das öNVG insoweit ersichtlich auf einer „brüchig gewordenen Grundlage" (*Koppensteiner* § 12 I 2 c mwN).

C 94 **ff) Sonstiges.** Jede im Bereich des Stufenwettbewerbs angesiedelte lauterkeitsrechtliche „Traditionspflege" (*Schricker/Lehmann* S. 169) im Rahmen des § 1 UWG entbehrt aber nicht nur der ökonomischen, sondern auch der juristischen, insb. **wirtschaftsverfassungsrechtlichen Basis.** Dabei braucht man nicht einmal bei der allgemeinen Grundaussage zu verharren, daß das Grundgesetz in seinen wirtschaftsrelevanten Grundrechten umfassende individuelle Entscheidungs-, Verantwortungs- und Risikozuständigkeiten als Garanten eines kybernetisch-selbstregulativ sowie prozeßhaft-dynamisch und innovativ funktionierenden Wirtschaftssystems eben auch auf den Wirtschaftsstufen festschreibt (vgl. Einl. A Rdn. 55, 61 ff). Denn mit der „Funktions"-Judikatur wird speziell auch der Gewährleistungsbereich des Art. 12 GG berührt, indem den Händlern ein wie auch immer geartetes Berufsbild übergestülpt wird. Händler aber sind in einer Marktwirtschaft, die auf Ergebnisof-

---

[89] Ganz deutlich auch bei *Wirtz* GRUR 1985, 15, 20, 22.

[90] Etwas schief deshalb *Merz* Vorfeldthese S. 146 offenbar im Anschluß an *Wilde* Wettbewerbsverzerrungen aaO (Lit.-Verz.) – s. a. *Meier* DB 1980, 721 –: Durchsetzen von Nebenleistungen des Herstellers als Elemente handelsunternehmerischer Preispolitik, die als Leistung, nämlich Kostensenkung, zumindest tendenziell dem Verbraucher zugute komme.

fenheit ökonomischer Entwicklungen und auf steten Wandel als Reaktion auf sich real ständig verändernde Szenarien angelegt ist, a priori auf eine Rolle weder als „Erfüllungsgehilfen der Industrie" noch als „Einkaufsagenten des Verbrauchers" fixiert[91], weder als „Treuhänder" der Verbraucher[92], noch als „bezahlter Handlanger" der Hersteller (*Baumbach/Hefermehl* § 1 Rdn. 19). Die Händler haben vielmehr wie alle im Wettbewerbsprozeß interagierenden Wirtschaftssubjekte kraft Art. 12 GG das Recht, ihr Berufsbild autonom zu prägen und ggf. sogar ganz neu zu definieren[93]. Gerade auch vor diesem Hintergrund ist die Vielfalt der gegenwärtig vorfindlichen Handelsbetriebsformen (vgl. § 1 C Rdn. 23 f) zu würdigen. Die rechtliche – auch handelsrechtliche, vgl. § 1 C Rdn. 13 ff – **Irrelevanz eines Handelsberufsbildes** macht es erträglich, daß eine konsistente und sozialempirisch evaluierte Berufsbildbeschreibung des Händlers schlechthin und erst recht des Einzel- oder Großhändlers kaum einmal wirklich versucht wurde, überhaupt schwer möglich erscheint, jedenfalls aber nicht vorliegt[94].

Besonders zu beleuchten ist ferner die Bedeutung des sog. **Sündenregisters** des Bundeswirtschaftsministeriums, der „Gemeinsamen Erklärung" der Spitzenorganisationen der (deutschen) gewerblichen Wirtschaft und von diversen verbandlichen Wettbewerbsregeln (s. § 1 C Rdn. 48 ff), weil und soweit diese Verlautbarungen sich spezifisch mit Maßnahmen des Stufenwettbewerbs befassen. **C 95**

Dazu heißt es (BGH GRUR 1977, 619 – *Eintrittsgeld; Baumbach/Hefermehl* § 1 Rdn. 890), eine unmittelbar wettbewerbsrechtliche Wirkung komme diesen Quellen nicht zu; sie böten aber dennoch eine **Erkenntnishilfe**, ja Grundlage für die Beurteilung im Rahmen des § 1 UWG, ob ein Verhalten dem Leistungswettbewerb, hier also dem Leistungsprinzip im Stufenwettbewerb, widerspreche (s. a. *v. Gamm* GRUR 1979, 681; *Hölzler/Satzky* S. 138 f). **C 96**

Dem kann **nicht gefolgt** werden. Eine Indizwirkung in Richtung Sittenwidrigkeit könnte die Beobachtung eines nach diesen Verlautbarungen einschlägigen Verhaltens nur auslösen, wenn man sich die „Anstandsformel" der Rspr. oder sonstige wirtschaftsethisch gefärbte bzw. konventionalnormorientierte Definitionsansätze zur Bestimmung der „guten Sitten" zu eigen machen und die Verfasser der genannten Verlautbarungen gleichsam als maßgebliche Repräsentanten des kaufmännischen Anstandes und allein berufene Auskunftspersonen in wirtschaftsethischen oder wirtschaftsempirischen Zweifelsfragen betrachten wollte. Eben dies aber ist nicht der Fall (grundsätzlich schon Einl. D Rdn. 77 ff)[95]. Es handelt sich bei all diesen Erscheinungen um allenfalls interessenpolitisch verständliche, wettbewerbspolitisch und wettbewerbsrechtlich aber inakzeptable Vorstöße, die für § 1 UWG maßgeblichen Wertungsgrundlagen offen und verdeckt im Wege einer Art Selbstver- **C 97**

---

[91] *Barth/Möhlenbruch* DB 1983, 593, 595; zustimmend *Merz* Vorfeldthese S. 147; s. a. *Scholz* BB 1980, Beilage Nr. 5, S. 5.

[92] So aber der 11. Arbeitsbericht der Hauptgemeinschaft des Deutschen Einzelhandels aus dem Jahre 1958, S. 109; dazu ablehnend *Meier* DB 1980, 721, 723 f.

[93] Näher Großkomm.-*Schünemann* Einl. A Rdn. 91 f; s. a., allerdings einschränkend für den Selbstbedienungsgroßhandel, BVerfG NJW-RR 1993, 1969: Bezug nur zur Berufsausübung.

[94] *Gillert* BB 1981, 702, 705 f; *Kartte* WRP 1976, 1 f; *Knöpfle* Die marktbezogene Unlauterkeit (1983) S. 85; *Köhler* Wettbewerbs- und kartellrechtliche Kontrolle, S. 27 f; *Loewenheim* GRUR 1976, 224, 228; *Meier* DB 1980, 721, 723 f; *Merz* Vorfeldthese, S. 148; *Sack* WRP 1975, 261, 265; *Scholz* BB 1980 Beilage Nr. 5, S. 4 ff.

[95] Vgl. im speziellen Kontext auch *Meier* WRP 1979, 594; BB 1977, 720 f; ders. 1979, 1511 und DB 1980, 721, 725 (Fn. 41) über die durchaus bestehenden Diskrepanzen zwischen den Auffassungen der Verbandsspitzen und denjenigen der Mitgliedsunternehmen.

waltung der Wirtschaft[96], insb. durch die Organisierung der „richtigen" Auffassungen, womöglich noch offiziös untermauert, zu usurpieren[97].

C 98 Von daher ist der Beispielskatalog des Bundeswirtschaftsministeriums (also das sog. **Sündenregister**) eine sehr **problematische Initiative**. Daran ändert nichts, daß jener Katalog sich in seiner Präambel selbst – wenngleich nur halbherzig[98] – unter einen doppelten Vorbehalt stellt, indem er erstens nur *mögliche* Wettbewerbsverzerrungen aufzählt, und zweitens sich ausdrücklich einer rechtlichen Wertung enthalten will. Denn gerade dann, wenn man aus den Funktionsbedingungen des Wettbewerbs heraus den lauterkeitsrechtlichen Zulässigkeitsmaßstab zu entwickeln hat, liegt in der Beschreibung von „Wettbewerbsverzerrungen" doch eo ipso eine (lauterkeitsrechtliche) Wertung[99]. Es entbehrt mithin nicht der inneren Logik, wenn spätere Wettbewerbsregeln bzw. die „Gemeinsame Erklärung" ähnlich wie im „Sündenregister" formulierte Tatbestände ganz selbstverständlich als unlautere bzw. gegen die Grundsätze des Leistungswettbewerbs verstoßende Verhaltensweisen qualifizieren. Bei diesen Epigonen des „Sündenregisters" erstarkt die bloße „Möglichkeit" einer Wettbewerbsverzerrung unter der Hand zur tatsächlichen Wettbewerbsverzerrung[100], was allerdings im Einklang mit dem seinerzeitigen Anschreiben des Bundeswirtschaftsministeriums steht[101].

C 99 Gemeinsames Grundanliegen all dieser Verlautbarungen ist es, durch „Nebenleistungswettbewerb" vermittelten „Wettbewerbsverzerrungen" entgegenzutreten. Welchen Inhalt der **Begriff der Wettbewerbsverzerrung** hat, hängt davon ab, welches wettbewerbliche Leitbild vorausgesetzt wird. Offenbar spielen dabei Auffassungen eine Rolle, die irgendeine normale, natürliche, leistungsgerechte Funktionsaufteilung zwischen Hersteller und Handel (ggf. weiter differenziert zwischen Groß- und Einzelhandel) unterstellen. Da es eine solche, wettbewerblich gleichsam a priori bestehenden Funktionsaufteilung aber nicht gibt, ist ein darüber definierter Begriff der Wettbewerbsverzerrung durch Nebenleistungswettbewerb schon begrifflich nicht nachvollziehbar[102].

C 100 Wettbewerbsregeln, „Gemeinsame Erklärung" und sog. „Sündenregister" entfalten mithin **keinerlei wettbewerbsrechtliche Wirkung**: Weder kann ihnen eine Indizfunktion für sittenwidriges (insb. wettbewerbsverzerrendes) Stufenwettbewerbsverhalten zugebilligt werden, noch liefern sie eine dogmatisch tragfähige Grundlage für ein auf den Gesichtspunkt des „Vorsprungs durch Rechtsbruch" gestütztes Unlauterkeitsverdikt (s. dazu bereits Einl. D Rdn. 77 i. V. mit Rdn. 66, 69).

---

96 *Baumbach/Hefermehl* § 1 Rdn. 890 sprechen in bezug auf den Beispielskatalog des Bundeswirtschaftsministeriums ganz unbefangen von einer „Anregung zur Selbsthilfe". Die Gemeinsame Erklärung wird von *Hinz* (WRP 1976, 4) als „Selbsthilfeaktion" tituliert. Ebenso das Selbstverständnis der Verlautbarung des Rates des Deutschen Handels (WRP 1975, 293).

97 Gleichsinnig *Emmerich* § 6, 2 a; *ders.* Kartellrecht[5] (1988) § 11, 3; *Meier* BB 1977, 720, 722 f; *ders.* DB 1980, 721 f.

98 Zum Tenor des entsprechenden Anschreibens s. bereits Großkomm.-*Schünemann* § 1 C Rdn. 51 aE.

99 S. a. *Merz* Vorfeldthese S. 151 f; **a. A.** – wettbewerbsrechtlich indifferenter Begriff – *Hölzler/Satzky* S. 9 im Widerspruch zu S. 5, 38; *Wilde* Wettbewerbsverzerrungen S. 34.

100 Die textlichen Vorbehalte des „Sündenregisters" werden auch in der referierenden Literatur vielfach unterschlagen, vgl. etwa *Baumbach/Hefermehl* § 1 Rdn. 890.

101 Es heißt dort (vgl. WRP 1975, 24), man übermittle einen „Beispielskatalog wettbewerbsverzerrender Praktiken".

102 So prägnant vor allem *Monopolkommission* Sondergutachten 7 Rdn. 78 f; s. a. die durchaus kritische Stellungnahme des Rats des Deutschen Handels vom 25. 4. 1975 zum sog. Sündenregister des Bundeswirtschaftsministeriums – abgedruckt in WRP 1975, 293 sub A –, wo vor allem die Vorstellung unentgeltlicher Nebenleistungen moniert wird; vgl. ferner Großkomm.-*Schünemann* § 1 C Rdn. 84 ff.

II. Ausgewählte Einzelfragen des Absatzmarketings

1. Direktvertrieb

a) **Begriff und Erscheinungsformen.** „Direktvertrieb" (oder „Direktmarketing") umschließt **verschiedenartige Bedeutungsaspekte** bzw. Erscheinungsformen. Im Kontext des Stufenwettbewerbs verbindet sich damit die Vorstellung eines teilweise oder völligen Überspringens von Handelsstufen (s. bereits § 1 C Rdn. 4). Dabei sind wiederum mannigfache Spielarten vorfindlich, zu denen neben dem sog. **Belegschaftshandel** (dazu vor allem *Sölter* WuW 1956, 332) auch der sog. **Kaufscheinhandel** zählt. Diese Vertriebsmethode spielt sich typischerweise in einem **Dreiecksverhältnis** ab: Der Kunde erhält die Ware unmittelbar vom Hersteller oder Großhändler, obwohl er den Kaufvertrag zumeist mit einem anderen Partner (Einzelhändler) abgeschlossen hat. Der Vertragspartner des Kunden seinerseits gibt Berechtigungsscheine („Kundenausweise", „Kaufscheine" etc.) aus, die den Kunden eben dem Hersteller oder Großhändler gegenüber entsprechend legitimieren. C 101

Im Verhältnis zum Hersteller oder Großhändler erfolgt die Lieferung freilich im Namen und auf Rechnung des Einzelhändlers. Der „Einzelhändler" mag aber zivilrechtlich auch nur als Vermittler fungieren, so daß Kaufvertragsbeziehungen unmittelbar zwischen Lieferanten und Kunden entstehen (vgl. im einzelnen § 6 b Rdn. 3 ff; *v. Gamm* Kap. 42 Rdn. 1; *Ulmer/Reimer* Rdn. 640). C 102

Keinen inneren Bezug zur Stufenwettbewerbsproblematik weist hingegen die **atypische Variante des Kaufscheinhandels** auf, in welcher der Lieferant und Kaufvertragspartner selber Berechtigungsscheine ausgibt. C 103

Keinen spezifischen Stufenwettbewerbsbezug enthält der Begriff „Direktvertrieb" (oder „Direktmarketing") zur Kennzeichnung einer **persönlichen Kontaktierung** des (potentiellen) Kunden. Hierbei kann zwar durchaus Direktvertrieb iS einer teilweisen oder völligen Ausschaltung von Vertriebsstufen vorliegen, muß es aber nicht (z. B. gezieltes persönliches Anschreiben des potentiellen Kunden durch ein Versicherungsunternehmen ohne Außendienst, namentlich Autohaftpflicht-„Direktversicherer" einerseits, Akquisition von Versicherungsunternehmern mittels gezieltem persönlichen Ansprechen zu Hause durch selbständige Versicherungsagenten andererseits). C 104

Im übrigen gibt es selbstverständlich auch vertriebsstufenlosen Direktvertrieb ohne „Direktmarketing" iS gezielt-persönlicher Kontaktnahme (ein „Direktversicherer" beschränkt sich z. B. akquisitionsmethodisch auf Zeitungsinserate und Fernsehspots). Lauterkeitsrechtliche Relevanz für § 1 UWG kann diese **stufenwettbewerbsneutrale Dimension des Direktvertriebs** allenfalls über Hilfskonstruktionen erlangen („Vorsprung durch Rechtsbruch" wegen Verletzung von Vorschriften des HaustürWG; umgekehrt Unanwendbarkeit von § 1 UWG – „Kundenfang" – gerade wegen der im HaustürWG gewährten Widerrufsrechte, so *Schünemann* S. 58 und *ders.* Wirtschaftsprivatrecht^2 (1993) S. 483). C 105

b) **Grundsätzliche lauterkeitsrechtliche Bewertung.** Der Handelsstufen überspringende Direktvertrieb, speziell der Warenverkauf an den privaten Verbraucher durch den Hersteller oder Großhändler, hat erst seit Mitte der 50er Jahre Aufmerksamkeit gefunden[103]. Er ist als solcher **nicht sittenwidrig** iS des § 1 UWG, wie die C 106

[103] Vgl. die Hinweise bei *Spengler* WuW 1957, 539, 548 mit Fn. 32.

Rspr. schon sehr früh klar erkannt und nachdrücklich betont hat[104]. Eine Zementierung der Vertriebswege kommt in der Tat in einer auf Wettbewerb auch der Vertriebsformen gründenden marktwirtschaftlichen Ordnung nicht ernsthaft in Betracht, schon gar nicht unter Einsatz der lauterkeitsrechtlichen Generalklausel, die ihrerseits in all ihrer Anwendungsbreite ja gerade die Effektuierung von Wettbewerb als axiologischen Fluchtpunkt hat. Auch in der **Literatur** steht seit langem die grundsätzliche Zulässigkeit des Direktvertriebes praktisch außer Zweifel[105].

C 107 Eine **gegenteilige Auffassung** müßte entgegen wirtschaftsverfassungsmäßigen Eckwerten entweder normativ wirkende Handelsfunktionen postulieren oder möglicherweise dahingehende Vorstellungen beteiligter Wirtschaftskreise lauterkeitsrechtliche Verbindlichkeit und dem Direktvertreiber dann **„Berufsstandesvergessenheit"**[106] attestieren[107]. Diesen Standpunkt teilen zumindest verbaliter auch diejenigen, die schon vor Jahrzehnten ihr Interesse an einer Zurückdrängung des Direktvertriebs unverhohlen artikulierten, weil er als „ungesunde" Wirtschaftserscheinung und „Gegenteil des Leistungswettbewerbs" eine „schwere Bedrohung des Einzelhandels" bedeute und die „Grundlagen eines geordneten Handels" erschüttere[108]. In neuerer Zeit sind dieselben Bestrebungen namentlich für den sog. Selbstbedienungsgroßhandel wieder virulent geworden, ohne sich aber auf eine geänderte lauterkeitsrechtliche Grundposition stützen zu können (näher *Schricker/Lehmann* insb. S. 97 ff).

C 108 Unbeschadet dieser eigentlich ganz unproblematischen grundsätzlichen lauterkeitsrechtlichen **Unbedenklichkeit des Direktvertriebs**[109] im Rahmen der Zulässigkeitsprüfung nach § 1 UWG sind selbstverständlich spezialgesetzliche Beschränkungen des Direktvertriebs zu beachten. Solche **spezialgesetzliche Beschränkungen** normiert zur Zeit wohl allein § 43 AMG in der Fassung des am 1. 1. 1978 in Kraft getretenen Gesetzes zur Neuordnung des Arzneimittelrechts vom 24. 8. 1976 (BGBl. I 1976, S. 2445), der dem früheren § 28 AMG aus dem Jahr 1961 (BGBl. I 1961, S. 533) entspricht[110], für **apothekenpflichtige Arzneimittel**, die demgemäß „im Einzelhandel nur in Apotheken in Verkehr gebracht werden" dürfen. Als Einschränkung der Stufenwettbewerbsfreiheit ist das sog. **Dispensierverbot** des § 43 AMG[111] freilich schon wegen der Ausstrahlungswirkung des § 1 UWG, vor allem aber auch wegen fortbestehender verfassungsrechtlicher Zweifel[112] problematisch, jedenfalls

---

[104] Vgl. nur BGHZ 28, 54 – *Direktvertrieb* – Entscheidungsanalyse bei *Biedenkopf* JuS 1962, 65 ff –; BGH WuW 1960, 193 – *Elektrogeräte II*; GRUR 1960, 331, 335 – *Schleuderpreise*; 1965, 431, 434 – *Wickel*; OLG Hamm WuW 1956, 422 und BB 1960, 801; s. ferner OLG Koblenz NJW 1951, 661; LG Dortmund WuW 1956, 427; LG Hamburg MDR 1956, 358; LG Köln WuW 1956, 607.

[105] S. nur *Baumbach/Hefermehl* § 1 UWG Rdn. 891; *Emmerich* § 6, 8 a; *Fezer* Der Kaufscheinbegriff (1989) S. 7 ff; *Schricker* GRUR 1990, 567 f; *Schünemann* S. 171; *Ulmer/Reimer* Rdn. 99 und 1040.

[106] Dazu allgemein ablehnend bereits Großkomm.-*Schünemann* Einl. D Rdn. 72 ff.

[107] So richtig bereits *Spengler* WuW 1957, 539, 548; s. a. *Koenigs* NJW 1961, 1041, 1044; neuerdings *Baumbach/Hefermehl* § 1 Rdn. 891; ebenso auch *Ulmer/Reimer* Rdn. 1040, die allerdings wenig konsequent meinen, in Fällen, in denen wie im Buchhandel die Unterlassung von Direktgeschäften einer allgemeinen, durch das Standesbewußtsein getragenen Übung entspreche, sei die Anwendung des § 1 UWG vertretbar.

[108] So *Droste* GRUR 1961, 67 unter Zustimmung von *Krahe* DB 1961, 1313, 1315 f; s. a. mit demselben Tenor *Droste* WRP 1960, 27 ff; 1963, 253 ff, jeweils aaO mit zahlreichen Hinweisen auf die einschlägige Lobby.

[109] Vgl. *Schünemann* S. 170 Fn. 239: „erstaunliches Thema".

[110] Daraus erklären sich gelegentliche scheinbare Fehlzitate in der Literatur.

[111] Nach § 43 Abs. 4 AMG gilt es nicht für Tierärzte.

[112] Das BVerfG hat zwar das sog. Apothekenmonopol für verfassungsgemäß erklärt (BVerfGE 9, 73), dabei aber den Kontext der wirtschaftsbezogenen Grundrechte iS einer marktwirtschaftlichen Systementscheidung zu wenig berücksichtigt (vgl. Großkomm.-*Schünemann* Einl. A Rdn. 51 ff sowie Rdn. 91).

aber restriktiv zu interpretieren (s. dazu allgemein Einl. D Rdn. 52 f). Der Abgabe von apothekenpflichtigen Medikamenten durch Ärzte an Patienten auch außerhalb der Behandlungssituation oder außerhalb einer Notfallmedikation stehen deshalb keine durchgreifenden wettbewerbsrechtlichen Bedenken entgegen[113]. Die dem Vernehmen nach mit angeblich verbraucherschützender Intention im Gesetzgebungsvorfeld diskutierte Verschärfung von § 43 AMG mit dem Ziel, diese Lücke im monopolisierten einzelhänderischen Arzneimittelvertrieb zugunsten der – aus berufsrechtlichen Gründen ausnahmslos mittelständisch getragenen – Apotheken zu schließen[114], würde das Geltungsproblem des § 43 AMG indes weiter verschärfen.

Ob eine Verletzung von § 43 AMG dadurch – etwa unter dem Aspekt des **„Vorsprungs durch Rechtsbruch"** – zugleich wiederum einen Verstoß gegen die „guten Sitten" begründet, steht auf einem anderen Blatt. Dabei ist jedoch insb. zu berücksichtigen, daß § 43 AMG seinerseits erklärtermaßen wettbewerblich kontraproduktiv wirken soll: Vor allem, um der Apotheke die Existenzgrundlage zu sichern, soll der Apotheker gegen Wettbewerb anderer Berufe geschützt werden (BVerfGE 9, 73, 80 f; 17, 232, 239)[115]. Auch eine unmittelbare Sanktionierung über § 1 UWG scheidet insoweit aus. Nicht ausreichend für eine parallele Anwendbarkeit des § 1 UWG neben § 43 AMG ist auch die Überlegung, diese Vorschrift diene dem Schutz eines überragenden Gutes, nämlich der **Volksgesundheit** (so aber *Ulmer/Reimer* Rdn. 1042; vgl. demgegenüber aber grundsätzlich Einl. D Rdn. 56, 59). **C 109**

Nach zutreffender allgemeiner Meinung ist ferner im Gegenschluß dem § 6 a UWG die **Bestätigung** zu entnehmen, daß der Direktvertrieb als solcher lauterkeitsrechtlich nicht zu beanstanden ist (§ 6 a Rdn. 5; *v. Gamm* Kap. 41 Rdn. 2). Denn lediglich die Hinweismöglichkeiten auf den Hersteller- oder Großhändlerstatus werden eingeschränkt. Speziell für den Direktvertrieb im Wege des **Kaufscheinhandels** ergibt sich aus dem mit § 6 a UWG eng verwandten § 6 b UWG (vgl. § 6 b Rdn. 1) ein **weiteres Zulässigkeitsargument**, insoweit nämlich Kaufscheinhandel außerhalb des allerdings sehr weitgesteckten Anwendungsbereichs dieser Vorschrift, insbes. also als sog. **Urkundengeschäft** (BGHZ 57, 216, 219 ff), statthaft ist[116]. Für die vorliegende Thematik sind §§ 6 a und 6 b UWG nicht allein in der bloßen Existenz schon prekär, vielmehr ist auch auf **eventuelle Koppelungseffekte** zwischen beiden Vorschriften zu achten. **C 110**

Die **interpretatorische Tendenz** jedenfalls der Rspr. ist gegen wesentlichen Widerstand der Literatur[117] bekanntlich von dem Bestreben charakterisiert, den Anwendungsbereich der §§ 6 a und 6 b UWG möglichst weit zu ziehen (vgl. im einzelnen Kommentierung jeweils aaO). Für § 6 a UWG ist etwa an den in der Rspr. rezitierten Betriebstypus des „funktionstreuen" bzw. „funktionsechten" oder auch „funktionsgerechten" (OLG Frankfurt a. M. NJW-RR 1993, 874 – *Metro-„Kommissionskärtchen"*) **Selbstbedienungsgroßhandel** zu erinnern (s. hier nur BGH GRUR 1978, 173 **C 111**

113 Ebenso im Ergebnis – nicht rechtskräftig – OLG Bremen, Entsch. vom 22. 6. 1988, Az. 4 U 32/88 (a) gegen die Vorinstanz; **a. A.** im Prinzip BGH Entsch. vom 11. 2. 1988, Az. I ZR 117/86, sämtliche mwN. zum Meinungsstand.

114 S. a. den Erfahrungsbericht der Bundesregierung zum AMG vom 22. 6. 1993 (BT-Drucks. 12/5226 S. 28).

115 S. allerdings BVerfGE 75, 166, 177 ff, wo auch der Patientenschutz als ratio legis genannt wird.

116 S. zum prinzipiellen Ausgangspunkt auch BVerfG GRUR 1973, 319 f.

117 Eingehend *Gröner/Köhler* passim, z. B. S. 71 ff; *Kilian* passim; *Leisner* Selbstbedienungsgroßhandel passim; *ders.* DVBl. 1986, 705, 709 f; *Schricker/Lehmann* passim, insb. S. 97 ff, 109 ff, 182 ff.

– *Metro I*), für § 6 b UWG z. B. an den Standpunkt des BGH (GRUR 1972, 555 – *Kaufausweis I*), der Veranstalter der Kaufscheinpraktik iS dieser Norm könne auch mit dem ausliefernden Warenverkäufer identisch sein[118], oder an die Anwendung des § 6 b UWG auf einen als Verein eingetragenen Zusammenschluß von Verbrauchern mit dem Vereinszweck, den Mitgliedern bei bestimmten, dem Verein vertraglich verbundenen Händlern gegen Vorlage des Mitgliedsausweises die Belieferung zu sog. Nettopreisen zu ermöglichen (BGH GRUR 1972, 135 – *Kundeneinkaufsdienst*). Schließlich ist die sehr extensive, durchaus auch Gewerbetreibende erfassende Interpretation des in beiden Vorschriften enthaltenen Tatbestandsmerkmals „letzter Verbraucher" zu memorieren[119].

C 112 Im Rahmen der Direktvertriebsstrategie beispielsweise eines (Selbstbedienungs-) Großhändlers mit dem Ziel der Gewinnung privater Letztverbraucher als Kunden dürfen §§ 6 a und b UWG nun nicht dazu führen, daß ein derartiger Direktvertrieb letztlich doch nicht wirtschaftseffektiv praktiziert werden kann. Gerade diese Gefahr besteht aber bei jener extensiven Interpretation: Um den nach § 1 UWG nicht zu beanstandenden und auch von § 6 a UWG als solchem nicht unterbundenen Direktvertrieb in den Grenzen des § 6 a Abs. 2 UWG gegenüber privaten Letztverbrauchern bewerben zu können, muß der Selbstbedienungsgroßhändler sicherstellen, daß er durch den Direktvertrieb nicht seinen Großhändlerstatus einbüßt und dafür etwa Einkaufsberechtigungsausweise ausgeben. Qualifiziert man diese in Abkehr von dem typischen, sicherlich auch dem Gesetzgeber vor Augen stehenden Beziehungsdreieck des Kaufscheinhandels dann als Kaufscheine iS des § 6 b UWG und gelangt man somit zur Einschätzung der Geschäftsstrategie als unzulässigem Kaufscheinhandel, so würde man im Ergebnis diesen Direktvertrieb jedenfalls praktisch unmöglich machen, obwohl dessen Zulässigkeit prinzipiell feststeht. Mit anderen Worten: Ein elementarer Aspekt der Wirtschaftsfreiheit, der § 1 UWG als das Lauterkeitsrecht insgesamt beherrschende Norm verpflichtet ist, nämlich der **Freiheit auch des Stufenwettbewerbs**, darf nicht auf dem Umweg über §§ 6 a und 6 b UWG konterkariert werden. Vielmehr sind diese Normen „systematisch kohärent" mit restriktiver Gesamttendenz[120] zu interpretieren (inhaltlich ebenso *Emmerich* § 6, 8 b bb; *Gröner/Köhler* S. 108 ff; s. a. – allgemeiner – Einl. D Rdn. 53; in der Tendenz **a. A.**, also eher der extensiven Interpretation der §§ 6 a und 6 b UWG folgend aber Kommentierung jeweils aaO), um nicht offen zu Instrumenten der Marktregulierung im Stufenwettbewerb zu werden[121].

C 113 c) **Unzulässigkeit aufgrund „besonderer Umstände"?** Das credo der ganz hM, Direktvertrieb sei grundsätzlich nicht sittenwidrig iS des § 1 UWG, wird durch den **obligatorischen Zusatz** entwertet, bei Hinzutreten besonderer Umstände könne der Direktvertrieb gleichwohl einen Verstoß gegen die guten Sitten bedeuten (BGHZ

---

[118] Zu Recht weisen *Schricker/Lehmann* S. 199 darauf hin, daß damit die „Welt voll von wettbewerbswidrigen Kaufscheinen" zu sein scheint: Kreditkarten, Mitgliederausweise in Buchclubs, Flugtickets als Ausweise für den Duty-Free-Shop; Mitgliederausweis des Alpenvereins als Bezugsberechtigungsbeleg für das preisgünstige „Bergsteigeressen" uvm. Die wegen des prinzipiell problematischen Ausgangspunktes unbefriedigenden Versuche, die Geister, die damit gerufen wurden, wieder loszuwerden, belegen etwa BGH GRUR 1982, 613 – *Buchgemeinschaftsmitgliederausweis* und 1985, 292 – *Code-Karte.*

[119] Vgl. BGH GRUR 1975, 375 – *Kaufausweis II*; 1979, 411 f – *Metro II*; 1990, 617, 622 f – *Metro III.*

[120] Näher *Schricker/Lehmann* S. 272.

[121] S. a. *Gröner/Köhler* S. 70 ff, 108 ff, 113; ablehnend *Weyhenmeyer* WRP 1988, 141; gegen diesen wiederum zutreffend *Hereth* WRP 1988, 352.

28, 54, 38 ff – *Direktvertrieb; Baumbach/Hefermehl* § 1 Rdn. 891 (aE) und ff; *Ulmer/Reimer* Rdn. 1043).

Als solcher Umstand ist vornehmlich die **„Tarnung" des Direktvertriebs** gewertet worden[122]. Des näheren werden dabei **zwei Varianten** unterschieden, je nachdem, wem gegenüber der Direktvertrieb verheimlicht wird (Handelskunde oder Lieferant): **C 114**

Sittenwidriger Direktvertrieb kann demnach einmal dann vorliegen, wenn der direktvertreibende Hersteller bzw. Großhändler seine Doppelfunktion **gegenüber dem Handelskunden** (Großhändler bzw. Einzelhändler) verschleiere, um dessen Abspringen von der Geschäftsbeziehung zu verhindern und seine Gutgläubigkeit auszunutzen. Ein bloßes Verschweigen dieser Doppelrolle soll allerdings nicht ausreichen. Verlangt wird vielmehr der Verstoß gegen eine sich ihrerseits aus der Geschäftsbeziehung ergebende **Offenbarungspflicht**. Habe z. B. ein Großhändler seinem einzelhänderischen Kunden erklärt, er liefere nur an Einzelhändler, so seien gleichwohl in größerem Umfang vorgenommene Direktverkäufe unlauter. Die bloße Selbstbezeichnung und Tätigkeit als Großhändler sei aber keine (konkludente) Erklärung im vorgenannten Sinne, nur Handelskunden zu beliefern. **C 115**

Als **Tarnmaßnahmen** hingegen werden exemplarisch genannt (*Ulmer/Reimer* Rdn. 1043. S. 784) das unrichtige Ausstellen von Rechnungen, lautend auf (angebliche) Wiederverkäufer, das Unterlassen der Aushändigung von Quittungen an private Kunden sowie der Versuch, Privatkunden zur Verschwiegenheit zu verpflichten. **C 116**

Neben der Existenz dieser besonderen, auf Geheimhaltung zielenden Vorkehrungen soll es ferner auf deren **Kausalität** für das Geschäftsgebahren des Handelskunden hinsichtlich des Fortbestandes der Geschäftsbeziehung ankommen. Anders gewendet: Es bedarf demnach der Feststellung, daß sich der Handelskunde ohne die Tarnung des Direktvertriebs anders verhalten, namentlich die Geschäftsbeziehung zu dem Direktverkäufer abgebrochen hätte. Dabei wird recht zurückhaltend argumentiert: Sog. Kulanzverkäufe beispielsweise sollen im Regelfall nicht geeignet sein, den Handelskunden zum Abbruch der Geschäftsbeziehung zu veranlassen. **C 117**

Unlauter soll sich zum anderen ein Handelskunde verhalten, der seine Direktverkäufe **gegenüber seinem Lieferanten** tarnt[123]. Als Akteur kommt hierbei nur ein Großhändler, evtl. auch ein Importeur, definitionsgemäß aber nicht ein Einzelhändler in Frage[124]. Die Sittenwidrigkeit soll darin liegen, daß dieser Großhändler (ggf. Importeur) durch Tarnung seiner Doppelfunktion sich Vorteile bei seinen Lieferanten im Vergleich zu seinen Konkurrenten „erschleicht" (BGHZ 28, 54, 66 f – *Direktvertrieb*). Auch dem Lieferanten (regelmäßig also dem Hersteller) gegenüber bestehe aber keine allgemeine Offenbarungspflicht hinsichtlich des Direktvertriebs. Dies sei hingegen wiederum der Fall, wenn mit dem Direktvertrieb „besondere Vorkehrungen" verbunden seien mit dem Ziel, ein Bekanntwerden der Doppelfunktion (als Groß- und zugleich Einzelhändler) zu verhindern. **C 118**

Ferner komme es auch hier auf einen (hypothetischen) **Kausalzusammenhang** an: Es müsse festgestellt werden, daß „der Lieferant nach Art und Umfang der Direktgeschäfte Anlaß genommen hätte, den Großhändler nicht mehr zu beliefern, **C 119**

---

[122] BGHZ 28, 54, 62 ff – *Direktvertrieb*; s. a. BGHZ 74, 215, 221 – *Kaufscheinwerbung*; der Rspr. beipflichtend z. B. *Baumbach/Hefermehl* § 1 Rdn. 892 f; *Droste* WRP 1960, 27, 30 ff mzN in Fn. 3; *Ulmer/Reimer* Rdn. 1043.

[123] BGHZ 28, 54, 62 – *Direktvertrieb*; BGH GRUR 1977, 49 f – *BMW-Direkthändler*; *Ulmer/Reimer* Rdn. 1043.

[124] Zumindest mißverständlich deshalb *Baumbach/Hefermehl* § 1 Rdn. 893.

oder ihm doch den nur Großhändlern gewährten Preis, insb. den sogenannten Funktionsrabatt für Direktlieferungen an Endverbraucher, nicht gewährt hatte (BGHZ 28, 54, 66 – *Direktvertrieb*).

C 120 Die vorgenannte Auffassung über die lauterkeitsrechtliche Bewertung des getarnten Direktvertriebs hält angesichts ihrer **fragwürdigen Prämissen** einer Kritik nicht stand. Abgesehen von dem prinzipiell prekären Rekurs auf irgendwelche (Handels-) Funktionen, über die sich der Betreffende als Großhändler definieren soll, krankt die Argumentation daran, daß sie die „guten Sitten" ersichtlich nicht in dem maßgeblichen wettbewerbsfunktionalen Sinn versteht (s. eingehend Einl. D Rdn. 1 ff, insb. 20–27, 37 ff; s. a. aaO Rdn. 70 ff). Das konventionalnormorientierte oder auch wirtschaftsethisch eingefärbte Verständnis offenbart sich schon in der kakophemistischen Wortwahl („Erschleichen"), vor allem aber in der völligen Konkordanz der zitierten Meinungen in Rspr. und Literatur zu den Leitsätzen des Gutachtens Nr. 3/1955 eines seinerzeit bestehenden Gutachterausschusses für Wettbewerbsfragen der Spitzenorganisationen der gewerblichen Wirtschaft[125], der ebenso penetrant wie apodiktisch die Tarnung von Direktgeschäften als Verletzung der „guten kaufmännischen Sitte" verurteilte. In einer Marktwirtschaft und einer an den Funktionsbedingungen des Wettbewerbs interessierten Wettbewerbsrechtsordnung muß der an die (sozial-)moralischen aber auch nur faktisch beobachteten Standards von „Offenheit" und „Ehrlichkeit" appellierende **„Vorwurf heimlicher Funktionsuntreue"** jedenfalls im Rahmen des § 1 UWG notwendig ins Leere gehen (so schon *Spengler* WuW 1957, 539, 548).

C 121 Zu erwägen bleibt freilich eine **eventuelle Unzulässigkeit** des getarnten Direktvertriebs **im Lichte des § 3 UWG** (vgl. § 3 Rdn. 381 ff). Doch sollte auch in diesem Zusammenhang wegen der dogmatischen Verwandtschaft von § 3 mit § 1 UWG (vgl. § 3 Rdn. 35 und schon Einl. D Rdn. 6 und 52) der Einsicht Rechnung getragen werden, daß die von herkömmlichen Handelsfunktionen beeinflußten Vorstellungen der beteiligten Verkehrskreise über das „Wesen" etwa des Großhandels nur von untergeordneter rechtlicher Bedeutung sein können. Ob man dabei methodisch eine ergänzende Interessenabwägung (vgl. § 3 Rdn. 102 ff, 245 ff) oder eine von vornherein normativ begriffene Verkehrsauffassung befürwortet (vgl. Einl. D Rdn. 267 ff), ist demgegenüber zweitrangig.

C 122 Nur scheinbar nicht sozialmoralisch oder konventionalnormorientiert, sondern marktorientiert präsentiert sich die Begründung, die Sittenwidrigkeit des – gegenüber dem Handelskunden – getarnten Direktvertriebs sei darauf zu stützen, daß dadurch „das marktgerechte Verhalten der Handelskunden unter Ausnutzen ihres Vertrauens in die Loyalität des Lieferanten verhindert" werde (*Baumbach/Hefermehl* § 1 Rdn. 892 aE). Denn in Wahrheit hält der Markt unter Wettbewerbsbedingungen **kein genormtes Reiz-Reaktionsmuster** parat, schon gar nicht nach Maßgabe eines durch **Geheimwettbewerb** enttäuschten leutseligen Vertrauens (s. a. *Meier* DB 1980, 721, 727 l. Sp.). Wer Frustationen solcher Art vermeiden will, muß versuchen, sich einschlägiger vertragsrechtlicher Instrumente zu bedienen, etwa Unterlassungspflichten bezüglich des Direktvertriebs zu statuieren[126].

C 123 Als „besonderer Umstand", der die Sittenwidrigkeit des Direktvertriebs zur Folge soll haben können, wird schließlich – i. V. mit der Tarnung des Direktvertriebs,

---

[125] Vgl. *Spengler* WuW 1957, 539, 549 Fn. 39.

[126] Die wettbewerbsrechtliche Zulässigkeit solcher Vereinbarungen ist allerdings ihrerseits nicht fraglos.

also wohl mehr hilfsweise oder aber iS eines unlauteren Gesamttatbestandes (vgl. Einl. D Rdn. 114 ff) – der Gesichtspunkt einer spezifischen **Preispolitik** des Direktvertreibers genannt: Werde z. B. der Großhändler durch die Tarnung des Direktvertriebs und die damit beim Einkauf erzielten Kostenvorteile instandgesetzt, die Einzelhandelspreise zu unterbieten, so sei die Sittenwidrigkeit des getarnten Direktvertriebs zugleich durch die Diskriminierung der Einzelhändler begründet, die sich die Ware nicht zu gleich günstigen Konditionen beschaffen könnten, ja bei einer nach § 16 GWB doch nur ausnahmsweise noch zulässigen Preisbindung der zweiten Hand (Verlagserzeugnisse!) gar nicht billiger verkaufen dürften, selbst wenn ein günstigerer Einkaufspreis zu erzielen wäre (vgl. *Baumbach/Hefermehl* § 1 Rdn. 893 aE/894; *Ulmer/Reimer* Rdn. 1044).

Ein allgemeines, von Marktmacht abgekoppeltes **Diskriminierungsverbot** indes ist dem Wettbewerbsrecht insgesamt fremd (s. schon Einl. E Rdn. 23). Es handelt sich vielmehr nicht nur um wettbewerbspolitisch, sondern auch um wettbewerbsrechtlich erwünschten Preiswettbewerb, innerhalb dessen sich für die Einzelhändler eben ökonomisch motivierte, durch die Distributionsstellung nun einmal bedingte Stufeneffekte preispolitisch nachteilig auswirken. **C 124**

Gegen diese grundsätzliche Sicht der Dinge bestehen selbst dann keine Bedenken, wenn beispielsweise der direktvertreibende Großhändler die **Preise** der von ihm vielleicht sogar selber ebenfalls belieferten Einzelhändler **unterbietet** (ebenso, aber möglicherweise nur für den offen praktizierten Direktvertrieb, *Emmerich* § 6, 8 a aa). Daß beim Direktvertrieb ausnahmsweise zulässig **preisgebundener Waren** eine Sittenwidrigkeit wenigstens unter dem Gesichtspunkt des **„Vorsprungs durch Rechtsbruch"** angenommen werden könne[127], erscheint schon wegen des für die par condicio concurrentium substantiellen Unterschieds zwischen „Rechtsbruch" und „Vertragsbruch" alles andere als überzeugend (s. a. *Schünemann* S. 100 ff). **C 125**

2. Umsatzprämien

a) **Begriff und Funktion im Marketing.** Auslobung und Gewährung von Prämien (Geld- oder Sachleistungen, ggf. auch Dienstleistungen) seitens des Herstellers bzw. Großhändlers an seine Handelskunden für deren Absatzerfolge, die mittelbar ja auch dem Hersteller bzw. Großhändler zugute kommen, lassen sich als sehr spezifisch wirksamer Marketing-Stimulus einsetzen[128]. Dies gilt insbesondere für Verkaufsprämien. Vom Standpunkt des Herstellers bzw. Großhändlers dieselbe Wirkung haben aber auch Prämien, die für bestimmte Einkaufsvolumina dem Handelskunden versprochen oder gewährt werden (**Einkaufsprämien**), sofern dieser nicht auf Kommissionsbasis arbeitet. Verkaufs- und Einkaufprämien können im Begriff der Umsatzprämie zusammengefaßt werden, je nachdem, ob auf die Umsätze auf der Absatz- oder auf der Beschaffungsseite Bezug genommen wird. Als Sonderform der Einkaufsprämien haben **Treueprämien**, auch in Gestalt von Treuerabatten, zu gelten. Steuerungsgröße dabei ist – anders als bei der regulären Einkaufsprämie – nicht die Güter*menge*, sondern die *Dauer* der Geschäftsbeziehung. **C 126**

---

127 So *Baumbach/Hefermehl* § 1 Rdn. 894 und *Ulmer/Reimer* Rdn. 1044 unter Hinweis auf BGH WuW 1960, 193 – *Elektrogeräte II*; GRUR 1960, 331, 335 – *Schleuderpreise*.

128 Auslobung und Gewährung können nicht getrennt werden: das nicht eingelöste Prämienversprechen entwertet die Anreizwirkung des Prämienversprechens der nächsten Auslobungsperiode.

C 127 Für Umsatzprämien jeder Art kommen im einzelnen **unterschiedliche Adressaten** in Betracht, nämlich entweder – wie gesagt – die Handelskunden selber, also die Unternehmen, genauer: die Unternehmensträger, oder aber die Mitarbeiter dieser Unternehmen persönlich. Aus der Sicht des Prämierenden ist der Marketingeffekt jeweils derselbe. Dennoch dürfen daraus für die wettbewerbsrechtliche Beurteilung keine voreiligen Schlüsse gezogen werden. Denn für die marktlichen Austauschbeziehungen auf dem hier relevanten Gütermarkt sind nur die Unternehmen (Unternehmensträger) als Zuordnungssubjekte relevant. Deshalb stellen Umsatzprämien nur dann Entgelte für Vertriebsleistungen im handelsökonomischen Sinne dar, wenn sie den Handelskunden, nicht deren Mitarbeitern persönlich, erbracht werden. Innerhalb dieses so gezogenen Rahmens gibt es freilich keinen entscheidenden wirtschaftlichen Unterschied zwischen Verkaufs- und Einkaufsprämien, weil Einkaufsprämien gleichsam nur antizipierte Verkaufsprämien bei Übernahme des Absatzrisikos durch den Handelskunden darstellen.

C 128 In Geld ausgedrückte Umsatzprämien an den Handelskunden werden durchweg in **Rabattierungen** des Kaufpreises erfolgen. Dies ist für Einkaufsprämien selbstverständlich, aber auch bei Verkaufsprämien praktikabel, wobei die Rabattierung dann eben erst bei einem nachfolgenden Lieferkontrakt in Ansatz gebracht wird.

C 129 *b) Exkurs:* **Umsatzprämien im Lichte des § 12 UWG.** Ein ganz erheblicher Teil der einschlägigen Fälle liegt im Anwendungsbereich des § 12 UWG, soweit man ihn mit der hM sehr extensiv interpretiert: Die **Strafbarkeit** der aktiven und passiven Bestechung wird nämlich nicht nur auf die **typische Bestechungssituation** beschränkt, in der ein Mitarbeiter im Beschaffungswesen **ohne Wissen** seines Prinzipals nur mit Rücksicht auf Vorteile, die ihm der Lieferant versprochen hat, diesen Lieferanten bei Einkaufsentscheidungen des Handelsunternehmens bevorzugt, ohne die wirtschaftlichen Konsequenzen für diese Entscheidungen tragen zu müssen.

C 130 Die Strafbarkeit soll beispielsweise vielmehr auch dann bestehen, wenn der **Prinzipal** davon **Kenntnis** hat (vgl. § 12 Rdn. 30 mwN auch der Gegenmeinung), evtl. sogar „Schmiergelder" für seine Mitarbeiter entgegennimmt, um sie an diese weiterzuleiten[129]. Dies wird einmal damit begründet, daß § 12 auf umfassende Bekämpfung des „Schmiergeldunwesens" ziele[130]. Zur Begründung wird ferner das auch in § 12 UWG geschützte Rechtsgut, nämlich der Wettbewerb als Institution, angeführt (vgl. § 12 Rdn. 5, 30 f).

C 131 Schließlich heißt es (BGH GRUR 1968, 587, 589 – *Bierexport*), die Kenntnis des Prinzipals von der Einflußnahme auf seine Mitarbeiter könne der Anwendbarkeit des § 12 UWG nicht entgegenstehen, denn insoweit schütze diese Norm „Mitbewerber, vor denen der Bestechende sich einen unzulässigen **Vorsprung** verschaffen" wolle. Auch bestehe ein **allgemeines Interesse** daran, daß nicht aufgrund von Schmiergeldern „die schlechtere Ware vor der besseren den Vorzug erhält und der Preis der Ware verteuert wird". Insoweit führt die höchstrichterliche Rspr. die Judikatur des RG fort, die sich hier vehement gegen jede „Einschiebung eines volkswirtschaftlich unnützen Zwischenverdieners" gewandt hatte (RG GRUR 1938, 619 f – *Herdweiß*; zustimmend HdbWR/*Harte-Bavendamm* § 44 Rdn. 3).

---

129 Vgl. RG GRUR 1938, 619 f – *Herdweiß*; OLG Stuttgart WRP 1974, 222, 225; HdbWR/*Harte-Bavendamm* § 44 Rdn. 9.

130 Vgl. zur – historischen – Teleologie RGSt 48, 291, 294 ff, insb. 297; RG JW 1921, 338; BGH GRUR 1958, 27 f – *Beschaffungsstelle*; 1983, 330 f – *Antragsrecht*; HdbWR/*Harte-Bavendamm* § 44 Rdn. 1 f.

Dazu ist **kritisch** zunächst anzumerken, daß bei Kenntnis des Prinzipals von der fremden Einflußnahme auf seine Mitarbeiter sich der Prinzipal den Vorgang doch zwangsläufig zu eigen macht, wenn er keine geschäftspolitisch sachgerechter erscheinenden Weisungen erteilt. Würde aber der Prinzipal das vom Lieferanten gewünschte Mitarbeiterverhalten selber veranlassen, wäre dies im Lichte des § 12 UWG irrelevant und – bereits wegen des Charakters als betriebliche Internmaßnahme (vgl. Einl. D Rdn. 176) – auch nach § 1 UWG nicht zu beanstanden. Schon von daher ist der Standpunkt der hM nicht recht nachvollziehbar. Viel eher wäre insoweit an eine restriktivere Interpretation des § 12 UWG zu denken, zumal die wettbewerbliche Position der Mitbewerber des prämierenden Lieferanten dieselbe ist, ob nun die Mitarbeiter des Handelskunden mit dessen Kenntnis bestochen werden oder ob – von § 12 UWG fraglos unbehelligt – der Handelskunde selber „bestochen" wird. **C 132**

Ähnlich verhält es sich mit dem **Kostenargument**: Aus dem Blickwinkel des prämierenden Lieferanten sind die Umsatzprämien ein und derselbe preisrelevante Kostenfaktor, gleichgültig, ob die Prämien dem Handelskunden oder seinen Mitarbeitern zugute kommen sollen[131]. Daß dieser Kostenfaktor bis auf die Verbraucherebene durchschlägt, ist wegen der Komplexität des Prozesses der Marktpreisbildung übrigens keineswegs sicher, jedenfalls aber angesichts der **Kalkulationsfreiheit** wettbewerbsrechtlich ebensowenig faßbar wie das Spiegelbild, nämlich unterschiedliche Verbraucherpreise verschiedener Anbieter bei gleichen Gestehungskosten. **C 133**

Bei alledem wurde unterstellt, daß Einkaufs- und Verkaufsprämien, mit denen der Lieferant die Mitarbeiter seines Handelskunden zu beeinflussen sucht, nach § 12 UWG gleich zu behandeln sind. Dies ist in der Tat ganz hM (vgl. § 12 Rdn. 30), obwohl § 12 UWG doch nur auf den *Bezug* der Ware (oder Dienstleistung) abhebt. Der **Begriff „Bezug"** soll demnach mit Rücksicht auf die Zweckbestimmung des § 12 UWG das gesamte wirtschaftliche, „auf Erlangung oder den Absatz" (!) von Waren oder gewerblichen Dienstleistungen gerichtete Geschäft meinen (vgl. § 12 Rdn. 33 unter Hinweis auf BGHSt 10, 269, 270). **C 134**

Keinen Unterschied sieht die hM auch zwischen Verkaufsprämien an die Mitarbeiter sog. allgemeiner Umsatzhändler – ohne deren Exklusivbindung an einen Hersteller (bzw. Großhändler) – einerseits und an Mitarbeiter von **Exklusivhändlern** andererseits, obwohl die Wirkungsweise der Prämienauslobung beidesmal sehr unterschiedlich ansetzt: wird in der ersten Variante primär das Ziel verfolgt, daß von Einkaufsoptionen bezüglich anderer Lieferanten kein Gebrauch gemacht wird, so steht diese Möglichkeit bei der zweiten Variante ex definitione, z. B. aus vertragsrechtlichen Gründen, gar nicht zu Gebote. Die Prämienauslobung zielt hier also allein auf den Zuwachs des Umsatzvolumens, weil der Lieferant bezüglich dieses Handelskunden von vornherein ohne Anbieterkonkurrenz ist. Die angestrebte Beeinflussung der Mitarbeiter des Handelskunden ist in den strafrechtlichen Kategorien des § 12 UWG also als **untauglicher Versuch** zu werten, weil eine „Bevorzugung" vor anderen Lieferanten unmöglich ist. Im steten Bestreben einer umfassenden Bekämpfung des „Schmiergeldunwesens" soll jedoch auch hierbei unter § 12 UWG subsumiert werden können (vgl. BGHSt 10, 358, 367f; kritisch dazu § 12 **C 135**

131 Auch HdbWR/*Harte-Bavendamm* § 44 Rdn. 3 bemerkt, es mache „für die Anbieterseite und das Allgemeininteresse keinen wesentlichen Unterschied, ob die Vorteile dem Betriebsinhaber oder den Angestellten und Beauftragten zufließen" sollten.

Rdn. 20ff; entschieden gegen Strafbarkeit solcher Verkäuferprämien *Leo* WRP 1966, 153, 155ff).

C 136 c) **Verbotslückenschließung durch § 1 UWG?** Schon die vorgenannten Erwägungen mahnen zur Vorsicht gegenüber Versuchen, die von § 12 UWG selbst bei dessen extensiver Interpretation nicht erfaßten, angeblich **„bestechungsähnlichen" Konstellationen** bei der Umsatzprämierung durchaus im Einklang mit den Auffassungen einschlägiger Verbände und im Einklang mit dem. sog. Sündenregister des Bundeswirtschaftsministeriums (vgl. die Zitate § 1 C Rdn. 52), ja vielleicht sogar deswegen (dagegen freilich schon Einl. D Rdn. 78f) nunmehr mit Hilfe des § 1 UWG zu bekämpfen und dabei eine Art **axiologischer Fernwirkung** des § 12 UWG in Anspruch zu nehmen[132]. Für eine gebotene distanziert-sachliche Betrachtung des Wettbewerbsgeschehens befremdlich ist ferner die in diesem Zusammenhang gewählte moralisch-affektive Diktion, Schmiergelder verstießen „gegen die einfachsten und grundlegenden Sätze des geschäftlichen Anstands und kaufmännischer guter Sitte".

C 137 aa) **Prämien für Handelskunden.** Hinsichtlich eventueller Verbotslücken bei § 12 UWG zu denken ist insb. an die **„Bestechung" des Handelskunden** selber (nicht seiner Mitarbeiter) durch Umsatzprämien, was ganz sicher auch bei weitherzigster Auffassung nicht von § 12 UWG strafbedroht ist[133]. Der Sinn dieser Straflosigkeit ist freilich nur schief mit möglichen Abgrenzungsproblemen zwischen Preisnachlässen einerseits und Schmiergeldern andererseits erfaßt, Abgrenzungsprobleme, die den Gesetzgeber zu einer klugen kriminalpolitischen Zurückhaltung Veranlassung gegeben haben könnten (so aber § 12 Rdn. 31). Der entscheidende Grund ist vielmehr darin zu sehen, daß es einen solchen Unterschied gar nicht gibt, mag dem historischen Gesetzgeber diese Einsicht nach damaligem Erkenntnisstand auch nicht verfügbar gewesen sein. Die „Bestechung" des Handelskunden durch Umsatzprämien, sei es für bestimmte Einkaufsvolumina – hier insb. in Form von Mengenrabatten, aber auch durch sonstige, insb. durch Sachprämien – sei es für bestimmte Vertriebsleistungen, ist somit eine dem Stufenwettbewerb durchaus wesensgemäße Erscheinung, die vom Wettbewerbsrecht gegen Eingriffe gerade zu schützen ist und schon deshalb nicht sittenwidrig iS von § 1 UWG sein kann (**a. A.** z. B. LG Frankfurt a. M. BB 1963, 164f; *Ulmer/Reimer* Rdn. 856 aE; im Ergebnis auch *v. Gamm* Kap. 47 Rdn. 6).

C 138 Dasselbe (keine Sittenwidrigkeit) gilt wohl auch für sog. **Treueprämien**, obwohl dabei kein unmittelbarer Zusammenhang mit irgendeiner Vertriebsleistung erkennbar ist, weil diese Prämie ja gerade umsatzunabhängig gestaltet ist. Denn diese Treueprämie hilft dem Hersteller bzw. Großhändler doch bei der langfristigen **Offenhaltung von Vertriebskanälen** (Zulässigkeitsbedenken jedoch bei *Baumbach/Hefermehl* § 1 Rdn. 897).

C 139 Wenig hilfreich, ja, schon im Ansatz **verfehlt** und in vorliegendem Fall auch immanent gesehen falsch ist aber vor allem das **Kostenargument**, es müsse auf breiter Front die Einschaltung „volkswirtschaftlich unnützer Zwischenverdiener" zwischen

---

[132] So z. B. *Emmerich* § 6, 8cbb; HdbWR/*Harte-Bavendamm* § 44 Rdn. 9, 17; gegen eine derartige Fernwirkung, allerdings im Ergebnis gleichsinnig, BGH GRUR 1977, 619f – *Eintrittsgeld*; zweifelnd *v. Gamm* Kap. 47 Rdn. 6 aE; einer Begründung ganz aus dem Wege gehend HdbWR/*Klosterfelde* § 49 Rdn. 135.

[133] Sofern die „Schmiergelder" an die Mitarbeiter weitergeleitet werden sollen, bejaht die hM allerdings § 12 UWG bezogen auf die Person des begünstigten Mitarbeiters (vgl. Großkomm.-*Schünemann* § 1 C Rdn. 130).

Hersteller und Verbraucher verhindert werden (vgl. schon § 1 C Rdn. 131). Dies offenbart eine fundamentale, vielleicht nur aus dem Denken der damaligen Zeit heraus erklärbare Uneinsichtigkeit gegenüber der Penetranz des Wettbewerbsprinzips bis in die Organisation des Güterverteilungsprozesses selber (dazu eingehend § 1 C Rdn. 25 ff): Unter der Maßgeblichkeit des Wettbewerbsprinzips entscheidet der Markt selber und ausschließlich über die Nutzen des Einsatzes von Aktionsparametern auch im Vertrieb. Es wird von der Gegenansicht auch nicht wahrgenommen, daß die Kosten der Zuwendung auf Seiten des prämierenden Herstellers sich möglicherweise im Einstandspreis des Händlers zwar ausdrücken, eben diese Zuwendungen es aber dem Händler gerade auch ermöglichen, seinen Verkaufspreis gegenüber seinen Abnehmern günstiger zu kalkulieren.

Vielfach wird argumentativ gar nicht an § 12 UWG und darin involvierte, wettbewerbsrechtlich vielfach fragwürdig gewordene Denk- und Wertstrukturen angeknüpft, sondern viel schlichter auf **Handelsfunktionen**, denen normative Bedeutung beigelegt wird. So heißt es, speziell vom **Facheinzelhändler** dürfe seitens der (privaten) Kunden ein nicht durch evtl. Verkaufsprämien „manipuliertes Bild über die Marktlage" erwartet werden, sondern „objektive Information" und „fachgerechte Beratung" namentlich auch hinsichtlich der Preiswürdigkeit der Produkte, wie es natürliches „Ziel des standesbewußten Einzelhändlers" sei (so *Hiersemann* WRP 1964, 222, 223 f). Bei besonders lockenden Anreizen bestehe die Gefahr, daß der Händler den Kunden die betreffende Ware unter Mißbrauch des ihm entgegengebrachten Vertrauens aufzudrängen versuche und dabei seine Funktion, nach sachlichen Gesichtspunkten zu beraten, nicht mehr erfülle (*Baumbach/Hefermehl* § 1 Rdn. 898). **C 140**

Diese Überlegungen treffen nicht einmal in tatsächlicher Hinsicht zu (*Dietrich* DB 1978, 525, 528), zumal der angeblichen Informationsfunktion des Einzelhändlers durch den Siegeszug des **Markenartikels**, an dem die Verbraucher ihre Kaufentscheidung sehr wesentlich orientieren, vielfach der Boden entzogen worden ist (s. a. *Gillert* S. 194 ff). Überdies lassen sich daraus keinerlei rechtliche Folgerungen ziehen, weil der in Anspruch genommene Ausgangspunkt, die Existenz von Handelsfunktionen mit rechtsverbindlicher Kraft, haltlos ist (vgl. § 1 C Rdn. 28). **C 141**

Kasuistik (Sittenwidrigkeit durchweg unzutreffend **bejaht**): Auslobung von Geldprämien an Gastwirte durch einen Spirituosenhersteller für Kronenkorken (BGH GRUR 1974, 394 – *Verschlußkapselprämie*); „Beratungsprämien" an Wiederverkäufer für Verkauf und Installation von Heizkesseln „ohne besondere Gegenleistung" (OLG Köln WuW/E OLG 2881); wertvolle Verkaufsprämien des Herstellers für Wiederverkäufer, die dadurch verleitet werden, ihren Kunden die Ware „aus sachfremden Gründen" zu empfehlen (OLG Hamburg WRP 1987, 482). **C 142**

Sittenwidrigkeit wurde jedenfalls im Ergebnis zu Recht **verneint** im Fall eines Einzelhändlers, dem vom Hersteller umsatzbezogene Wertgutscheine in Aussicht gestellt wurden, die einen Rabatt in Höhe von 2,5%, 4,68% und 6,78% auf den Einkaufspreis bedeuten: Die Gefahr sachfremder Beeinflussung sei wegen der geschäftlichen Stellung des Prämienadressaten und angesichts der mäßigen Prämienhöhe gering; aufgrund der Prämienerwartung werde kein Geschäftsmann 6, 12 oder gar 18 Flaschen nicht marktgängiger Qualität ordern. Ähnlich BGH GRUR 1965, 542 – *OMO*: Abgabe von preisgünstigen Einführungspaketen an den Handel zur Weiterveräußerung an den Verbraucher unter gleichzeitiger Abnahme einer bestimmten Menge Normalware, weil die Einführungspakete nicht übermäßig stark **C 143** beworben wurden und aus ihrer Veräußerung für den Händler kein besonders reizvoller Gewinn winkte.

C 144 **bb) Prämien für Mitarbeiter des Handelskunden.** Da die vom Tatbestand des § 12 UWG geforderte Bevorzugung Gegenstand der vom Täter angestrebten **Unrechtsvereinbarung** sein muß, unterfallen dieser Vorschrift nur **zukünftige Bevorzugungen.** Die Belohnung einer bereits ausgeführten Tätigkeit genügt demnach den tatbestandlichen Anforderungen des § 12 UWG nicht, es sei denn, die Belohnung solle zugleich auch künftige Bevorzugungen in die Wege leiten (vgl. § 12 Rdn. 32 unter Hinweis auf BGH NJW 1968, 1572; s. a. *v. Gamm* Kap. 47 Rdn. 14; *Nordemann* Rdn. 221).

C 145 Man sollte indes nicht der Versuchung erliegen, diese „Strafbarkeitslücke" nun durch § 1 UWG wenigstens zivilrechtlich schließen zu wollen, um nur ja das „Schmiergeldunwesen" umfassend zu bekämpfen (vgl. zur Intention der hM § 1 C Rdn. 130). Die Anwendbarkeit des § 1 UWG auf diesen Fall kann jedenfalls nicht entscheidend davon abhängen, inwieweit hier ein ähnlicher Unrechtsgehalt wie in den von § 12 UWG erfaßten Konstellationen beschlossen liegt. Denn eine daran anknüpfende **axiologische Fernwirkung** des § 12 UWG darf sich nicht in Widerspruch zu den dem § 1 UWG eigenen Wertungsgrundlagen setzen.

C 146 Nach richtiger Ansicht sind diese Wertungsgrundlagen aber bei § 1 UWG ohne jede ethische Implikation, sondern ausschließlich auf die Gewährleistung der Funktionsbedingungen des Wettbewerbsprozesses gerichtet (eingehend dazu Einl. D Rdn. 37 ff). Die strafrechtliche Vorschrift des § 12 UWG legitimiert sich aber wie das Strafrecht überhaupt aus der Reaktion auf das Abweichen sozialethisch motivierter Normen[134]. Soweit Belohnungen erfolgen für Leistungen, die bereits erbracht wurden, und zwar voraussetzungsgemäß ganz unbeeinflußt von der Aussicht auf eine solche Belohnung, kann die freie Willensbildung der Wirtschaftssubjekte bezüglich ihrer Marktentscheidung als wettbewerbsrechtliche Funktionsbedingung freilich überhaupt nicht tangiert sein, weder in der Vergangenheit noch für die Zukunft. Eine Anwendbarkeit des § 1 UWG scheidet damit aus[135].

C 147 **d) Sittenwidrigkeit wegen Verstoßes gegen § 12 UWG?** Nach **allgemeiner Meinung** ist ein Verstoß gegen § 12 UWG stets auch sittenwidrig iS des § 1 UWG (RG GRUR 1938, 619, 621 – *Herdweiß*; 1940, 220 f – *Vertragslastzüge*; *v. Gamm* Kap. 47 Rdn. 4 und 26; *v. Godin* U § 12 Rdn. 16).

C 148 Dieser Standpunkt erscheint **nicht zweifelsfrei**, weil durch die sehr extensive Interpretation des § 12 UWG durch die hM (vgl. § 1 C Rdn. 130) unter diese Vorschrift auch Tatbestände subsumiert werden, bei denen negative Einflußnahmen auf die Funktionsbedingungen des Wettbewerbs nicht deutlich genug zu erkennen sind, so daß – auch mittelbar über den Vorsprungsgedanken – die Anwendbarkeit von § 1 UWG keineswegs sicher ist (vgl. Einl. D Rdn. 62 ff).

C 149 Einer Entscheidung bedarf es in dieser Frage indes nicht. Denn die **zivilrechtlichen Folgen** eines Verstoßes gegen § 12 UWG sind in § 13 Abs. 1 UWG für die Unterlassung und in § 13 Abs. 6 Nr. 2 UWG für den Schadensersatz gleichsinnig angeordnet. Dabei kann es für den Unterlassungsanspruch wie ganz allgemein so auch hier nicht auf Verschulden ankommen.

---

[134] Vgl. *Jeschek* Lehrb. d. Strafrechts AT[4] (1988) § 7 V 3 b; *Schönke/Schröder* StGB[24] (1991) §§ 38 ff Vorbem. Rdn. 35.

[135] Für Sittenwidrigkeit einer Verkaufsprämie, die ein Vertriebsunternehmen den Mitarbeitern ihrer Handelskunden in Form von Wertmarken gewährt, aber OLG Stuttgart BB 1974, 1265; s. a. OLG Düsseldorf WRP 1979, 37.

e) Exkurs: **Umsatzprämien und § 1 ZugabeVO.** Da die ZugabeVO in ihrem § 1 für das Zugaberecht – im Gegensatz zum RabattG – Geltung auf allen Vertriebsstufen beansprucht[136], ist bei der Ankündigung und Gewährung von Umsatzprämien durch den Lieferanten spontan auch ein Verstoß gegen das **Zugabeverbot** zu erwägen. Von vornherein kommen dabei freilich nur solche Prämien in Betracht, die nicht in einer Geldleistung bestehen (vgl. § 1 Abs. 2 lit. b ZugabeVO). Außerdem müssen sie dem Handelskunden selber – nicht seinen Mitarbeitern – versprochen bzw. gewährt werden, weil nur der Handelskunde (nicht jedoch sein Mitarbeiter) Kontraktpartner ist und deshalb auch nur ihm gegenüber neben einer Ware oder einer (Dienst-)Leistung eine „Zugabe" denkbar ist (ebenso *Leo* WRP 1966, 153 f). **C 150**

Die **Rspr.** ist hier – jedenfalls handelsökonomisch gesehen – auf dem prinzipiell richtigen Weg mit ihrer Feststellung, Prämien, die für die Kundenakquisition versprochen oder gewährt würden, seien gar **keine Zugaben**, sondern Vergütung für Werbetätigkeit (BGH GRUR 1968, 600 f – *Ratio-Markt II*; zustimmend *Baumbach/Hefermehl* ZugabeVO § 1 Rdn. 42). **C 151**

Unerträglich ist es aber, diesen Grundsatz durch eine in die verkehrte Richtung zielende (vgl. *Schünemann* S. 188 ff; s. a. Einl. B Rdn. 21 ff und Einl. D Rdn. 63 ff) „wertungsjuristische Handhabung des Zugabeverbots" (*Baumbach/Hefermehl* ZugabeVO § 1 Rdn. 42) substantiell zu unterlaufen, indem das begrifflich-tatbestandliche Fehlen einer Zugabe in solchen Fällen davon abhängig gemacht wird, ob es sich um eine ernstzunehmende Werbetätigkeit handele, für die eine Vergütung üblich und angemessen sei (so BGH GRUR 1969, 600 f – *Ratio-Markt*). Ob ein ernstliches Leistungsentgelt vorliegt, soll sich dabei primär daran entscheiden, welchen Wert die Akquisitionstätigkeit für den Prämierenden hat (*Baumbach/Hefermehl* ZugabeVO § 1 Rdn. 42). **C 152**

Aus marktwirtschaftlicher Sicht sollte man nun erwarten, daß diese **Bewertung** allein **Sache der Beteiligten** sein solle. Auf den ersten Blick damit im Einklang stehend wird gesagt (*Baumbach/Hefermehl* aaO unter Hinweis auf BGHZ 11, 276 – *Orbis*), es sei diesbezüglich von der **Verkehrsauffassung** auszugehen. Die Verkehrsauffassung spielt dabei jedoch eine fatale Rolle: So wird unter ihrer Ägide gefragt, ob die Handelskunden in der Verkaufsprämie eine Zugabe oder ein Entgelt für ihre Vertriebsleistung sähen; als ob dies über die „wahre Natur der Zuwendung", auf die es aber doch ankommen soll (vgl. *Baumbach/Hefermehl* aaO), irgendwelche Auskünfte geben könnte. Die zitierte Verkehrsauffassung dient in Wahrheit also nur als Vehikel, um den auch bezüglich des Gutes „Vertriebsleistung" im Stufenwettbewerb selbstverständlich wirkenden Marktmechanismus zu desavouieren. Bei einer solchen die ökonomisch-marktwirtschaftlichen Direktiven ad absurdum führenden Argumentation kann nicht überraschen, daß der genannte Grundsatz, Verkaufsprämien seien Vertriebsleistungsentgelte und keine Zugaben, in der **Rechtsprechungspraxis** geradezu in seiner Umkehrung entgegentritt[137]. Solche Effekte wettbewerbs- **C 153**

[136] S. aber *Schünemann* S. 195 mit einem Votum für eine geltungserhaltende Reduktion des Anwendungsbereichs der ZugabeVO auf die Endverbraucherstufe. Zur gebotenen streng restriktiven Auslegung und Handhabung „wettbewerbsbeschränkenden Wettbewerbsrechts" prinzipiell schon Großkomm.-*Schünemann* Einl. B Rdn. 21 ff; Einl. D Rdn. 65 ff.

[137] Exemplarisch in jüngerer Zeit OLG Hamburg WRP 1987, 482 – *Wiederverkäufer-Sachprämie* unter Zustimmung von *Baumbach/Hefermehl* aaO mit der nicht mehr nachvollziehbaren Begründung, die Prämien würden nicht für die Kundenwerbung, sondern (?) für den Mehrumsatz gewährt (?); s. a. schon BGH GRUR 1959, 285 – *Bienenhonig*.

rechtlich legitimieren zu wollen, spricht Sinn und Zweck von Wettbewerbsrecht überhaupt Hohn, unabhängig von der rechtstechnischen Anknüpfung entweder an § 1 ZugabeVO oder § 1 UWG.

3. Gewinnspiele/Preisausschreiben

C 154 a) **Begriff und Abgrenzung.** Die **Begrifflichkeit** von Gewinnspielen, Preisausschreiben und Prämien ist sehr unscharf. Gewinnspiele sind wohl allein durch ein („aleatorisches") Zufallsmoment als Siegeskriterium charakterisiert, während für Prämien der Entgeltgedanke für eine erbrachte Leistung kennzeichnend ist. Das Preisausschreiben kombiniert, jedenfalls in seiner typischen Erscheinungsform, beide Faktoren: Zwar wird eine – durchweg geringfügige – Leistung gefordert, die aber lediglich den Zugang für eine nachgeschaltete Zufallsausfall des Siegers eröffnet. Wenn man will, mag man schließlich das **Preisrätsel** als ein im Schwierigkeitsgrad angehobenes Preisausschreiben charakterisieren. In Rspr. und Lehre wird durchweg kein definitorischer Aufwand betrieben[138], obwohl etwa **Zulässigkeitsdifferenzierungen** zwischen diesen Instrumenten des Absatzmarketing sich dann anbieten, wenn man – wie es vielfach geschieht – im Lauterkeitsrecht das Leistungsprinzip als Zulässigkeitstopos favorisiert (vgl. dazu Einl. D Rdn. 81 ff).

C 155 b) **Gewinnspiele/Preisausschreiben für Handelskunden.** Nach zutreffender **ganz hM** ist die **Zulässigkeit aleatorischer Absatzförderungsmaßnahmen** im Stufenwettbewerb grundsätzlich zu bejahen[139], weil die Empfänglichkeit gegenüber irrationalen Einflußgrößen etwa auf die Einkaufsdisposition jedenfalls für diese Zielgruppe als sehr gering zu gelten hat (vgl. zur Einschätzung dieser sog. **Wertreklame im Stufenwettbewerb** prinzipiell BGH GRUR 1959, 318 – *Italienische Note*; 1979, 779 – *Wert-Cupons*; **a. A.** aber durchweg die Verbandsspitzen, vgl. die Zitate § 1 C Rdn. 49 f, 55 ff). Gewinnspiele für Handelskunden verstoßen demgemäß gegen § 1 UWG nur bei Vorliegen von Merkmalen, die schon für sich gesehen die Sittenwidrigkeit begründen[140]. **Sittenwidrig** soll deshalb namentlich ein Gewinnspiel oder Preisausschreiben sein, bei dem die Teilnahmeberechtigung oder die Gewinnchance tatsächlich irgendwie an den Warenbezug **gekoppelt** ist (vgl. BGH WRP 1973, 208 – *Preisausschreiben*; OLG Hamburg WRP 1973, 45 – *Schatzscheine; Baumbach/Hefermehl* § 1 Rdn. 899; *Emmerich* § 6, 8 c bb; RWW/*Gerstenberg* 3.1 Rdn. 21)[141].

C 156 An die **Koppelung** werden dabei nur sehr geringe Anforderungen gestellt. So soll sie schon dann vorliegen, wenn der Teilnahmeschein für ein Gewinnspiel oder Preisausschreiben zugleich einen Bestellvordruck enthält, die der Handelskunde, etwa der Einzelhändler, dem Großhändler gegenüber einzusenden hat, obwohl dieser nicht Veranstalter des Gewinnspiels oder des Preisausschreibens ist. Auch der

---

138 Ansätze einer Definitorik bei RWW/*Gerstenberg* 3.1 Rdn. 1 ff; der allerdings nur Gewinnspiele und Preisausschreiben (einschließlich Preisrätsel) im Blick hat und beide unterschiedslos durch das aleatorische Zufallsmoment gekennzeichnet sieht.

139 Dies gilt auch dann, wenn die aleatorische Maßnahme so konzipiert ist, daß die Einbeziehung des Handels nur Mittel zum Zweck ist, um die Aktion auf der Verbraucherebene besser durchführen zu können (vgl. RWW/*Gerstenberg* 3.1 Rdn. 25).

140 Mißverständlich ist es, die Sittenwidrigkeit hier daran zu knüpfen, daß „besondere Unlauterkeitsmomente hinzutreten" (so *Baumbach/Hefermehl* § 1 Rdn. 899). Denn der Einsatz aleatorischer Absatzförderungsmaßnahmen ist im Stufenwettbewerb auch nicht in nuce sittenwidrig.

141 Wird dieser Zusammenhang seitens des Veranstalters lediglich behauptet, liegt hierin eine irreführende Angabe iS des § 3 UWG.

Hinweis, daß der Teilnahmeschein durchaus ohne den Bestellschein – aufgeklebt auf einer Postkarte – an den Großhändler eingesandt werden kann, soll den Koppelungseffekt nicht entkräften, ebensowenig der Hinweis, die Teilnahme sei hier auch möglich, ohne den Bestellschein auszufüllen (BGH GRUR 1973, 474, 476 – *Preisausschreiben; Baumbach/Hefermehl* § 1 Rdn. 899). Als tragender Gesichtspunkt für die Unlauterkeit wird für diese Konstellation – nicht anders als bei Gewinnspielen und Preisausschreiben gegenüber privaten Verbrauchern – das hierin beschlossene „Kundenfang"-Potential genannt, zumal im Hinblick auf einen „übertriebenen" Anlockeffekt, wenn hochwertige Preise winkten[142].

Gerade dieser Angelpunkt der Argumentation und in seiner Folge die gewonnenen Ergebnisse vermögen allerdings nur sehr bedingt zu überzeugen. Denn wenn man in der Tat davon auszugehen hat, daß Geschäftsleute in ihrem Verhalten einem rationalen Kalkül folgen (vgl. die Nachweise § 1 C Rdn. 63) oder doch folgen sollten (zur normativen oder normierten Verkehrsauffassung eingehend Einl. C Rdn. 25, Einl. D Rdn. 267 ff), so ist – **entgegen der hM** – für irrationale, keinen Kosten/Nutzen-Überlegungen des Handelskunden folgende Beschaffungspolitik eigentlich von vornherein kein Raum. Dasselbe gilt für die Annahme eines „psychologischen" bzw. „moralischen" Kaufzwangs gegenüber Handelskunden (vgl. RWW/*Gerstenberg* 3.1 Rdn. 5): Fälle, in denen im Geschäftsverkehr versierte Unternehmer unzutreffenderweise nur glauben, durch höhere Einkaufsvolumina ihre Gewinnchancen zu erhöhen oder „anstandshalber" Ware beschaffen, dürften kaum vorkommen. Jedenfalls aber sind sie wettbewerbsrechtlich unbeachtlich und Ausdruck ganz persönlicher Defizite an wirtschaftlicher Kompetenz, die zu neutralisieren nun wirklich nicht, noch weniger als bei privaten Letztverbrauchern, Zweck des Wettbewerbsrechts sein kann (s. a. Einl. C Rdn. 23 ff). **C 157**

Soweit der **Preis** im Rahmen eines Preisausschreibens gerade für die größten **Verkaufserfolge** der Handelskunden ausgelobt wird, besstehen überhaupt keine Ansatzpunkte für ein Unlauterkeitsurteil, weil es sich bei solchen Preisausschreiben wertungsmäßig um ein Seitenstück zur Aussetzung einer unternehmensbezogenen Verkaufsprämie handelt, der Preisgewinn handelsökonomisch also schlicht Entgelt für eine (besondere) Vertriebsleistung darstellt (vgl. § 1 C Rdn. 33 ff). **C 158**

Anders ist die Ausgangssituation und damit möglicherweise auch die wettbewerbsrechtliche Beurteilung dann, wenn der **Preis** für das jeweils höchste **Beschaffungsvolumen** hinsichtlich bestimmter Produkte ausgesetzt ist. Eine unmittelbare Parallele zu den Verkaufsprämien besteht hier situativ nicht, eben weil nicht an den Abverkauf angeknüpft wird und damit von einem Entgelt für Vertriebsleistungen eigentlich noch keine Rede sein kann. Trotzdem dürfte Zurückhaltung geboten sein, das Verdikt der Sittenwidrigkeit über ein derartiges Preisausschreiben, in Wahrheit also über die Auslobung einer Einkaufsprämie, unter dem Aspekt des Kundenfangs (Kaufzwangs) auszusprechen, weil der Bewertungstopos „übersteigerter" Anlockeffekt hier, bezüglich des Handelskunden, wenig tragfähig wirkt: Man mag es auch in diesem Fall getrost dem Kosten/Nutzen-Kalkül des betreffenden Unternehmers überlassen, ob aus seiner Sicht Beschaffungskosten einerseits, erwartete Absatzerlöse und evtl. Preiserlangung andererseits, sich rechnen. **C 159**

---

142 *Baumbach/Hefermehl* § 1 Rdn. 899; RWW/*Gerstenberg* 3.1 Rdn. 4 f; s. a. OLG Köln, WRP 1985, 294: Sittenwidrigkeit wegen „übertriebenen Anlockens" bejaht, wenn ein Verlag Fahrschulen die Mitwirkung an einem Preisausschreiben für Fahrschüler mit der Maßgabe anbietet, daß die Fahrschule jeweils Lernmittel zum Gesamtpreis von DM 1000 bezieht.

C 160 c) **Gewinnspiele/Preisausschreiben für Mitarbeiter des Handelskunden.** Soweit Preisausschreiben für Mitarbeiter eines Handelsunternehmens für den (potentiellen) Lieferanten dieses Unternehmens derart ausgelobt werden, daß der Preiserhalt (auch) durch das Einkaufsvolumen oder den Absatzerfolg bezüglich bestimmter Produkte des Lieferanten vermittelt wird, handelt es sich im Kern um eine **Umsatzprämie,** deren Gewährung allerdings auch durch einen **Zufallsfaktor** gesteuert wird. Dies wird durchweg schon den Tatbestand des § 12 UWG erfüllen (vgl. § 1 C Rdn. 129 ff) und bedarf keiner besonderen Erörterung.

C 161 Vom Lieferanten veranstalteten Preisausschreiben und Gewinnspielen für die Zielgrupppe Mitarbeiter des Handelskunden kann aber auch ein **anderer Leitgedanke** als die dadurch unmittelbar ausgelöste Absatzförderung zugrunde liegen, wobei Preis- bzw. Gewinnerhalt gerade nicht an Verkaufs- (oder Einkaufs-)Volumina geknüpft sind. § 12 UWG kommt deshalb nicht zum Zug. Die Mitarbeiter des Handelskunden sollen vielmehr zur intensiven Beschäftigung mit dem Produkt, seiner Herkunft, seinen Eigenschaften und Anwendungsmöglichkeiten veranlaßt werden. Die Volumensteigerung in Ein- und Verkauf dieses Produkts sollen quasi Nebeneffekt des vertieften **Produktwissens** der Mitarbeiter sein[143].

C 162 Mit einem derartigen Fall ist auch die **höchstrichterliche Rspr.** schon befaßt gewesen. Hier hatte ein Hersteller von Skibindungen einen Maria-Theresia-Thaler für besondere Kenntnisse der im **Facheinzelhandel** tätigen Verkäufer bezüglich der Produkte jenes Herstellers ausgelobt. Der Kenntnisstand sollte durch Prüfer ermittelt werden, die „irgendwann" als Kunden getarnt erscheinen würden. Der BGH (GRUR 1971, 223, 225 – *clix-Mann*) hat hierin einen Verstoß gegen § 1 UWG erblickt: Da der Verkäufer stets mit einem Prüfer rechne, bestehe die Gefahr rechtswidriger Beratung des Käufers; zudem werde dieser irregeführt, da er nicht erwarte, daß es dem Verkaufspersonal bei der Warenanpreisung nur auf den Prämienerhalt ankomme.

C 163 Gewiß wird man dieser Prognose in tatsächlicher Hinsicht wenig entgegensetzen können. Sie beantwortet jedoch nicht die Frage der Sittenwidrigkeit. Denn das Problem ist ja gerade, ob die sachgerechte und von jeder persönlichen Vorteilsabsicht freie Beratung *von Rechts wegen* erwartet werden darf. Entscheidungskriterien hierfür wiederum fließen aus der einzunehmenden Position hinsichtlich einer derartigen normativen Beratungsfunktion des Facheinzelhandels[144] und – damit in einem inneren Zusammenhang stehend – hinsichtlich des **rechtlich maßgeblichen Verbraucherleitbildes,** das die schutzwürdigen Verbraucherinteressen umreißt. Unter Berücksichtigung der prinzipiellen Ablehnung normativ verstandener Handelsfunktionen (§ 1 C Rdn. 27 f) und der Befürwortung eines am mündigen Wirtschaftsbürger orientierten, wettbewerbsrechtlich maßgeblichen Verbraucherleitbildes (eingehend Einl. C Rdn. 24 f, Einl. D Rdn. 267 ff) bedeutet dies, daß **entgegen der Rspr.** und der ihr folgenden **Literatur** (vgl. *Baumbach/Hefermehl* § 1 Rdn. 898; RWW/*Gerstenberg* 3.1 Rdn. 24) derartige Absatzförderungsmaßnahmen **nicht sittenwidrig** sind.

---

[143] S. RWW/*Gerstenberg* 3.1 Rdn. 23, der freilich übersieht, daß auch Produktkenntnis im Beschaffungswesen Umsatzsteigerung beim Lieferanten bewirken kann.

[144] Auf sie stellen expressis verbis *Baumbach/Hefermehl* § 1 Rdn. 898 ab.

4. Schaufensterwettbewerbe

Hersteller, seltener auch Großhändler, greifen zur Absatzförderung gegenüber dem Einzelhandel gelegentlich zum Mittel eines preisdotierten Wettbewerbs um das Schaufenster, das z. B. ein bestimmtes Produkt oder eine bestimmte Produktgruppe am „schönsten", also am werbewirksamsten, präsentiert. Hier scheint auch die **hM**[145] die in der Schaufenstergestaltung beschlossene (Werbe-, Vertriebs-)Leistung zu respektieren und erklärt dann die Prämie als das subjektiv-äquivalente Entgelt dieser Leistung. C 164

Die daraus resultierende prinzipielle wettbewerbsrechtliche Zulässigkeit wird von der hM allerdings unter den **geläufigen Vorbehalt** gestellt, „bei Hinzutreten besonderer Umstände" könne gleichwohl „ein Verstoß gegen die guten Sitten nach § 1 UWG in Betracht kommen" (BGH GRUR 1959, 138 – *Italienische Note*). Als solche Umstände werden ebenso zahlreiche wie in ihrer wettbewerbsrechtlichen Relevanz **fragwürdige Faktoren** genannt: mißbräuchliche Übersteigerung dieses Mittels der Absatzförderung mit der Folge der Behinderung oder des Ausschlusses anderer Mitbewerber, etwa durch Aussetzung übermäßig vieler oder übermäßig hoher Preise sowie durch unangemessen lange Dauer des Wettbewerbs (BGH GRUR 1959, 138, 141 f – *Italienische Note*). C 165

Zu Engherzigkeit besteht in dieser Frage allerdings keinerlei Veranlassung: Die **befürchtete Anlockwirkung** und Versuchung zu irrationalem Verhalten von Unternehmen schätzt die hM selber gering ein (vgl. BGH GRUR 1959, 138 – *Italienische Note*; 1979, 779 – *Wert-Cupons*), wenn sie überhaupt wettbewerbsrechtliche Beachtung finden könnte (vgl. § 1 C Rdn. 157). Im übrigen ist es Teil der Wettbewerbsfreiheit des Handelskunden, die Vorteile, die *ihm* aus der Teilnahme am Schaufensterwettbewerb hinsichtlich Absatzzuwachs der so beworbenen Produkte und hinsichtlich evtl. Gewinne winken, gegen die Absatznachteile abzuwägen, die ihm aus der mangelnden Sortimentspflege in bezug auf die Produkte anderer Hersteller erwachsen könnten. Über das „richtige" Maß bezüglich Gewinnhöhe, Teilnahmezeit etc. haben allein die an den Austauschverhältnissen Beteiligten zu befinden. Aus dieser Entscheidung resultierende „Behinderungen" anderer Marktteilnehmer sind wettbewerbseigen, ebenso wie der durchaus mögliche starke ökonomische Druck, bei der Veranstaltung von Schaufensterwettbewerben oder sonstigen ähnlichen Anreizen gegenüber dem (Einzel-)Handel es der Konkurrenz gleichzutun, um die eigenen Absatzwege offenzuhalten (zur wettbewerbsrechtlichen Beurteilung der hiermit angesprochenen „Nachahmungsgefahr" s. bereits grundsätzlich Einl. D Rdn. 99, 110 ff). Gegen Schaufensterwettbewerbe wird demzufolge wettbewerbsrechtlich wohl niemals etwas einzuwenden sein (gleichsinnig *Emmerich* § 6, 8 c bb unter Hinweis auf die ihm auch hier sittenwidrig erscheinende evtl. Koppelung mit dem Warenbezug. Insoweit wiederum **a. A.** § 1 C Rdn. 157). C 166

5. Schaufenster-, Regal- und Platzmiete

Die **Miete** von Schaufenstern inkl. separater Schaukästen, von Regalen bis hin zu Verkaufsflächen in Einzelhandelsunternehmen zählt zum bekannten handelsökonomischen Repertoire, vor allem um eine langfristige Plazierungsmöglichkeit der Waren gerade des Herstellers sicherzustellen (s. a. *Löhr* MA 1973, 210, 212; C 167

---

[145] BGH GRUR 1959, 138 – *Italienische Note*; *Baumbach/Hefermehl* § 1 Rdn. 897; *v. Gamm* Kap. 25 Rdn. 13; RWW/*Gerstenberg* 3.1 Rdn. 22.

zum „rack-jobber" s. bereits § 1 C Rdn. 23). Eine besondere Beurteilung im Absatzmarketing wird diesen Mietverhältnissen von der Praxis nicht beigemessen, wenn das Rechtsverhältnis dem Verbraucher gegenüber **nicht offengelegt** wird[146], zumal wenn zusätzliche Prämien des Herstellers oder auch Großhändlers einen Anreiz für üppige, aber eben selektive Warenpräsentation schaffen.

C 168 Die **hM** hält solche Marketing-Varianten im Einklang mit verbandlichen Erklärungen und im Einklang mit dem sog. Sündenregister des Bundeswirtschaftsministeriums (vgl. die Zitate § 1 C Rdn. 48 ff) für grundsätzlich **wettbewerbswidrig** und damit jedenfalls – unabhängig von § 3 UWG – für einen Verstoß gegen § 1 UWG, weil der Verbraucher über die wahren Motive des Händlers irregeführt werde. Die Warenpräsentation bringe hier, vor allem im Fachhandel, nach der Verkehrsauffassung zum Ausdruck, daß der Händler sich dabei nicht nur von Handelsspanne und Gewinnaussichten leiten lasse, sondern getreu seiner Funktion die Waren zur Schau stelle, die er aufgrund eigener sachkundiger Prüfung wegen ihrer Qualität und Preiswürdigkeit als vorteilhaft für den Verbraucher ansehe. Lasse er sich die Schaustellung einer Ware besonders vergüten, so täusche er über seine Funktion als selbständiger Mittler. Zwar erwartet das Publikum keine völlig neutrale Beratung, doch gehe es davon aus, daß sich der Händler nicht funktionswidrig zum bezahlten Handlanger eines bestimmten Herstellers mache. Ob die ausgestellten Waren tatsächlich gut und preiswert seien, sei gleichgültig. Entscheidend komme es vielmehr darauf an, daß der Verbraucher irrig eine **Eigenwerbung des Händlers** annehme, der die angebotene Ware aufgrund eigener Sachkunde empfehle, und daß das Publikum bei Kenntnis der **Fremdwerbung** z. B. des Herstellers anders reagieren würde. Durch die Gewährung von Prämien für die selektive Schaustellung der Waren könne der Händler seinerseits dazu verleitet werden, mehr Ware zu kaufen, als er erfahrungsgemäß verkaufen könne, oder sich, um die Prämie zu erhalten, vorwiegend für den Verkauf prämienbegünstigter Ware einzusetzen, wodurch wiederum eine objektive Kundenberatung in Frage gestellt werde. Schließlich könnten die Mitarbeiter des Herstellers zur **Nachahmung** veranlaßt werden, weil sie sonst mit Absatznachteilen rechnen müßten. Damit bestehe aber die Gefahr, daß der **Leistungswettbewerb** auf dem Markt in erheblichem Umfang ausgeschaltet werde[147].

C 169 Soweit dabei dem für Phänomene des Stufenwettbewerbs typischen Argumentationsmusters gefolgt wird, kann auf die eingehende ablehnende Stellungnahme in vergleichbaren Problemfeldern verwiesen werden (§ 1 C Rdn. 60 ff, 78 ff)[148].

C 170 Soweit die Sittenwidrigkeit auch mit einer Gefahr für den Leistungswettbewerb begründet werden soll, ist zu erwidern, daß dabei schon eine ökonomisch **unsachgerechte Blickwinkelverengung auf den Absatzmarkt** der betreffenden Waren erfolgt: Auf dem **reziproken „Vertriebsdienstleistungsmarkt"** erscheinen die in Rede stehenden Vorgänge zwanglos als Leistungen, und zwar schlicht schon aus der Sicht des

---

[146] Bei der offengelegten Platzmiete handelt es sich um dann regelmäßig um das „shop in the shop"-Prinzip, das – konzentriert eingesetzt – als Gegenstrategie des mittelständischen Facheinzelhandels gegen die Fachabteilungen der Großwarenhäuser gedacht ist.

[147] BGH GRUR 1977, 257 ff – *Schaufensteraktion*; LG Hamburg MA 1961, 756; LG Mannheim BB 1964, 1023 und WRP 1965, 107; *Baumbach/Hefermehl* § 1 Rdn. 19 und 900; *Droste* MA 1961, 745; *Fezer* BB 1971, 806; *Franzen/Giessen* BB 1978, 1642, 1645; *v. Gamm* Kap. 25 Rdn. 13; *Gaedertz* WRP 1973, 250; *Herrmann* GRUR 1982, 395, 400 mit interessanter, aber nicht überzeugender preistheoretischer Begründung; *Löhr* MA 1973, 210; *Lutz* MA 1964, 151; *Nordemann* Rdn. 64 a; s. a. *BKA* BB 1969, 63.

[148] Spezielle Ablehnung der hM zur Schaufenster- und Regalmiete bei *Rödding* DB 1969, 1877 f.

mietvertraglichen Synallagmas (vgl. zur Problematik des „Leistungswettbewerbs" im übrigen Einl. D Rdn. 81 ff).

Hinsichtlich der Behauptung, es werde Fremdwerbung irreführend als Eigenwerbung des Einzelhändlers getarnt, ist zu entgegnen, daß die Bewerbung und der Vertrieb der Ware im Verhältnis des Einzelhändlers zu seinen Kunden auch unter Einsatz von verdeckter Schaufenster-, Regal- und Platzmiete **echte Eigenwerbung des Einzelhändlers** bleibt. Denn ihm obliegt es, zu entscheiden, ob er den Einsatz derartiger Aktionsparameter mit seinen langfristigen Nutzen-(Profit-)Maximierungsinteressen vereinbaren kann, und ihn trifft das unternehmerische Risiko einer diesbezüglichen Fehlentscheidung, wenn dadurch die Kundenakzeptanz in bezug auf das dann evtl. unausgewogene Gesamtsortiment leidet (völlig richtig vor allem *Sack* WRP 1975, 261, 264 ff; s. a. *Meier* DB 1980, 721, 724 f, allerdings mit gewissen Abstrichen aaO S. 726). Die Charakterisierung des Einzelhändlers, der derartige betriebliche Dispositionen trifft, als „bezahlter Handlanger eines bestimmten Herstellers" (vgl. *Baumbach/Hefermehl* § 1 Rdn. 19), geht deshalb nicht nur sachlich fehl. Sie ist vielmehr auch sprachliches Indiz dafür, wie ablehnend-affektiv vielfach auf die Wahrnehmung des im funktionierenden Stufenwettbewerb angelegten Innovationspotentials reagiert wird, was einer vorurteilsfreien, wettbewerbsrechtlich tragfähigen Beurteilung nicht förderlich sein kann[149]. **C 171**

Zusammenfassend ist festzustellen, daß gegen Schaufenster-, Regal- und Platzmiete auch dann **keine Zulässigkeitsbedenken** bestehen, wenn die Mietverhältnisse den Verbrauchern gegenüber nicht offengelegt werden. **C 172**

6. Verkaufs- und Werbehilfen

Zur Durchführung von Absatzförderungsmaßnahmen bedienen sich Hersteller und Großhändler bisweilen **besonderer Verkaufs- und Werbehilfen**, etwa durch Abstellen einer besonderen **Verkaufskraft**, die in Einzelhandelsbetrieben dann z. B. mit entsprechender Kleidung und Ausstattung nur Waren des Werbenden offeriert. Auch werden **Ausstellungsstücke** ohne Berechnung überlassen, die der Einzelhändler im Anschluß an die Periode der Warenpräsentation sich privat aneignen darf. Beliebt sind auch sog. **Display-Artikel** mit **Zweitnutzen**, etwa ein Würfel aus Acryl-Glas zur Schuhpräsentation, der auch als Couch-Beistelltisch Verwendung finden kann, oder ein Weidenkorb, der sowohl als sog. Schüttdisplay als auch als Korbsessel zu gebrauchen ist (vgl. LG Stuttgart WRP 1969, 250). **C 173**

Die **hM** sieht auch hier – „unzeitgemäß kleinlich"[150] wie das ganze Zugabe- und Rabattrecht[151] – allenthalben **zugaberechtliche Probleme** (vgl. nur *Baumbach/Hefermehl* § 1 ZugabeVO Rdn. 40 ff mzN), die an dieser Stelle nicht zu erörtern sind. Wegen des darin beschlossenen „unzulässigen **Kaufzwangs**" gegenüber dem Einzelhändler sollen solche Vorgänge auch **sittenwidrig** iS des § 1 UWG sein: Den Einzelhändler könnten sie nur allzu leicht zu sachfremden Erwägungen veranlassen **C 174**

---

[149] Bezeichnenderweise hat die hM denn auch keine Anstalten getroffen, ihre eigene Forderung hinsichtlich der unterschiedlichen Reaktion des Publikums auf „Eigenwerbung" und „Fremdwerbung" praktisch umzusetzen, vor allem, im Einzelfall zu evaluieren.

[150] Ganz richtig *Rödding* DB 1969, 1877, 1880; s. a. *Dietrich* DB 1978, 525, 526 f.

[151] S. schon Großkomm.-*Schünemann* Einl. B Rdn. 21 ff, 28 ff; Einl. E Rdn. 4; *Schünemann* S. 188 ff.

(*Baumbach/Hefermehl* § 1 ZugabeVO Rdn. 40; HdbWR/*Klosterfelde* § 49 Rdn. 133 f).

C 175 Dem ist entschieden zu widersprechen (vgl. § 1 C Rdn. 157). Überlassung und Annahme solcher **Verkaufs- und Werbehilfen** sind **nicht sittenwidrig**[152].

7. **Vorverkaufende Werbung**

C 176 In der modernen Werbepraxis spielt die sog. **vorverkaufende Werbung** (auch **Sprungwerbung** genannt)[153] eine große Rolle: Vom Hersteller oder Importeur, seltener vom Großhandel, werden Werbemaßnahmen durchgeführt, die gar nicht an den potentiellen Vertragspartner, sondern Vertriebsstufen überschreitend an den Verbraucher adressiert sind. Schon durch den dadurch erzielbaren Bekanntheits- und Beliebtheitsgrad des beworbenen Produkts kann ein **Nachfragesog** entstehen, der den (Einzel-)Handel ökonomisch zwingt, dieses Produkt in sein Sortiment aufzunehmen. Hierzu ist auch die Mitteilung des vom Hersteller gemäß § 38 a GWB unverbindlich empfohlenen Endverbraucherpreises insoweit zu zählen, als dies – etwa in der Fernseh- und Plakatwerbung, aber auch durch Packungsaufdruck – den Einzelhändler an einer höheren Preisstellung hindert (*v. Gamm* Kap. 25 Rdn. 14).

C 177 Intensivierungen stellen sales-promotion-Aktionen dar, die demselben Konzept folgen: Eine entsprechende Publikumsnachfrage nach den vom Hersteller lancierten „Sonderangeboten", evtl. zusätzlich unter Umsatzeinbußen bei Substitutionsprodukten, setzt den Handel unter **Orderdruck**.

C 178 **Verbraucherinteressen** können dabei schwerlich verletzt sein, wird doch gerade das Verbraucherinteresse am besten durch eine entsprechende Orderpolitik des (Einzel-)Handels befriedigt. Die **Rspr.**[154] hat insoweit zutreffend mit ihrer wettbewerbsrechtlichen Beurteilung zunächst vornehmlich an den Gesichtspunkten **Wertreklame** und **Konkurrentenbehinderung** angesetzt. Danach sollen vorverkaufende Werbung und verwandte Absatzförderungsmaßnahmen wettbewerbsrechtlich grundsätzlich zulässig sein, weil der unternehmerische Marktteilnehmer gegenüber den vermeintlichen Gefahren der Wertreklame weniger anfällig und die Behinderung der Konkurrenten **noch wettbewerbsimmanent** sei.

C 179 **Einschränkend** heißt es freilich (s. a. *v. Gamm* Kap. 25 Rdn. 14), vorverkaufende Maßnahmen und in ihrer Folge das Einspannen des Handels in die Herstellerwerbung und in Herstellerwerbeaktionen müßten im **beiderseitigen Interesse** liegen und sich in **angemessenen Grenzen** halten. Dies bedinge einen Umsatz- oder sonstigen Ausgleich, sofern es sonst zu einer übermäßigen Belastung und Behinderung des Händlers komme. Einen Beispielsfall dafür liefert BGH GRUR 1967, 256 – *stern*: Zum Ausgleich für die Mehraufwendungen des Handels beim Vertrieb ungewöhnlich schwerer Zeitschriftenhefte erhielt dieser eine Zeitschriftenausgabe verlagsseitig kostenlos.

---

152 Vgl. zur Sittenwidrigkeit gerade wegen eines Verstoßes gegen die ZugabeVO Großkomm.-*Schünemann* Einl. D Rdn. 65 ff.

153 S. *Engelhardt* MA 1980, 50; *Hölzler/Satzky* S. 16; *Meier* DB 1980, 721, 726; *Schünemann* S. 179, 249.

154 BGHZ 3, 339 – *Rasierklingen-Umtauschaktion*; 23, 365 – *Suwa*: Gutscheinverteilung durch den Hersteller zum Erwerb von Probepackungen beim Einzelhandel mit Rückvergütung seitens des Herstellers; BGH GRUR 1969, 295 – *Goldener-Oktober*; 1974, 345 – *Geballtes Bunt*; 1980, 805 – *Probierpreis-Aktion*; s. a. ÖOGH ÖBl 1982, 92 – *Egger-Bier*; OLG Düsseldorf GRUR 1980, 62 f – *Altbier-Prospektwerbung* des Herstellers verbunden mit einem Gutschein, den die Kunden beim „guten Einzelhandel" und am „wohlsortierten Kiosk" einlösen sollten.

Die Sittenwidrigkeit vorverkaufender Maßnahmen ist im übrigen auch darauf gestützt worden, daß der (Einzel-)Händler dadurch verleitet werde, die so beworbene Ware seinerseits **wettbewerbswidrig weiterzuveräußern** (BGH GRUR 1978, 445 f – *Vier zum Preis von Drei*; 1986, 478 – *Herstellerpreiswerbung*). **C 180**

Der Rspr. ist insoweit beizupflichten, als sie grundsätzlich die Zulässigkeit vorverkaufender Maßnahmen bejaht. Bezüglich der dort formulierten Restriktionen bestehen jedoch **durchgreifende Bedenken**. So ist es im Ansatz verfehlt, die beiderseitigen Interessen des Herstellers und des Händlers exogen bewerten zu wollen: Hersteller wie Händler treffen sich ohnehin im Absatzinteresse, und entgegenstehende Interessen des Händlers (Störung der bislang verfolgten Sortimentspolitik; Lagerhaltungsprobleme, Organisationsaufwand etc.) hat allein der Händler mit seiner Einkaufspolitik für ihn angemessen zu vertreten. Ob er hierbei auf „Nebenleistungen" zur vorverkauften „Hauptware" Wert legt oder seine zusätzlichen Kosten über Rabattierungen auf den Einkaufspreis oder über erhöhte Verkaufspreise kompensieren will und kann, bleibt ihm und den Marktverhältnissen überlassen. Dies verbietet auch die Zurechnung evtl. wettbewerbswidrigen Händlerverhaltens beim Absatz der vorverkauften Ware an den Lieferanten, regelmäßig also an den Hersteller. **Vorverkaufende Werbung** und ähnliche Maßnahmen im Stufenwettbewerb sind somit durchweg **nicht sittenwidrig** (s. a. *Nordemann* Rdn. 190 b). **C 181**

8. Vorspannen

Als **Vorspannangebote** werden Angebote bezeichnet, bei denen das „vorgespannte", werblich besonders exponierte und gerade deshalb oft branchentypische, in der Preisstellung ganz besonders günstige Leistungselement der Absatzförderung der sog. Hauptleistung dient. Deshalb werden hier durchweg „Vorspann-" und „Hauptleistung" zu einer Gesamtleistung, aber mit jeweils eigener Preisstellung, gekoppelt. Wie bei der Zugabe besteht also Akzessorietät. Der Unterschied liegt aber darin, daß für jedes Leistungselement ein eigener Preis verlangt wird, es also an der zugabespezifischen Unentgeltlichkeit fehlt[155]. Im Stufenwettbewerb wird in diesem Rahmen vor allem eine Variante für problematisch angesehen, bei der der Lieferant das Interesse seiner (potentiellen) Handelskunden an der Beschaffung seiner Waren dadurch zu steigern sucht, daß er neben der sog. Hauptware auch äußerst günstig kalkulierte Gebrauchsartikel für den eigenen Bedarf des Handelskunden anbietet, die also nicht für den Weitervertrieb gedacht sind (**„Mitgehartikel"**). **C 182**

Die **Rspr.** (BGHZ 34, 264 – *Einpfennig-Süßwaren*) hat ihre **lauterkeitsrechtlichen Bedenken** hiergegen wie folgt formuliert: Es sei zu befürchten, daß der Händler wegen des attraktiven Vorspannangebots nicht mehr so auf Qualität und Preiswürdigkeit der angebotenen Hauptware achte, wie es seiner Funktion als Zwischenhändler entspreche. Dies gehe dann zu Lasten der einzelnen Verbraucher, ja, es stünden hier sogar lebenswichtige Interessen der Allgemeinheit auf dem Spiel, wenn der Handel seine ihm zugewiesene Rolle nicht mehr sachgerecht ausfülle (vgl. auch *Baumbach/Hefermehl* § 1 Rdn. 896). Ob die Attraktivität des vorgespannten Mitgehartikels tatsächlich so groß ist, daß die gehegten Befürchtungen zum Tragen kommen können, soll allerdings im Prinzip ebenso wie bei Vorspannangeboten ge- **C 183**

---

155 Zu alledem BGH GRUR 1976, 248 – *Vorspannangebot*; 1976, 637 – *Rustikale Brettchen*; 77, 110 – *Kochbuch*.

genüber Verbrauchern von den **Feststellungen im Einzelfall** abhängen (vgl. BGH GRUR 1976, 248 f – *Vorspannangebot*).

C 184 Solche Feststellungen dürften sich indes kaum jemals überzeugend treffen lassen, zumal die Rspr. selbst davon ausgeht, daß die Einflußmöglichkeiten in Richtung kaufmännischer Unvernunft generell gering anzusetzen sind (vgl. BGH GRUR 1979, 779 – *Wert-Cupons*). Gleichwohl ist – mehr noch als auf der Endverbraucherstufe[156] – schon der **Ausgangspunkt der hM zu bekämpfen**: Die hier postulierte normative Handelsfunktion existiert nicht (vgl. bereits § 1 C Rdn. 27 f; s. a. *Baumbach/Hefermehl* § 1 Rdn. 896; *Rödding* DB 1969, 1877 f). Und das in der Tat lebenswichtige Interesse der Allgemeinheit besteht in Wahrheit – sogar von Verfassungs wegen – an einem auf individuellen Marktfreiheiten gründenden wettbewerbswirtschaftlichen System und an seinem darin beschlossenen Innovationspotential auch bezüglich des Marketing im Stufenwettbewerb, nicht jedoch daran, besonderes Engagement zu entfalten, um konservativ-traditionelles handelsökonomisches Denken, womöglich noch unter dem Etikett des Verbraucherschutzes, rechtlich abzusichern (*Schünemann* S. 79).

C 185 Die **Zulässigkeit vorgespannter Mitgehartikel im Stufenwettbewerb** ist sonach ganz generell zu bejahen (s. a. *Emmerich* § 6, 8 c bb).

III. Einzelfragen des Beschaffungsmarketing

1. Schnittstellenproblematik

C 186 Die betriebswirtschaftlich klare Trennung von Absatz- und Beschaffungsmarketing darf nicht dahin mißverstanden werden, daß die in vorliegender Kommentierung erfolgte **Einordnung** bestimmter Phänomene des Stufenwettbewerbs notwendig durch deren ökonomische Sachnatur induziert sei. Im konkreten Einzelfall entscheiden vielmehr häufig Interessenlage und Verhandlungs-(Markt-)Position darüber, ob ein stufenwettbewerblicher Aktionsparameter von der einen oder der anderen Seite, als Instrument des Absatz- oder des Beschaffungsmarketing, eingesetzt wird. Umsatzprämien in Form von Einkaufsprämien sind beispielsweise zwar vielfach Anreize, die lieferantenseitig *angeboten* werden. Bei entsprechender Marktlage können sie aber ebenso vom Handelskunden des Lieferanten (Hersteller oder Großhändler) als „Eintrittsgeld" *gefordert* werden. Ähnlich ambivalent sind etwa Schaufenster-, Regal- und Platzmiete, Regalpflege und Preisauszeichnung sowie der Einsatz von Personal des Herstellers oder Großhändlers im Betrieb des Einzelhändlers (sog. **Personalleihe**)[157]. Es handelt sich bei den diskutierten Marketing-Erscheinungen vielfach also nur um die zwei Seiten ein und derselben Medaille (treffend *Merz* Vorfeldthese S. 138).

C 187 Nachfolgend richtet sich die Einordnung zunächst ganz **pragmatisch** nach dem herkömmlichen Diskussionsschwerpunkt, der seinerseits im wesentlichen durch die früher kaum auftretende und deshalb auch theoretisch nicht recht wahrgenommene sog. Nachfragemacht provoziert wurde. Hieraus folgt, daß heute vor allem solche Elemente der unternehmerischen Beschaffungspolitik unter dem Schlagwort „Anza-

---

[156] Dazu etwa *Emmerich* § 11, 4; *Koppensteiner* § 14 III 2 d bb; *Schünemann* S. 76 ff.

[157] S. beiläufig auch *Emmerich* § 6, 8 d für Regal- und Schaufenstermieten, oder *Löhr* MA 1973, 210, 212 für die Personalleihe. Der Direktvertrieb hingegen ist nur als Mittel des Absatzmarketing denkbar.

pfen" (dazu schon § 1 C Rdn. 60 ff, 79 ff) wettbewerbspolitisch und wettbewerbsrechtlich kritisch beleuchtet werden, die sich gerade unter der Voraussetzung bestehender Nachfragemacht anzubieten scheinen.

2. Ordergebühren, insb. „Eintrittsgelder"

Die vielfach zu beobachtende Ausbildung von Nachfragemacht und die damit einhergehende Verschiebung von traditionellen sog. Verkäufer- zu Käufermärkten (zum Begriff s. etwa *Sölter* Nachfragemacht S. 38 ff; kritisch zur weitverbreiteten Annahme von Käufermärkten speziell im Lebensmittelhandel aber *Berg* WRP 1986, 577, 581) hat u. a. dazu geführt, daß vor allem der Handel gegenüber den Herstellern, aber auch Großbetriebsformen des Einzelhandels gegenüber dem Großhandel, ihre Warenbeschaffung von Zuwendungen ihres – künftigen – Lieferanten abhängig machen, die von der Kaufpreiskalkulation als solcher gelöst sind. Derartige **Ordergebühren** (auch **Listungsgebühren** genannt[158]) können sehr **verschiedene Ausgestaltungen** erfahren. In Betracht kommen Pauschalen ebenso wie solche Ordergebühren, deren Höhe sich am Bestellvolumen orientiert und die dann zahlungstechnisch als Rabatt auftreten. Werden solche Ordergebühren erstmalig für die Aufnahme in das Sortiment des Händlers verlangt, spricht man von **„Eintrittsgeldern"**. Die entsprechenden Zuwendungen für den Verbleib im Sortiment lassen sich als **„Verbleibgelder"** bezeichnen. **C 188**

Eine verbreitete Meinung in der **Rspr.**[159], aber auch in der **Literatur**[160] und einschlägiger Verbände halten in Übereinstimmung mit dem sog. Sündenregister des Bundeswirtschaftsministeriums (vgl. die Zitate § 1 C Rdn. 48 ff) das Verlangen solcher „Eintrittsgelder" für **sittenwidrig**; dieselbe Beurteilung finden wohl sonstige **Ordergebühren.** **C 189**

Die **Begründungen variieren** im einzelnen: Der BGH (GRUR 1977, 619 ff – *Eintrittsgeld*) hat zwar den Aspekt der durch Marktmacht ermöglichten **Nötigung** (vgl. § 1 C Rdn. 67 f) zunächst (s. aber im Anschluß an die „Eintrittsgeld"-Entscheidung auch BGH GRUR 1982, 737 f – *Eröffnungsrabatt*) weitgehend hintangestellt, dafür aber eine dem Einzelhandel vom Gericht zugewiesene und vom Verkehr angeblich auch erwartete, im Allgemeininteresse liegende **Handelsfunktion** optimaler Güterversorgung besonders stark gewichtet. Daneben wurde noch die **Nachahmungsgefahr** als Wertungsgesichtspunkt ins Feld geführt. Andere[161] betonen mehr die **„Zwangslage" des Lieferanten,** der im Falle seiner Weigerung Gefahr laufe, diesen Kunden zu verlieren und dadurch seine Absatzwege einzuengen. **C 190**

Im übrigen ist für die Begründung zu berücksichtigen, daß die (Ordergeld-, speziell:) Eintrittsgeldfrage unter dem **übergeordneten Gesichtspunkt des „Anzapfens"** thematisiert wird, dem seinerseits häufig der Gedanke eines fehlenden Leistungsaustauschs zugrunde liegt (s. bereits § 1 C Rdn. 62)[162]. Dies wird sehr deutlich vor allem in den einschlägigen Formulierungen etwa der Wettbewerbsregeln des Mar- **C 191**

---

158 Vgl. auch HdbWR/*Lutz* § 40 Rdn. 10 mit Redaktionsversehen: „Leistungsgebühren".

159 Vgl. BGH GRUR 1977, 619 – *Eintrittsgeld*; OLG Düsseldorf WRP 1973, 233.

160 Z. B. *Franzen/Giessen* BB 1978, 1642; *v. Gamm* Kap. 25 Rdn. 10; *Nordemann* Rdn. 190 a; *Sack* WRP 1975, 261; *Loewenheim* GRUR 1976, 224.

161 Z. B. *Nordemann* Rdn. 190 a unter Hinweis auf ÖOGH WRP 1980, 582, 583; s. a. *Loewenheim* GRUR 1976, 224; *Sack* WRP 1975, 261.

162 Einen spezifischen Zusammenhang eher zwischen „Anzapfen" und der genannten (psychischen) „Zwangslage" des Händlers sieht OLG Hamm WRP 1977, 200, 203 – *Jubiläumszeitschrift*.

kenverbandes (abgedruckt § 1 C Rdn. 49, dort Ziff. 1) oder in der „gemeinsamen Erklärung" (abgedruckt § 1 C Rdn. 55, dort ebenfalls Ziff. 1).

C 192 Dieses **Leitmotiv** in der Begründung setzt jedoch **falsch** an: Ordergebühren, insb. auch sog. Eintrittsgelder, sind nicht etwa Zuwendungen – des Herstellers – ohne Gegenleistung – des Händlers –, sondern Entgelte für die dann dem Hersteller zugute kommende Vertriebsleistung des Handels, jedenfalls nach der maßgeblichen subjektiven unternehmerischen Einschätzung der Marktverhältnisse durch die Beteiligten. Der ganze Vorgang kann deshalb auch weder unter dem Aspekt einer dem Hersteller abverlangten Nebenleistung zur Hauptleistung Warenlieferung sachgerecht erfaßt werden (richtig z. B. *Koppensteiner* § 12 I 2 c; s. allgemein bereits § 1 C Rdn. 91 ff), noch als Maßnahme der Absatzförderung primär des Händlers (so aber *Baumbach/Hefermehl* § 1 Rdn. 902) und auch nur sehr cum grano salis als indirekter Preisnachlaß (so z. B. *Meier* DB 1977, 537; *Warzecha* BB 1975, 1603; s. a. § 1 C Rdn. 34). Es besteht also durchaus jener Leistungsaustausch, der gerade vermißt wird (s. a. *Meier* BB 1975, 720, 722; *Warzecha* BB 1975, 1602). Es kommt deshalb gar nicht mehr entscheidend darauf an, überzeugend dargelegt zu erhalten, warum die Privatautonomie unentgeltliche Zuwendungen im marktwirtschaftlichen Leben per se nicht legitimieren sollte. Ein solcher Nachweis dürfte im übrigen kaum geführt werden können.

C 193 Dies ergibt sich nicht zuletzt auch im **Gegenschluß** aus dem hier thematisch eingreifenden § 26 Abs. 3 GWB (vgl. *Markert* in: Immenga/Mestmäcker GWB^2 (1992) § 26 Rdn. 334), der es nur marktbeherrschenden und sog. relativ marktmächtigen Unternehmen untersagt, sich durch Ausnutzen ihrer Marktposition „Vorzugsbedingungen" zu verschaffen, und dies auch nur unter dem Vorbehalt des Fehlens eines „sachlich gerechtfertigten Grundes". Die tatsächlichen und rechtlichen Schwierigkeiten bei dem Versuch, unter diese Norm zu subsumieren, sind so groß, daß § 26 Abs. 3 GWB in der kartellrechtlichen Praxis bislang keine größere Bedeutung erlangt hat (s. *Markert* in: Immenga/Mestmäcker aaO Rdn. 323). Diese Schwierigkeiten im Umgang mit einer tatbestandlich differenzierenden Norm können nun schlechterdings nicht mit Hilfe der Generalklausel des § 1 UWG überspielt werden, indem man in einer großen Geste anmahnt, die im Rahmen sog. Nachfragemacht als problematisch empfundenen Fälle, wie namentlich auch „Eintrittsgelder", auf der Grundlage der in § 26 Abs. 3 GWB getroffenen Wertung zu beurteilen (so aber *v. Gamm* Kap. 25 Rdn. 4). Der Rekurs hilft noch dazu argumentationsmethodisch keinen Schritt über die durch § 26 Abs. 3 GWB gezogenen tatbestandlichen Grenzen hinaus[163]: Daß grundsätzlich ein „freies Aushandeln von Preis und Konditionen" auch marktstarken und sogar marktbeherrschenden Unternehmen nicht versagt ist (dies konzidiert auch *v. Gamm* aaO), steht von vornherein fest, selbst wenn dabei die starke Marktposition auch zum Tragen kommt[164]. Dies ist nun einmal die ökonomische Realität, die – wie die Welt vielfach auch sonst – nicht von materialer, sondern nur von formaler (rechtlicher) Gleichheit gekennzeichnet ist (s. a. Einl. B Rdn. 104), und die überhaupt erst die gedankliche Voraussetzung dafür darstellt, (Markt-)Preise als Gleichgewichtspreise mit Informationsgehalt hinsichtlich der dadurch ausgedrückten Angebots-/Nachfragerelation begreifen zu können.

---

163 S. a. *Merz* Vorfeldthese S. 154.

164 KG BB 1977, 560; OLG Hamm BB 1977, 668; *Baumbach/Hefermehl* § 1 Rdn. 906 f; *Franzen/Giessen* BB 1978, 1642, 1646; *Gillert* BB 1981, 702; *Köhler* Kontrolle S. 21; teilweise a. A. *Hölzler/Satzky* S. 139; zum ganzen s. a. Großkomm.-*Schünemann* § 1 C Rdn. 45 ff.

Zu den vorgetragenen **Wertungsgesichtspunkten** und ihrer **Kritik** vgl. im übrigen bereits Einl. D Rdn. 103 ff (Marktstärke, Nachahmungsgefahr, Sittenwidrigkeit als „Gesamttatbestand“) und § 1 C Rdn. 78 ff, insb. auch zur angeblichen Funktionswidrigkeit. **C 194**

Gegenüber **Ordergebühren** und dabei speziell „Eintrittsgeldern“ bestehen mithin, gerade auch auf sog. Käufermärkten, **keine Bedenken** aus § 1 UWG (ebenso vor allem *Emmerich* § 6, 8 d; *Gillert* passim; *Schünemann* S. 128 f; s. a. *Koppensteiner* § 12 I 2 c für § 1 öNVG). **C 195**

3. Distributionslogistik

Im **Vor- und Umfeld des Vertragsschlusses** zwischen (Einzel-)Händler und Verbraucher ist eine Fülle vorbereitender Maßnahmen erforderlich, um den eigentlichen Distributionsvorgang faktisch und rechtlich korrekt einleiten und durchführen zu können. So muß die Ware vom Ort der Herstellung oder Zwischenlagerung überhaupt erst einmal physisch zum späteren Verkaufsort verbracht werden. Dort ist die Transportverpackung zu entfernen und die Ware verkaufsfähig zu machen, insb. in Regalen zu plazieren und zu dekorieren. Die Ware ist auszuzeichnen und so zu kennzeichnen, daß der Warenfluß nach Möglichkeit lückenlos (etwa durch sog. Scanner) elektronisch erfaßt und die Bewegungen in den materialwirtschaftlichen Datensystemen und im Rechnungswesen aufwandsminimiert verarbeitet werden können. Abverkaufte Ware ist zu ersetzen, Regale sind zu reinigen, zurückgenommenes Leergut ist zurückzuführen. Vom Kunden zurückgelassene Umverpackungen sind zu entsorgen, Einkaufswagen zu positionieren etc. etc. **C 196**

Diese vielfältigen Aufgaben innerhalb der **Distributionslogistik des Händlers** sind selbst im Rahmen eines sog. Discount-Verkaufs mit ganz erheblichem finanziellen und personellen Aufwand verbunden. Aufgrund der Marktverhältnisse ist die nötige Kostendeckung heute nur noch teilweise über die Handelsspanne zu erzielen. Es liegt deshalb nahe, die erforderliche Distributionslogistik auf die Lieferanten zu verlagern. Diesem Ziel wird der Handel um so näher kommen, je stärker seine Verhandlungsposition bis zu einer etwaigen sog. Nachfragemacht ist. **C 197**

Die **konkreten Gestaltungsmöglichkeiten** sind dabei vielfältig und reichen von bloßen finanziellen Zuwendungen bis hin zum Einsatz von Personal des Lieferanten im Betrieb des Händlers und des Personaleinsatzes dort sogar unter Ausübung eines auf den Händler partiell übertragenen Direktionsrechtes (sog. **Personalleihe**). **C 198**

Die hierzu vorgetragenen **Bewertungsgesichtspunkte** sind im wesentlichen dieselben, die im Zusammenhang mit Fragen des Stufenwettbewerbs auch sonst vorgetragen werden: So soll z. B. die Übertragung der Preisauszeichnung oder der Regalpflege auf den Lieferanten eine durch Nachfragemacht ermöglichte „Nötigung“ sein, die überdies im Widerspruch zu den dem Handel nun einmal obliegenden Funktionen stehe[165]. **C 199**

Allerdings hat gerade in dieser Fallgruppe die **Rspr.** begonnen, unter dem Eindruck der Kritik an ihrer „Funktions“-Judikatur (dazu eingehend § 1 C Rdn. 69 ff, 84 ff) von dieser wohl grundsätzlich abzurücken (s. BGH GRUR 1982, 677 – *Unentgeltliche Übernahme der Preisauszeichnung*; s. a. § 1 C Rdn. 75). Stattdessen **C 200**

---

[165] Vgl. zur Preisauszeichnung etwa OLG Saarbrücken DB 1977, 1358 = MA 1977, 292 = BB 1977, 710; LG Saarbrücken MA 1978, 32; zur Regalpflege s. z. B. OLG Düsseldorf WRP 1973, 223. Ausführliche Darstellung der Begründungsstruktur dieser Entscheidung bei *Gillert* S. 3 ff.

wurde verstärkt auf die dahinter vermutete Nachfragemacht abgestellt und gefordert, daß z. B. die Verlagerung der Preisauszeichnung auf den Lieferanten sich immer noch als **Ergebnis freien Aushandelns** von Leistung und Gegenleistung darstelle. Sittenwidrigkeit soll umgekehrt also dann vorliegen, wenn die Übernahme der Preisauszeichnung „ohne Gegenleistung" erzwungen werde, sei es auch nur dadurch, daß der „angezapfte" Lieferant den Eindruck gewinnen konnte, bei der Ablehnung des Ansinnens Nachteile zu erleiden. Gerade in diesem Zusammenhang wird ergänzend auch auf den Aspekt einer „marktbezogenen" Unlauterkeit hingewiesen. Sie wird darin gesehen, daß kleine und mittlere Handels-Unternehmen, die eine Übernahme der Preisauszeichnung, der Regalpflege etc. aufgrund ihrer schwächeren Marktposition nicht durchzusetzen vermögen, schon deshalb Kostennachteile zu tragen hätten, ja, mittelbar – auf dem Umweg über höhere, vom Lieferanten verlangte Preise – die Distributionslogistik der nachfragestarken Händler noch mitfinanzieren müßten (*Baumbach/Hefermehl* § 1 Rdn. 907).

C 201 Dem ist jedenfalls im wirtschaftlichen Ergebnis **zu Recht** (vgl. § 1 C Rdn. 34) **entgegengehalten** worden (*Gillert* BB 1981, 702 ff; *Knöpfle* JZ 1984, 923, 925 ff), daß **kein prinzipieller Unterschied** zwischen einem „Anzapfen" und harten Preisverhandlungen bestünde, die Übernahme z. B. der Preisauszeichnung durch den Hersteller jedenfalls per Saldo aber einer Preissenkung gleichkomme. Daß eine derart bewirkte Preissenkung qua Nebenleistungen für die übrigen Marktteilnehmer – insb. für Konkurrenten – schwer zu ermitteln sei und somit ein Stück **Geheimwettbewerb** zur leichteren Erzielung und Erhaltung komparativer Kostenvorteile darstelle, könne für die Annahme einer Sittenwidrigkeit nicht ins Feld geführt werden[166], zumal der Handel die erzielten Kostenvorteile im Einkauf unter Konkurrenzdruck durchaus an die Verbraucher weitergeben müsse.

C 202 Daß es – horizontal gesehen – erhebliche Kostennachteile kleiner und mittlerer Handelsunternehmen ohne entsprechende „Nachfragemacht" geben kann, läßt sich nicht bestreiten. Diese Unterschiede in der Kostenstruktur sind indes Teil des wünschenswerten (Stufen-)Wettbewerbs im Distributionsprozeß insgesamt um die **Minimierung des Transaktionskostenintegrals.** Die Ausbildung, die Wahl und der konkrete Einsatz der einschlägigen Aktionsparameter, um dieser Zielvorgabe näher zu kommen, ist in einer wettbewerbsgeprägten Marktwirtschaft allein Sache der Beteiligten und Inhalt ihrer Absprachen, die selbverständlich in Abhängigkeit von der ganz unterschiedlichen Marktstärke ausgestaltet sein werden (s. a. *Siebeneck* DB 1977, 1352, 1353 f; *Warzecha* BB 1975, 1602 ff).

C 203 Wenn das OLG Saarbrücken (BB 1977, 1358) speziell die Überwälzung der Preisauszeichnung vom nachfragestarken Einzelhändler auf dessen Lieferanten unter Berufung auf BGH GRUR 1977, 619 – *Eintrittsgeld* unterbinden will, so vermag die Begründung auch nach ihrer selbstgewählten Logik insofern nicht zu überzeugen, als der BGH aaO nämlich eine fehlende **Proportionalität zwischen Warenbezug und „Eintrittsgeld"** moniert hatte, eine Proportionalität, nämlich diejenige zwischen Warenbezug und Preisauszeichnung, aber doch gerade besteht (insoweit zutreffend *Siebeneck* DB 1977, 1352).

C 204 Die distributionslogistischen Aufgaben des Einzelhandels können vielfach nur in den dortigen Betrieben selber erfüllt werden. Dies ist unmittelbar einsichtig etwa

---

[166] Zur allerdings umstrittenen wettbewerbsrechtlichen Schutzwürdigkeit des Geheimwettbewerbs s. z. B. *Benisch* FS Steindorff (1990), S. 937; *Immenga* in: Immenga/Mestmäcker GWB^2 (1992) § 1 Rdn. 213 ff und 486.

bei Tätigkeiten mit Kundenkontakt oder bei der Regalpflege, trifft häufig aber auch bei der Preisauszeichnung zu. Insoweit bedarf es dann des **Einsatzes von Lieferantenpersonal im Betrieb des Einzelhändlers** (s. a. *Wilde* Wettbewerbsverzerrungen S. 105).

In solchen Fällen wird von manchen die Unzulässigkeit solcher Personalleihe nicht nur auf deren (vermeintliche) Unentgeltlichkeit (s. – allerdings bevorzugt unter zugaberechtlichem Blickwinkel – *Kisseler* WRP 1972, 452; *Sack* WRP 1975, 261, 266 ff) oder auf die „Funktionsverlagerung" gestützt, also auf **Wertungsgesichtspunkte**, die mit dem „Anzapfen" ganz allgemein in Zusammenhang gebracht werden. Verstärkt wird vielmehr auch darauf abgehoben, daß die Kunden (Verbraucher) irregeführt werden, wenn in den Betriebsräumen des Einzelhändlers Mitarbeiter des Lieferanten tätig seien. **C 205**

Diesem Argument kann Beachtlichkeit selbstverständlich von vornherein nur eignen, wo ein **Kundenkontakt** in Rede steht, der mit der Kaufentscheidung in Verbindung gebracht werden kann, vor allem also bei der Produktberatung, nicht aber bei anderen Tätigkeiten wie Einräumen der Ware, Beseitigung von Verpackungsmaterial oder Preisauszeichnung im Lager. Im Bereich des so verstandenen Kundenkontakts entfällt das Irreführungsargument wiederum, wenn das Fremdpersonal als solches – z. B. durch entsprechende Kleidung mit Hersteller-Logo – kenntlich ist. Es verbleiben mithin noch die Fälle des „getarnten" Einsatzes fremder Mitarbeiter insb. bei der Produktberatung (vgl. *Löhr* 1973, 210, 212; *Sack* 1975, 261, 266). **C 206**

Doch auch die so **getarnte Personalleihe** ist **nicht sittenwidrig**. Die Gegenansicht muß nämlich ihrerseits auch bei diesem Wertungstopos der Irreführung letztlich auf das Funktionsargument zurückgreifen, und zwar in einem doppelten Sinne: Sonst läßt sich die Schutzwürdigkeit der Verbrauchererwartung nicht dartun, in den Räumlichkeiten des Einzelhändlers werde grundsätzlich nur dessen eigenes Personal eingesetzt und dieses Personal übe eine Beratungstätigkeit aus, die nicht den Absatzinteressen eines bestimmten Herstellers, sondern dem Leitbild des Einzelhändlers als einem objektiven Mittler zwischen Hersteller und Verbraucher, als Treuhänder oder Einkaufsagenten des Verbrauchers u. ä. verpflichtet sei. Eine derartige Funktion des Einzelhandels mit normativem Gehalt, die derartige Verbrauchervorstellungen schützenswert erscheinen lassen könnte, gibt es jedoch nicht (vgl. § 1 C Rdn. 27 f). **C 207**

Gelegentlich wird zur wettbewerbsrechtlichen Bewertung gerade auch der offen praktizierten Personalleihe eine Parallele zu bestimmten absatzfördernden Maßnahmen gezogen. Unter Bezugnahme von BGH GRUR 1959, 138, 142 – *Italienische Note* wird so darauf hingewiesen, daß die Personalleihe gerade wegen ihrer langen **Dauer** sittenwidrig sein könne (*Sack* WRP 1975, 261, 266; s. a. § 1 C Rdn. 165). Dieser Wertungsaspekt vermag indes das Verdikt der Sittenwidrigkeit nicht so begründen (s. bereits § 1 C Rdn. 166), zumal es dem Händler nun ganz sicher unbenommen wäre, eigenes Personal sogar auf unbegrenzte Zeit mit denselben Instruktionen zu versehen. Wieso die arbeitsvertragliche Anbindung des Personals an Hersteller und Händler im Zusammenhang mit der Dauer der Distributionslogistik im Einzelhandelsbetrieb wettbewerbsrechtlich überhaupt – und dann noch ganz unterschiedlich bewertet – sich sollte auswirken können, ist unerfindlich. **C 208**

Bei der wettbewerbsrechtlichen Inkriminierung der Personalleihe schwingt schließlich das Funkionsargument noch in einer emotional verfremdeten Form mit, nämlich mit dem Tenor, der Hersteller habe im Betrieb des Einzelhändlers grundsätzlich doch „nichts verloren". Der Einzelhändler müsse quasi **„Herr im eigenen** **C 209**

Haus" bleiben (vgl. die Deutung bei *Meier* DB 1980, 721, 726). Die wettbewerbsrechtliche Relevanz dieses Aspekts ist freilich noch weniger anzuerkennen als die gleichsam klassische Verwendung des Funktionsarguments mit Blick auf die wirtschaftswissenschaftlich diskutierten Handelsfunktionen (ebenso *Meier* aaO mit der weiterführenden, aber nicht durchgreifenden Überlegung, daß ansonsten auch die vorverkaufende Werbung sittenwidrig sein müsse).

C 210 **Festzuhalten** ist mithin folgendes: Die Übernahme von Aufgaben der Distributionslogistik durch den Lieferanten, namentlich Preisauszeichnung der Ware, Regalpflege und Personaleinsatz des Lieferanten im Einzelhandelsbetrieb, ist demnach – unterhalb der Marktmachtschwellen des Kartellrechts – auch dann nicht sittenwidrig iS von § 1 UWG, wenn diese Aufgabenübernahme nur unter dem Eindruck einer sog. Nachfragemacht des Handels akzeptiert wurde (ebenso grundsätzlich auch *Köhler* Kontrolle, S. 26 ff, der – aaO S. 33 – allerdings unzutreffend im Einzelfall einen „Verstoß gegen die kaufmännische Moral" zur Grundlage des Sittenwidrigkeitsverdikts in diesem Wettbewerbssegment für möglich hält; dagegen prinzipiell und eingehend bereits Einl. D Rdn. 8 ff, 37 ff).

4. Betriebsexterne Qualitätssicherung

C 211 Die Sicherung eines gleichbleibend hohen qualitativen Produktstandards bei möglichster Senkung der Logistikkosten vor allem auch im Lagerbereich ist ein wesentliches Anliegen der modernen Produktionswirtschaft (vgl. *Jehle/Müller/Michael* Produktionswirtschaft (1994), passim; *Jünemann*, Materialfluß und Logistik 1989, S. 18 ff, 28 ff, 65 ff, 77 ff). Es erscheint hierbei aus organisatorischen wie aus Kostengründen immer häufiger angebracht und bei entsprechender Marktstärke des Käufers auch durchsetzbar, die notwendigen Kontrollen nicht erst beim Wareneingang des (Final-)Produzenten, sondern unter Einsatz eigener Leute schon im Produktionsprozeß und bei der **Warenausgangskontrolle** im Bereich des Zulieferers vorzunehmen. Rechtliches Vehikel dafür sind **Qualitätssicherungsvereinbarungen**, die häufig sogar als Rahmenverträge den einzelnen Lieferverträgen vorgeschaltet sind.

C 212 Die hier auftretenden rechtlichen Probleme – zumal in Verbindung mit der verarbeitungssynchronen Anlieferung von Teilen (**„just-in-time"**) – sind schwerpunktmäßig zwar auf der vertragsrechtlichen Ebene angesiedelt (vgl. die Hinweise bei *Schünemann* Wirtschaftsprivatrecht^{2} (1993), S. 263 ff, 268 ff), werden jedoch auch in der wettbewerbsrechtlichen Dimension gesehen. Die sog. Gemeinsame Erklärung beispielsweise führt in Ziff. 10 die **betriebsexterne Qualitätssicherung** ebenso ausdrücklich als angeblich unzulässigen Tatbestand eines **„übersteigerten Nebenleistungswettbewerbs"** auf wie Ziff. 16 des sog. Sündenregisters des Bundeswirtschaftsministeriums (vgl. die Zitate § 1 C Rdn. 52, 55; zur wettbewerbsrechtlichen Einschlägigkeit s. a. *Monopolkommission* Sondergutachten Nr. 7 Rdn. 76 (S. 40)).

C 213 Die **Gründe** für diese ablehnende Haltung bleiben allerdings im Dunkel. Sie decken sich möglicherweise mit Überlegungen, die auf der vertragsrechtlichen Ebene um die Zulässigkeit einer Abdingung der sog. Untersuchungs- und Rügepflicht nach § 377 f HGB insb. durch Allgemeine Einkaufsbedingungen kreisen[167] und wettbewerbsrechtlich noch am ehesten unter dem Aspekt einer unzulässigen Behinderung (nicht des Konkurrenten, sondern) des Vertragspartners auf der Marktgegenseite, also auf der Seite des Zulieferers, faßbar sind.

---

[167] Eingehend *Steinmann* BB 1993, 873 mzN.

Akzeptiert man hier eine wenn auch sehr schmale **gemeinsame vertragsrechtliche und lauterkeitsrechtliche Wertungsbasis** iS der „Angemessenheit"[168], so ergibt sich folgendes: Zwar hat der BGH (NJW 1991, 2633) eine formularmäßige Abdingbarkeit der §§ 377f HGB grundsätzlich als unangemessen verneint, dabei aber gerade die Besonderheiten im Rahmen eines zwischen Zulieferer und (Final-)Hersteller verabredeten Qualitätssicherungssystems unberücksichtigt gelassen. Ein solches System entzieht der Teleologie der Wareneingangskontrollpflicht, mit der das Interesse des Lieferanten an Klarheit über etwaige Reklamationsansprüche gewahrt werden soll, den Boden (zutreffend *Steinmann* BB 1993, 873, 877ff). Von daher ergeben sich somit auch keine wettbewerbsrechtlichen Ansatzpunkte, die betriebsexterne Qualitätssicherung als sittenwidrig iS von § 1 UWG zu kennzeichnen. C 214

Bedenken gegen die wettbewerbsrechtliche Zulässigkeit der betriebsexternen Qualitätssicherung, die notwendigerweise auch den Einsatz von Personal[169] des Käufers im Unternehmen des Verkäufers bedingt, könnten freilich auch daran anknüpfen, daß hier die unternehmerische Eigenständigkeit, ein Prinzip des „Herr-im-eigenen-Haus", substantiell bedroht und dies wettbewerbsrechtlich relevant sein könnte (s. a. *Meier* DB 1980, 721, 726). Eine solche Erheblichkeit ist indes nicht zu erkennen (s. § 1 C Rdn. 209), jedenfalls nicht auf dem Boden eines wettbewerbsfunktionalen Verständnisses der guten Sitten iS des § 1 UWG: Auf eine möglicherweise tatsächlich weitverbreitete Animosität gegen solche **Präsenz „fremden" Personals** im Betrieb über längere Zeit und die dadurch vermittelte Einflußnahme auf das betriebliche Geschehen, die als Ausdruck irgendeines Anstandsgefühls des maßgeblichen Verkehrskreises gelten könnte, kommt es nicht an (dazu eingehend und grundsätzlich Einl. D Rdn. 10ff, 37ff). Eine wesentliche Funktionsbedingung des Wettbewerbs, die Privatautonomie in ihrer Wendung zur Unternehmerfreiheit, ist durch die vertragliche Basis des zwischen den Parteien verabredeten Qualitätssicherungssystems gewahrt, mag auch der Inhalt der getroffenen Entscheidung dem Verkäufer, der unter dem Druck der Marktverhältnisse zustimmen mußte, nicht nur vorteilhaft erscheinen. C 215

5. Konditionenspreizung

Unter Konditionenspreizung wird die Praxis der Hersteller verstanden, ihre Produkte zu unterschiedlichen Bedingungen, speziell: zu unterschiedlichen Preisen, an die Handelsunternehmen zu veräußern (*Böger* S. 2; s. a. *Hölzler/Satzky* § 41 mwN), an die marktstarken, „nachfragemächtigen" Händler zu vergleichsweise niedrigeren Preisen als sonstigen Abnehmern. Schon an dieser **Definition** zeigt sich ein Problemaspekt der Materie, weil fraglich ist, was überhaupt alles zum Preis zu zählen ist, vor allem, inwieweit auch in Geld bestehende oder geldwerte sog. Nebenleistungen als (negative) Preisbestandteile aufzufassen sind. Unbeschadet dieser begrifflichen Unschärfe selbst bei inhaltlicher Einengung des an sich sehr weitgefaßten „Konditionen"-Begriffs auf den Preis wird der Standpunkt vertreten (*Böger* passim, insb. S. 210ff), es gäbe für die Konditionenspreizung teilweise wiederum sich **überlagernde Ursachenkomplexe**. Sie könnten prägnant als kostenbedingte, durch horizontale Angebotsmacht oder durch vertikale Nachfragemacht bedingte Preisdiffe- C 216

[168] Vgl. § 9 AGBG und die daran anknüpfende kartellrechtliche Handhabung des § 22 GWB: s. *Möschel* in: Immenga/Mestmäcker GWB² (1992) § 22 Rdn. 172.

[169] Zu denken ist insb. an Mitarbeiter aus dem Ingenieurwesen.

renzen gekennzeichnet werden. Von diesen drei Spielarten der Konditionenspreizung mußte als wettbewerbspolitisch bedenklich die Konditionenspreizung aufgrund vertikaler Nachfragemacht gelten. Hier würde die Preisdifferenzierung weder – kostenbedingt – veränderte Knappheitsrelationen widerspiegeln, noch auf besseren Leistungen für die Konsumenten beruhen.

C 217 Auch und gerade wenn man dieser Analyse beitritt, stellt sich die Frage nach den daraus zu ziehenden **wettbewerbsrechtlichen Folgerungen**. Fest scheint zu stehen, daß jedenfalls mit dem **kartellrechtlichen Instrumentarium** keine wesentlichen Fortschritte zu erzielen sind, schon weil die kartellrechtlich inkriminierte Variante der Konditionenspreizung (vgl. §§ 22 Abs. 4 Ziff. 1, 26 Abs. 3 und 4 GWB) in der Praxis kaum von den kostenbedingten und leistungsgerechten Varianten der Preisdifferenzierung zu trennen sind. Es besteht deshalb immer die Gefahr, daß unternehmerisches Nachfrageverhalten untersagt wird, obwohl ihm gar keine „Wettbewerbsverzerrung" zugrundeliegt. Letztlich würde verhindert, daß die „richtigen" Unternehmensgrößen im Handel nicht mehr durch den Wettbewerbsprozeß entdeckt, sondern Marktstrukturen fixiert werden[170]. Angesichts dieser Gefahr, der ein nur sehr geringer praktischer Nutzen einschlägiger kartellrechtlicher Vorschriften gegenübersteht (s. a. § 1 C Rdn. 47), wird sogar der gänzliche Verzicht auf die Anwendung des Kartellrechts in den vorstehend diskutierten Sachverhalten angeregt (*Böger* S. 227 f).

C 218 Mit Rücksicht darauf verbieten sich von vornherein Überlegungen, nun § 1 UWG auf die Konditionenspreizung in Anwendung zu bringen (s. a. § 1 C Rdn. 81 und – zur **Sperrwirkung des Kartellrechts** ganz grundsätzlich – Einl. E Rdn. 22 ff, § 1 D Rdn. 13 f). In der lauterkeitsrechtlichen Diskussion der sog. Nachfragemacht sollte die **Warnung** von volkswirtschaftlicher Seite besonders ernst genommen werden, „beschwerliche und ... in ihren Möglichkeiten auch nur begrenzt leistungsfähige ökonomische Analyse" werde zunehmend ersetzt „durch den Gebrauch plakativer und in der intendierten Aussage zudem auch suggestiver Begriffskürzel wie ...Konditionenspreizung" (*Berg* WRP 1986, 577, 583).

IV. Wertungsperspektive

C 219 Der **Wettbewerb als Entdeckungsverfahren** generiert auch in der vertikalen Marktdimension ständig neue Aktionsparameter und Varianten ihres Einsatzes im Absatz- und Beschaffungsmarketing. Gerade bei letzterem hat sich das Instrumentarium seit den 70er Jahren dieses Jahrhunderts geradezu explosionsartig ausgeweitet und deshalb für besondere Aufmerksamkeit, ja für Aufregung, gesorgt. Die vorstehend erörterten Marketing-Instrumente bilden deshalb naturgemäß nur einen kleinen Ausschnitt aus einem prinzipiell unbegrenzten Repertoire ab, von dessen Fülle vor allem die Gemeinsame Erklärung (abgedruckt § 1 C Rdn. 55) einen gewissen Eindruck verschaffen kann. Allerdings liefert auch sie quasi nur eine Momentaufnahme.

C 220 Bei der **wettbewerbsrechtlichen Beurteilung** aller schon bekannten wie der erst zukünftig auf den Plan tretenden Erscheinungen im Stufenwettbewerb muß das grundsätzliche **Leitmotiv** „in dubio pro libertate" (sc. des Wettbewerbs) in Erinnerung gerufen werden. Vor allem die Rspr., aber auch die Fachdiskussion jedenfalls

---

170 Insofern gilt die Kritik von *Immenga* in: Immenga/Mestmäcker GWB² (1992) § 5 c Rdn. 17 f und *Möschel* ZRP 1989, 375 auch hier.

im juristischen Raum vermittelt demgegenüber gelegentlich eher den Eindruck, als stünde der auch im Stufenwettbewerb und seinem Marketing innovative Unternehmer umgekehrt unter Legitimationsdruck. Vor den langfristig gravierenden kontraproduktiven Effekten solcher gedanklicher Grundhaltung auf das Gemeinwesen ist nachdrücklich zu warnen.

Das entschiedene Eintreten für die Wettbewerbsfreiheit darf wegen der auch insti- **C 221**
tutionellen Bedeutung dieses Prinzips allerdings nicht dahin mißverstanden werden, Teil der Wettbewerbsfreiheit sei auch die Freiheit, sich eben dieser Frist entäußern zu dürfen (so aber *Gieseke* S. 115 unter Hinweis auf *Väth* Die Wettbewerbskonzeption des Europäischen Gerichtshofs (1987) S. 253). Dieses Argument steht letztlich hinter der im deutschen Rechtsraum fast durchweg angenommenen grundsätzlichen lauterkeitsrechtlichen Schutzwürdigkeit von vertraglichen **Bindungssystemen** insb. hinsichtlich des Vertriebsweges. Daß es sich hierbei überhaupt um ein Phänomen des Stufenwettbewerbs handelt, wird freilich allgemein gar nicht zur Kenntnis genommen und die Diskussion seiner Zulässigkeit folglich auch nicht hier, sondern zum Stichwort „Vertragsbruch" bzw. „Eindringen in Vertragsverhältnisse" erwartet.

Die in Deutschland als ganz hM vertretene grundsätzliche wettbewerbsrechtliche **C 222**
Zulässigkeit von (Vertriebs-)Bindungssystemen nationalen wie supra- und internationalen Zuschnitts (dann sog. **Parallelimport-Beschränkungen**) pervertiert die Wettbewerbsfreiheit mit ihrer an die Dogmengeschichte des Kartellverbots erinnernden Argumentationsbasis und erzeugt im Ergebnis befremdlicherweise wettbewerbsrechtlich legitimierte Verträge zu Lasten Dritter (*Schünemann* S. 99 f, 101), nämlich der ungebundenen Marktteilnehmer, der vertraglichen Außenseiter, ganz abgesehen von den allgemeinen negativen ökonomischen Wettbewerbseffekten solcher Bindungssysteme (ganz **a. A.** freilich *Gieseke* S. 152 ff). Es bedeutet deshalb eine ermutigende Wegweisung auch für die deutsche Dogmatik und Judikatur auf supranationaler, europarechtlicher Ebene, wenn unter dem Panier der Wettbewerbsfreiheit sowohl die Europäische Kommission als auch und vor allem der EuGH Parallelimport-Beschränkungen konsequent unter das Verbot des Art. 85 EGV (früher EWGV) subsumiert[171], und wenn Parallelimport-Beschränkungen in der einschlägigen Literatur als „Todsünde" gegen die Vorgaben des europäischen Wettbewerbsrechts apostrophiert werden[172].

D. Schutz der Institution Wettbewerb („allgemeine Marktbehinderung")

Übersicht

171 Vgl. nur ABl. L 60/21 v. 5. 3. 1980 – *Pioneer*; EuGH Slg. 1966, 321, 393 – *Grundig/Consten*; 1983, 1825 ff – *Musique Diffusion Française*; wN bei *Gieseke* S. 23.

172 Vgl. *Möschel* WiSt. 1983, 603, 605.

Alphabetische Übersicht

Literatur

Assmann/Brinkmann Die Gratisverteilung anzeigenfinanzierter Fachzeitschriften, NJW 1982, 312; *Baudenbacher* Suggestivwerbung und Lauterkeitsrecht, Diss. Zürich 1978; *ders.* Machtbedingte Wettbewerbsstörungen als Unlauterkeitstatbestände, GRUR 1981, 19; *Becher* Die Werbeware, NJW 1966, 1289; *Borck* Wertreklame: Leistungs- oder Nichtleistungswettbewerb? WRP 1976, 285; *ders.* Über aggressive Wertreklame, Versuch der Abgrenzung unterschiedlicher Unlauterkeitskriterien gegeneinander, WRP 1983, 311; *ders.* Holzwege im Gebiet von Wertreklame und Preiswettbewerb, WRP 1983, 469; *Burmann* Marktbezogene Unlauterkeit als eigenständiger Tatbestand, WRP 1967, 385; *Dense* Die rechtliche Problematik der Anzeigenblätter, Diss. Münster 1974; *Döll* Die Berücksichtigung der Nachahmungsgefahr bei Wettbewerbsverstößen, BB 1965, 173; *Engels* Der zulässige redaktionelle Teil am Gesamtumfang eines kostenlos verteilten Anzeigenblattes, WRP 1985, 193; *Eser* Warenverkauf unter Einstandspreis aus Wettbewerbs- und kartellrechtlicher Sicht, BB 1985, 699; *v. Gamm* Die Grenzen der Wertreklame, WRP 1974, 1; *ders.* Das Verbot einer unbilligen Behinderung und einer sachlich nicht gerechtfertigten Diskriminierung, NJW 1984, 2489; *Gitbud* Die rechtliche Behandlung der Preisunterbietung nach dem Gesetz gegen den unlauteren Wettbewerb und der Kartellgesetzgebung in der Schweiz und in Deutschland, Diss. München 1974; *Hahn* Zur wettbewerbsrechtlichen Beurteilung von Sonderzuwendungspraktiken, WRP 1984, 589; *Hammer* Die unentgeltliche Vergabe von Originalwaren, Diss. Mainz 1970; *v. Harder* Zum Unwerturteil der Werbungsübersteigerung, GRUR 1962, 439; *Harms* Pressefreiheit und Wettbewerb, AfP 1976, 149; *Hefermehl* Grenzen des Lauterkeitsschutzes, GRUR Int. 1983, 507; *Hirtz* Die Relevanz der Marktmacht bei der Anwendung des UWG, GRUR 1980, 93; *Knöpfle* Die marktbezogene Unlauterkeit, 1983; *Koenigs* Wechselwirkungen zwischen Gesetz gegen Wettbewerbsbeschränkungen und Recht des unlauteren Wettbewerbs, NJW 1961, 1041; *Kübler* Wirtschaftsordnung und Meinungsfreiheit, 1966; *Kübler/Simitis* Presse und Wettbewerb, JZ 1969, 455; *Kraft* Interessenabwägung und gute Sitten im Wettbewerbsrecht, 1963; *ders.* Gemeinschaftsschädliche Wirtschaftsstörungen als unlauterer Wettbewerb? GRUR 1980, 966; *Kramm* Verlustpreisunterbietung durch Verkauf unter Einkaufspreis, MA 1983, 46; *Krüger-Nieland* Schwerpunkte der wettbewerbsrechtlichen Rechtsprechung des Bundesgerichtshofs, WRP 1980, 311; *Kübler* Pressefreiheit als Entscheidungsfreiheit des Lesers. Zur Wettbewerbsfreiheit der fortgesetzten Gratisverteilung anzeigenfinanzierter Druckwerke, Festschrift Martin Löffler, 1980, 169; *ders.* Zur Wettbewerbswidrigkeit von „Offertenblättern", AfP 1988, 309; *Lehmann* Die Werbung mit Geschenken, 1974; *ders.* Kostenlose Anzeigenblätter und unlauterer Wettbewerb, GRUR 1977, 21; *ders.* Die Verteilung von kostenlosen Presseerzeugnissen – insbesondere von Anzeigenblättern – und unlauterer Wettbewerb, in: Wettbewerbswidrige Praktiken, 1979, 75; *ders.* Schutz des Leistungswettbewerbs und Verkauf unter Einstandspreis, GRUR 1979, 368; *ders.* Wettbewerbs- und warenzeichenrechtliche Bemerkungen zur Entscheidung des Bundesgerichtshofes vom 6. Oktober 1983 – Verkauf unter Einstandspreis II, GRUR 1984, 313; *Lindacher* Lockvogel- und Sonderangebot: rechtliche Grenzen selektiver Niedrigpreisstellungen, 1979; *Markert* Aufforderung zu Liefer- oder Bezugssperren, BB 1989, 921; *Merz* Die Vorfeldthese, 1988; *Mestmäcker* Der verwaltete Wettbewerb, 1984; *ders.* Medienkonzentration und Meinungsvielfalt, 1978; *Möschel* Pressekonzentration und Wettbewerbsgesetz, 1978; *ders.* Die Kontrolle von Marktmacht außerhalb des Kartellrechts, Festschrift H. Locher, 1990, 461; *Ochs* Die kostenlose Verbreitung von Fachzeitschriften, WRP 1977, 454; *Ott* Systemwandel im Wettbewerbsrecht. Die Generalklausel des § 1 UWG und ihre Rückwirkungen auf Rechtsprechung und Dogmatik, in Festschrift für L. Raiser, 1974, 403; *Passauer* Anzeigenblätter und ihre Auswirkungen im Wettbewerb – Wettbewerbs- und verfassungsrechtliche Aussagen zur kostenlosen Verteilung von Anzeigenblättern mit redaktionellem Textteil, Diss. Giessen 1976; *Petersen* Die Gratisverteilung von Presseerzeugnissen, WRP 1979, 428; *Pfeffer* § 37a Abs. 3 GWB als Waffe gegen die Kampfpreisunterbietung, 1988; *Raiser* Marktbezogene Unlauterkeit, GRUR Int. 1973, 443; *Rath-Glawatz* Das Recht der Anzeige, AfP Praxisreihe, 1989; *Rebe* Privatrecht und Wirtschaftsordnung, 1978; *Reimer* Die Gratislieferung nach deutschem Recht, GRUR Int. 1958, 159; *Ricker* Die wettbewerbs- und presserechtliche Zulässigkeit der Gratisverteilung von „tv AKTUELL", ZUM 1986, 247; *Rinck* Gute Sitten im Wettbewerb, in: Göttinger Festschrift für das Oberlandesgericht Celle 1961,

151; *Sachon* Wettbewerbsrechtliche Probleme des Vertriebs von Freistücken auf dem Fachzeitschriftenmarkt, Diss. München 1980; *ders.* Die wettbewerbsrechtliche Problematik des Vertriebs von Freistücken auf den Märkten der Fachpresse, WRP 1980, 659; *ders.* Fachzeitschriftenvertrieb und Wettbewerbsrecht, WRP 1982, 183; *Sack* Der Verkauf unter Selbstkosten im Einzelhandel, WRP 1983, 63; *Schmidt, K.* Kartellverfahrensrecht–Kartellverwaltungsrecht–Bürgerliches Recht, 1977; *Schmitt Glaeser* Anzeigenblatt und Pressefreiheit, NJW 1971, 2012; *Scholz, U.* Verkauf unter den Selbstkosten oder zurück zur Verordnung über den Wettbewerb von 1934? WRP 1983, 373; *Schricker* Unlauterer Wettbewerb und Verbraucherschutz, GRUR Int. 1970, 32; *ders.* Gesetzesverletzung und Sittenverstoß, 1970; *ders.* Wettbewerbsrechtliche Aspekte des Verbraucherschutzes, RabelsZ 40 (1976), 535; *ders.* Die wettbewerbsrechtliche Beurteilung der Gratisverteilung von Fachzeitschriften, GRUR 1980, 194; *Schwade, H.* Verteilung von Sonntags-Anzeigenblättern, WRP 1985, 249; *Stammler* Bestandsschutz der Presse, AfP 1987, 659/660; *Thümmel/Wilde* Die wettbewerbsrechtliche Stellung der Anzeigenblätter im Verhältnis zur Tageszeitung, AfP 1978, 183; *Tilmann* Über das Verhältnis von GWB und UWG, GRUR 1979, 825; *Ulmer, P.* Wettbewerbs- und kartellrechtliche Grenzen der Preisunterbietung im Pressewesen, AfP 1975, 870; *ders.* Der Begriff „Leistungswettbewerb“ und seine Bedeutung für die Anwendung von GWB- und UWG-Tatbeständen, GRUR 1977, 565; *ders.* Schranken zulässigen Wettbewerbs marktbeherrschender Unternehmen, 1977; *ders.* Kartellrechtswidrige Konkurrentenbehinderung durch leistungsfremdes Verhalten markbeherrschender Unternehmen, Festschrift Kummer, 1980, 565; *ders.* Kartellrechtliche Schranken der Preisunterbietung nach § 26 Abs. 4 GWB – Zum Verhältnis des kartellrechtlichen Verbots unbilliger Behinderung zur Generalklausel des § 1 UWG, Festschrift v. Gamm, 1990, 677; *Wirtz, K. E.* Unlautere Pressekontakte, WRP 1985, 187; *Wrage* UWG-Sanktionen bei GWB-Verstößen, 1984.

I. Die Institution Wettbewerb als Schutzgut des UWG

Das UWG soll nach heutigem **„sozialrechtlichen“** Verständnis nicht nur die Interessen der Mitbewerber, sondern auch die Interessen der übrigen Marktbeteiligten, einschließlich der Verbraucher und darüber hinaus die Interessen der Allgemeinheit schützen.[1] Diese Zielrichtung gibt aber noch kein konkretes Wertungskriterium für die Beurteilung von Marktverhalten ab. Auch ist damit nichts darüber ausgesagt, in welchem Verhältnis die genannten Interessen zueinander stehen und ob sie nicht ihrerseits in Konflikt miteinander geraten können. Aus diesem Grunde fordert man eine Ausrichtung der Interessenbewertung an einem gemeinsamen Schutzgut, das man in der **Institution des Wettbewerbs**[2] erblickt. Diese Deutung ermöglicht zugleich, das UWG und das GWB als einander ergänzende Teilordnungen des Wettbe- **D 1**

[1] Vgl. nur *Baumbach/Hefermehl* Einl. UWG Rdn. 42 f; *Emmerich* § 3/2; *Möschel* S. 133; *Ulmer* Schranken zulässigen Wettbewerbs marktbeherrschender Unternehmen, S. 63.

[2] Vgl. *Baumbach/Hefermehl* Einl. UWG Rdn. 43, 49, 51; *Emmerich* § 3/2 c ff, spricht im Anschluß an Franz Böhm von einem „Referenzsystem des freien und fairen Wettbewerbs“.
Von Gamm (NJW 1980, 2489, 2490) will zwar einen „Schutz des Allgemeininteresses“ vor Wettbewerbsauswüchsen durch das UWG gewährleistet sehen, jedoch nicht so weit gehen, den Schutz des Leistungswettbewerbs durch das UWG als Institutionsschutz zu begreifen, weil es beim UWG nicht um „eine wirtschafts- und wettbewerbspolitische Zweckverfolgung“ gehe. Damit ist das Problem der wirtschaftspolitischen Neutralität des UWG angesprochen. *Mestmäker* Der verwaltete Wettbewerb, S. 83, spricht davon, daß der Schutz des Wettbewerbs als Institution identisch sei „mit dem Schutz der auf Wettbewerbsfreiheit gegründeten Wettbewerbsordnung“; *Möschel* S. 133 spricht vom „Schutz einer freien Wettbewerbsordnung“. Vgl. weiter *Raiser* Rechtsschutz und Institutionenschutz im Privatrecht, in: Summum ius summa iniuria, 1963, S. 145, 166. – Diese Auffassung wird in BVerfGE 51, 193, 215 als die herrschende bezeichnet. Eingehend Großkomm.-*Schünemann* Einl. C Rdn. 21 ff, D Rdn. 98.

werbs, verbunden durch ein gemeinsames Schutzgut, eben den Wettbewerb als Institution, zu begreifen (vgl. *Baumbach/Hefermehl* Einl. UWG Rdn. 52).

D 2 Der Begriff der Institution führt seinerseits wieder zurück auf das **Allgemeininteresse** in dem Sinne, daß der Wettbewerb nicht nur im Interesse konkreter Einzelpersonen (Individualschutz), sondern auch im Interesse der Allgemeinheit geschützt wird. Institutionsschutz bedeutet daher soviel wie **Schutz des Wettbewerbs im Allgemeininteresse.** Individualschutz und Institutionsschutz schließen einander nicht aus, sondern stehen in Wechselwirkung zueinander: der Individualschutz fördert zugleich den Institutionsschutz und umgekehrt. Damit ist aber noch nichts darüber ausgesagt, was der Schutz des Wettbewerbs als Institution konkret bedeutet und welche Schlußfolgerungen daraus zu ziehen sind. Auch ist der Begriff der Institution in hohem Maße für die Verschleierung von Zweck-, Mittel- und Ursachewirkungszusammenhängen anfällig (*Mestmäcker* S. 83). Die Betonung des Institutionsschutzes hat zunächst Bedeutung für die **Durchsetzung** des Verbots unlauteren Verhaltens im Wettbewerb: er besagt in diesem Zusammenhang, daß Wettbewerbsverstöße auch im Interesse der Allgemeinheit geahndet werden sollen (z. B. durch die Verbandsklage nach § 13 Abs. 2 UWG). Der Gedanke des Institutionsschutzes läßt sich aber auch zur Beurteilung der Unlauterkeit **oder** Lauterkeit eines bestimmten Verhaltens heranziehen. Und hier erweist sich die **Ambivalenz** des Institutionsgedankens: Der Gedanke des Institutionsschutzes kann gebieten, daß ein Verhalten, das zu einer Gefährdung von Individualinteressen führen kann, im Interesse des Wettbewerbs erlaubt sein muß. Er kann aber auch gebieten, daß ein Verhalten, das unter dem Gesichtspunkt der Gefährdung von Individualinteressen noch nicht verboten werden müßte, wegen der gleichzeitigen Gefährdung des Allgemeininteresses am Wettbewerb zu unterbinden ist. Die entscheidende Frage ist daher, ob ein bestimmtes Verhalten für den Wettbewerb insgesamt förderlich oder schädlich ist. Ihre Beantwortung hängt aber wiederum davon ab, was man unter Wettbewerb versteht und welche Aufgabe er im Wirtschaftsprozeß erfüllen soll. Sieht man die Aufgabe des Wettbewerbs darin, bestimmte Marktergebnisse hervorzubringen, so liegt es nahe, eine Gefährdung der Institution Wettbewerb schon dann anzunehmen, wenn sich die Marktergebnisse anders als vorgestellt entwickeln. Geht man davon aus, daß ein funktionsfähiger Wettbewerb eine bestimmte Marktstruktur voraussetzt, liegt es nahe, eine Gefährdung der Institution Wettbewerb schon dann zu bejahen, wenn sich die Marktstruktur verändert. Zu wieder anderen Ergebnissen kann man gelangen, wenn man den Wettbewerb als Prozeß versteht, der aus der Inanspruchnahme wirtschaftlicher Handlungsfreiheit entsteht und daher in seinem Inhalt und seinen Wirkungen nicht vorher festgelegt werden kann. Die Hervorhebung des institutionellen Charakters des Wettbewerbs in der Schutzgutdiskussion ermöglicht daher noch keine Sachaussagen, sondern nur eine Problemverdeutlichung.

II. Der Tatbestand der „allgemeinen Marktbehinderung" und seine Problematik

1. Allgemeines

D 3 Die Diskussion über die Institution des Wettbewerbs als Schutzgut des UWG hat sich an Fällen entzündet, die u. a. die unentgeltliche Abgabe von Originalware und Presseerzeugnissen sowie den Verkauf unter Einstandspreis betrafen. Die Rspr. (vgl. Rdn. 4 ff) stellt bei der Beurteilung von derlei Wettbewerbspraktiken auch darauf ab, ob sie – für sich allein oder in Verbindung mit einer Nachahmungsgefahr – zu einer Gefährdung des Wettbewerbsbestandes auf einem Markt führen können. In der Sache geht es also darum, ob bei der Lauterkeitsprüfung Erwägungen zu Marktfolgen und dabei auch zu Fragen der Marktmacht und der Nachahmungsgefahr anzustellen sind, ob es maW eine **„marktbezogene Unlauterkeit"** gibt. Die Rspr. hat im Laufe der Zeit einen Tatbestand der **„allgemeinen Marktbehinderung"** (im Gegensatz zur konkreten Behinderung eines bestimmten Mitbewerbers) entwickelt. Er ist gegeben, wenn ein zwar nicht von vornherein unlauteres, aber doch wettbewerblich bedenkliches Wettbewerbsverhalten für sich allein oder doch in Verbindung mit den zu erwartenden gleichartigen Maßnahmen von Mitbewerbern die ernstliche Gefahr begründet, daß der Leistungswettbewerb hinsichtlich der fraglichen Warenart in nicht unerheblichem Maße eingeschränkt wird (vgl. nur BGH GRUR 1991, 616, 617 – *Motorboot-Fachzeitschrift*).

2. Überblick über die Rechtsprechung

Der BGH geht in seiner Rspr. davon aus, daß eine Wettbewerbsmaßnahme nicht schon deswegen als wettbewerbswidrig und unlauter angesehen werden könne, weil ihre Anwendung zu einer Sättigung des Marktes und zur Verdrängung der Mitbewerber vom Markt führt oder führen kann[3]. Voraussetzung sei allerdings, daß dieser Erfolg mit **wettbewerbseigenen**, nicht mit wettbewerbsfremden Mitteln erzielt werde. Ob eine Wettbewerbsmaßnahme als wettbewerbseigen oder wettbewerbsfremd zu qualifizieren sei, könne nicht immer „per se", also ohne Rücksicht auf die gesamten Umstände, in die sie hineingestellt sei, ermittelt werden. Vielmehr sei eine **„Gesamtwürdigung"** erforderlich (dazu insbes. BGH GRUR 1990, 371, 372 – *Preiskampf* mwN). Im Rahmen einer solchen Gesamtwürdigung seien im Zweifel auch die Auswirkungen des Verhaltens auf das künftige Verhalten der Mitbewerber (Nachahmungsgefahr) und auf den Wettbewerb am Markt überhaupt zu berücksichtigen. Diese Auswirkungen könnten bei der Beurteilung solcher Wettbewerbsmaßnahmen im Zweifel den Ausschlag geben, „die nach dem Werturteil der Allgemeinheit bei einer Anwendung in Einzelfällen vielleicht noch hingenommen werden" könnten und nur „deshalb nicht als wettbewerbswidrig erachtet" würden (BGHZ 43, 278, 282 – *Kleenex*). **D 4**

Was die **Intensität der Marktfolgen** einer Wettbewerbsmaßnahme mit zweifelhaftem Unrechtsgehalt angeht, zieht die Rspr. die Grenze dort, wo den Mitbewerbern „für eine geraume Zeit die Möglichkeit genommen wird, an dem grundsätzlich für alle offenstehenden Wettbewerb teilzunehmen" (BGH GRUR 1975, 26, 29 – *Colgate* im Anschluß an BGHZ 23, 365, 371 – *SUWA*). Die Rspr. spricht in diesem Zusammenhang von einer „Aufhebung des Bestands des Wettbewerbs"[4], von „Marktverstopfung" und „Beeinträchtigung des Leistungswettbewerbs" (BGH GRUR 1975, 26, 29 – *Colgate*), von einer „erheblichen Schädigung der Interessen der Allgemeinheit oder einer erheblichen Behinderung der Mitbewerber" sowie von einer „gemeinschaftsschädigenden Störung des Wettbewerbs"[5]. **D 5**

---

[3] Vgl. BGHZ 43, 278, 281/282 – *Kleenex*; BGH GRUR 1969, 295, 296 – *Goldener Oktober*; 1975, 26, 29 – *Colgate*.

[4] BGHZ 23, 365, 371 – *Suwa*; vgl. weiter BGH GRUR 1979, 321, 323 – *Verkauf unter Einstandspreis I*; GRUR 1990, 371, 372 – *Preiskampf*.

[5] BGHZ 43, 278, 282, 283 – *Kleenex*; 85, 84, 95 – *ADAC-Verkehrsrechtsschutz*; ähnlich BGH GRUR 1971, 477 – *Stuttgarter Wochenblatt I*: „gemeinschaftsschädliche Störung der Wirtschaftsordnung".

D 6 Steht die (konkrete; vgl. BGH GRUR 1971, 477, 480 – *Stuttgarter Wochenblatt II*; GRUR 1982, 53, 56 – *Bäckerfachzeitschrift*) Gefahr des Eintritts solcher Marktwirkungen, und sei es auch nur aufgrund bestehender Nachahmungsgefahr, fest, so indiziert dies offenbar für die Rechtsprechung die Wettbewerbswidrigkeit einer Maßnahme, für die keine legitimen unternehmerischen Zwecke oder jedenfalls vertretbare kaufmännische Erwägungen (etwa Ermöglichung einer Warenerprobung durch das Publikum) zu erkennen sind (vgl. BGH GRUR 1975, 26, 29 – *Colgate*; BGHZ 96, 337, 352 = GRUR 1986, 397 – *Abwehrblatt II*).

3. Unterschiedliche Deutung der Rechtsprechung im Schrifttum

D 7 Im Schrifttum hat diese Rspr. eine unterschiedliche Deutung erfahren. So will *von Gamm* (NJW 1980, 2489, 2490) darin keinen Schutz des Wettbewerbs als Institution erblicken, sondern lediglich einen Schutz der Allgemeinheit vor Wettbewerbsauswüchsen. Der Rspr. gehe es „nicht um eine wirtschafts- und wettbewerbspolitische Zweckverfolgung, sondern allein darum, eine Verwilderung der Wettbewerbssitten zu verhindern, und zwar auch in solchen Fällen, in denen eine Wettbewerbsmaßnahme zwar im Einzelfall wegen ihrer geringfügigen unmittelbaren Auswirkungen noch hingenommen werden könnte, aber gleichwohl zu einer ernstlichen Gefahr für den lauteren Wettbewerb werde, weil die Mitbewerber aus Wettbewerbsgründen gezwungen wären, diese Wettbewerbsmethoden nachzuahmen". – *Kraft* (FS Kummer, 1980, S. 389, 396) meint dagegen, die Rspr. würde den Wertungsbereich des UWG übersteigen, wenn und soweit sie die Marktwirkungen und ggf. die Marktmacht des Handelnden berücksichtige. – *Ulmer* (GRUR 1977, 565, 577; FS Kummer, 1980, S. 565) entnimmt der Rspr. einen verallgemeinerungsfähigen Grundsatz: die Unlauterkeit einer für sich gesehen zwar nicht unlauteren, aber doch „leistungsfremden" Maßnahme könne sich daraus ergeben, daß sie, sei es für sich allein oder mit Rücksicht auf eine bestehende Nachahmungsgefahr, zu einer Gefährdung des Wettbewerbs in seinem Bestande führe. Er begründet dies so: Es gebe drei Arten von Wettbewerbshandlungen: den „Leistungswettbewerb", den „Nichtleistungswettbewerb" und den „Behinderungswettbewerb". Der Leistungswettbewerb sei erlaubt und erwünscht, der Behinderungswettbewerb sei verboten; dazwischen stehe der Nichtleistungswettbewerb, der sich durch den fehlenden Leistungsbezug auszeichne oder leistungsfremd sei. Leistungsfremd sei eine Maßnahme, welche zwar noch keine gezielte Konkurrenzbehinderung darstelle (Behinderungswettbewerb), aber doch die Wirkung habe, dem Handelnden nicht durch die bessere Leistung, d. h. also in erster Linie durch leistungsbedingten Vorsprung in Preis und Qualität, sondern durch andere Mittel einen Wettbewerbsvorsprung zu verschaffen. Dazu würden Handlungen gehören, die den für die Ordnungsfunktion des Wettbewerbs wesentlichen Leistungsvergleich, die Schiedsrichterfunktion der Marktgegenseite, zu stören geeignet seien und die an die Stelle eines wettbewerblich erwünschten Parallelkampfes um Kunden die Behinderung der Konkurrenten an der Entfaltung ihrer Leistungsfähigkeit treten ließen. Zu beurteilen sei dies aber nicht aus der Sicht der Marktgegenseite, sondern aus der Sicht der Marktstufe des Handelnden. Aus ihrer Sicht frage es sich, ob die eingesetzten Wettbewerbsmittel Ausdruck besserer Leistungsfähigkeit seien oder ob sie den Leistungsvergleich erschwerten oder verfälschten. Leistungsfremdes Verhalten sei zwar nicht schlechthin unlauter, aber könne auch nicht dem Bereich des lauteren Wettbewerbs zugerechnet werden: es liege in einer „Grauzone". Die Grenze zur Unlauterkeit werde dann überschritten, wenn sich aus der fraglichen Maßnahme, sei es unmittelbar, sei es mit Rücksicht auf die mit ihr verbundene Nachahmungsgefahr, eine Gefährdung des Wettbewerbsbestandes ergebe. Es liege ein Fall der **„marktbezogenen Unlauterkeit“** vor. Die Unlauterkeit sei „erfolgsqualifiziert“. Diese Einsicht gestatte es auch, nach der Marktstärke des handelnden Unternehmens zu differenzieren: je größer die Marktstärke sei, desto größer sei die Gefährlichkeit leistungsfremden Verhaltens für den Wettbewerb, desto eher sei Unlauterkeit zu bejahen. § 1 UWG ermögliche auf diese Weise einen Präventivschutz gegenüber leistungsfremden Vermachtungstendenzen im **Vorfeld** der §§ 22, 26 Abs. 2 GWB. – *Mestmäcker* (S. 58) vermißt in der Rspr. eine Auseinandersetzung mit dem Schutz der Wettbewerbsfreiheit und sieht sie durch die Schwierigkeit gekennzeichnet, das Verhältnis von Handlungsunwert und Erfolgsunwert für das Unlauterkeitsurteil zu konkretisieren.

4. „Wirtschaftspolitische Neutralität“ des UWG als Verbot der Berücksichtigung von Marktmacht und Marktfolgen?

Die Rspr. hält grundsätzlich die Einbeziehung wirtschaftspolitischer Gesichtspunkte in die wettbewerbsrechtliche Beurteilung für unzulässig[6] und steht damit offenbar auf dem Boden der Auffassung, daß das UWG „wirtschaftspolitisch neutral“ sei. Was die (Mit)Berücksichtigung von Marktwirkungen bei der Unlauterkeitsprüfung angeht, ist sie der Annahme, hierbei handle es sich um keine wirtschaftspolitische Erwägung. Das ist aber gerade die Frage (vgl. *Kraft* FS Kummer, 1980, S. 389, 396). Daher ist eine Auseinandersetzung über die „wirtschaftspolitische Neutralität“ des UWG unausweichlich (dazu allgemein bereits Einl. A Rdn. 37 ff, speziell im angesprochenen Kontext *Merz* S. 244 ff). **D 8**

Für eine solche **Neutralität** wird vorgetragen: Das UWG habe unter wechselnden Wirtschaftsordnungen gegolten. Vorschriften über unlauteren Geschäftsverkehr fänden sich auch in planwirtschaftlichen Systemen. Bei der Auslegung des UWG sei daher keine Rücksicht auf die jeweils geltende Wirtschaftsordnung als Fixierung bestimmter wirtschaftspolitischer Entscheidungen zu nehmen. – Diese Begründung ist aber nicht haltbar. Jede Norm ist Teil einer Gesamtregelung und muß, schon um Wertungswidersprüche zu vermeiden, aus diesem Zusammenhang heraus ausgelegt werden. So kann sich der Inhalt der Norm schon dadurch ändern, daß andere Normen eingeführt oder abgeschafft werden. In besonderem Maße gilt dies für § 1 UWG, da der Begriff der „guten Sitten“ ohnehin auf die Wertvorstellungen in der Gemeinschaft Bezug nimmt, die ihrerseits durch Verfassung und Gesetze geprägt werden. Bei der Auslegung des UWG ist daher sehr wohl auf die geltende Wirtschaftsordnung Rücksicht zu nehmen (so auch *Baumbach/Hefermehl* Einl. UWG Rdn. 75). So gesehen ist es auch nicht zu beanstanden, daß das RG in der *„Diamantine“*-Entscheidung (GRUR 1936, 810) betriebswirtschaftliche und wirtschaftspolitische Erwägungen (Unwirtschaftlichkeit des Verschenkens von Waren; Schutz kleiner und mittlerer Unternehmen) angestellt hat, wenn dies der **damaligen** Wirtschaftsverfassung entsprach. **D 9**

Aus der gebotenen Rücksichtnahme auf die geltende Wirtschaftsordnung folgt andererseits nicht zwangsläufig, daß deswegen auch im UWG **Marktfolgen-** und **Marktmachterwägungen** angestellt werden dürfen. Denn dies wäre eine petitio prin- **D 10**

[6] Vgl. BGHZ 23, 365, 375 – *SUWA*; 43, 278, 283 – *Kleenex*; BGH GRUR 1969, 295, 298 – *Goldener Oktober*.

cipii. Ob und inwieweit sie zulässig sind, muß vielmehr gerade die Auslegung des UWG unter Berücksichtigung der geltenden Wirtschaftsordnung an den Tag bringen. In der Sache geht es hierbei, da die jetzige Wirtschaftsordnung maßgeblich durch das GWB geprägt ist, um das Verhältnis von Unlauterkeitsrecht und Beschränkungsrecht (so auch *Mestmäcker* S. 76, 88).

5. Das Verhältnis von UWG und GWB

D 11 a) **Allgemeines.** Über das Verhältnis von UWG und GWB (grundsätzlich bereits: Einl. E Rdn. 7 ff) läßt sich zunächst sagen, daß beide Gesetze den **Wettbewerb** durch Aufstellung von Verhaltensnormen **regeln**. Die Verhaltensregeln des UWG sollen dabei der Bekämpfung des unlauteren Wettbewerbsverhaltens dienen, diejenigen des GWB der Bekämpfung von Wettbewerbsbeschränkungen. Daraus mag man ableiten, daß beide Gesetze Teile einer einheitlichen Wettbewerbsordnung sind.[7] Wie eng sich beide Gesetze berühren, geht auch daraus hervor, daß einzelne Verhaltensweisen, wie etwa der Boykott und die Konkurrentenbehinderung, sowohl gegen das UWG als auch gegen das GWB verstoßen können (vgl. nur BGHZ 111, 188, 194 = BGH GRUR 1990, 685, 686 – *Anzeigenpreis I*). Damit ist aber noch nichts darüber ausgesagt, wie der Anwendungsbereich beider Gesetze **im einzelnen** abzustecken ist. Diese Aufgabe wird nur umschrieben, aber nicht gelöst, wenn man eine „Harmonisierung" beider Gesetze durch eine verstärkte Berücksichtigung der Wertungen des GWB im UWG und umgekehrt fordert. Denn es ist gerade die Frage, *wie* die Wertungen des GWB bei der Auslegung des UWG zu berücksichtigen sind.

D 12 b) **Umfassender Wettbewerbsschutz durch UWG und GWB?** Eine Möglichkeit besteht darin, daß man den Zweck des GWB, den Schutz der Freiheit des Wettbewerbs, auch zum Wertungsmaßstab bei der Auslegung des UWG erhebt und damit das UWG in den Dienst eines „umfassenden Wettbewerbsschutzes" stellt. Von dieser Konzeption des umfassenden Wettbewerbsschutzes ist es nicht mehr weit zu der Annahme, daß **„Lücken des Beschränkungsrechts"** (*Raiser* GRUR Int. 1973, 443, 446) mit Hilfe des UWG gefüllt werden müßten. Eine solche Lückenhaftigkeit des GWB wird behauptet oder zumindest vorausgesetzt, wenn man mit Hilfe des UWG **„Vermachtungstendenzen"** schon im **„Vorfeld"** der Marktbeherrschung bekämpfen will (so insbes. *Ulmer* GRUR 1977, 565, 577). Der Streit um die sog. **Vorfeldthese**[8] hat durch die *Erweiterung des Adressatenkreises des kartellrechtlichen Diskriminierungsverbots* in späteren Jahren (§ 26 Abs. 2 S. 2 und § 26 Abs. 4 GWB) viel an seiner Schärfe und Bedeutung verloren. Es bleibt aber die grundsätzliche Frage, ob das GWB, gemessen an seiner Zielsetzung, wirklich solche Schutzlücken enthält oder ob nicht vielmehr die Regelungen zum Schutze des freien Wettbewerbs abschließender Natur sind. So wird denn auch darauf hingewiesen, daß jede Erweiterung des UWG auf Kosten des GWB gehe[9].

D 13 c) **Sperrwirkung von GWB-Tatbeständen?** Eine **Schutzlücke** im GWB im Hinblick auf die Marktverhaltenskontrolle besteht nicht. Eine solche Lücke würde nämlich eine **planwidrige Unvollständigkeit** des Gesetzes voraussetzen (vgl. *Larenz* Me-

---

[7] Vgl. *Emmerich* § 5/4 b; *Mestmäcker* S. 91 („systematische Einheit von UWG und GWB").

[8] Dazu umfassend das gleichnamige Werk von *Merz* 1988.

[9] Vgl. *Baumbach/Hefermehl* § 1 UWG Rdn. 833; *Emmerich* § 5/4 b; *Immenga* in: Immenga/Mestmäcker, GWB, 2. A., § 1 Rdn. 219; *Mestmäcker* S. 90.

thodenlehre der Rechtswissenschaft, 6. Aufl., S. 373), und davon kann bei näherer Betrachtung der Normen für marktbeherrschende und (vertikal bzw. horizontal) marktstarke Unternehmen (§§ 22, 26 Abs. 2, 3, 4 GWB) keine Rede sein. Dies wird deutlich, wenn man bedenkt, daß ein und derselbe Wettbewerbsparameter in der Regel sowohl zu wettbewerbsfördernden wie zu wettbewerbsbeschränkenden Zwekken eingesetzt werden kann, daß genauer gesagt der Wettbewerbsprozeß auf einem bestimmten Markt belebt wie geschwächt werden kann. Ob und welche Wirkung eintritt, hängt von den näheren Umständen ab, unter denen der Wettbewerbsparameter eingesetzt wird. Eine agressive Preisgestaltung kann, wenn sie von einem Newcomer ausgeht, einen erstarrten Wettbewerb wieder in Gang bringen, wenn sie dagegen von einem marktbeherrschenden Unternehmen ausgeht, zu einer Vernichtung der Konkurrenten führen. Wegen dieser **Ambivalenz** wettbewerblicher Verhaltensweisen ist es gerechtfertigt und sinnvoll, die Marktverhaltenskontrolle erst von einer bestimmten Marktmacht des Unternehmens an einsetzen zu lassen. Denn erst dann ist die Gefahr einer Beschränkung des Wettbewerbs auf einem bestimmten Markt hinreichend wahrscheinlich. – Ein zweites kommt hinzu: Die Ausübung von Wettbewerbsfreiheit kann zum Erwerb wirtschaftlicher Macht führen. Dies ist aber aus wettbewerbspolitischer Sicht nicht von vornherein unerwünscht oder gefährlich, weil gerade Machtungleichgewichte auf einem Markt den Wettbewerbsprozeß in Gang bringen oder wieder beleben können. Erst wenn eine bestimmte Marktmacht erreicht ist, soll die Ausübung von Handlungsfreiheit im Interesse der Wettbewerbschancen anderer Unternehmen und der Wahlfreiheit der Marktgegenseite einer Kontrolle unterworfen werden. Erst einer **weiteren** Vermachtung von Märkten durch Einsatz von Marktmacht soll gegengesteuert werden. Das GWB will also in das freie Spiel der Kräfte erst eingreifen, wenn Marktmacht dazu eingesetzt wird, den Wettbewerbsprozeß abzuschwächen oder auszuschalten.

Daraus folgt gleichzeitig, daß den GWB-Tatbeständen eine gewisse **„Sperrwirkung"** bei der Auslegung des UWG zukommt (so auch Einl. E Rdn. 23 m. zahlr. Nachw.). Dies besagt: Wettbewerbsmaßnahmen von Unternehmen, denen eine „Tendenz" zur Vermachtung von Märkten innewohnt oder die den „Bestand des Wettbewerbs" auf einem Markt für eine nicht unerhebliche Zeit gefährden können, sind nicht schon aus diesem Grunde unlauter und damit verbietbar. Eine Annäherung an diesen Standpunkt stellt die Rspr. dar, nach der eine Gefährdung des Wettbewerbsbestandes hinzunehmen ist, wenn ein marktbeherrschendes Unternehmen nicht kartellrechtswidrig handelt (vgl. BGHZ 56, 327, 336 f – *Feld und Wald I*)., Eine andere Frage ist es, ob solche Wettbewerbsmaßnahmen, wenn sie nach dem GWB (also z. B. nach § 26 Abs. 2 GWB) verboten sind, zugleich unlauter sein können (dazu Rdn. 15 ff). Insoweit steht jedenfalls die „Sperrwirkung" des GWB nicht entgegen. Festzuhalten bleibt: Dem GWB ist ein allgemeines Monopolisierungsverbot fremd, und es kennt auch keinen von den Einzeltatbeständen der Wettbewerbsbeschränkung unabhängigen Bestandsschutz des Wettbewerbs (vgl. *Mestmäcker* S. 146). Es widerspräche der Regelung und den Wertungen des GWB, solche Zielsetzungen auf dem Umweg über § 1 UWG zu verwirklichen (vgl. auch *Markert* in: Immenga/Mestmäcker § 26 Rdn. 262). Das GWB steht andererseits einer Berücksichtigung von Marktmacht und Marktfolgen im Rahmen der Gesamtwürdigung eines Verhaltens nach § 1 UWG nicht entgegen. Entscheidend ist, daß diese Faktoren nicht für sich allein, sondern nur unterstützend zur Begründung der (aus anderen Umständen folgenden) Wettbewerbswidrigkeit herangezogen werden können. Die Aufgabe des UWG ist dabei nicht die Füllung (vermeintlicher) Schutzlücken im **D 14**

GWB, sondern die eigenständige Erfassung und Bewertung von Verhaltensweisen, ohne Rücksicht darauf, ob sie gleichzeitig gegen das GWB verstoßen oder nicht.

D 15 d) **Zuständigkeitsfragen.** Zur Entscheidung kartellrechtlicher Streitigkeiten sind ausschließlich die im GWB näher bezeichneten Kartellgerichte funktionell zuständig (§§ 87, 96 GWB; dazu BGHZ 64, 342 = GRUR 1975, 610 – *Abschleppaufträge*). Dies wirft die Frage auf, ob wettbewerbliche Verhaltensweisen, die sowohl gegen das UWG als auch gegen das GWB verstoßen können, nur von den Kartellgerichten oder auch von den Wettbewerbsgerichten beurteilt werden dürfen. Ist die Zuständigkeit der Kartellgerichte gegeben, so muß der Rechtsstreit ggf. an sie verwiesen werden (vgl. BGH GRUR 1985, 883, 884 – *Abwehrblatt I*). Ausgangspunkt ist, daß die Kartellspruchkörper (z. B. Kartellsenat des OLG oder des BGH) den geltend gemachten Anspruch nicht nur unter kartellrechtlichen, sondern auch unter wettbewerbsrechtlichen Gesichtspunkten beurteilen dürfen (BGH GRUR 1986, 397, 400 – *Abwehrblatt II*). Dies selbst dann, wenn der wettbewerbsrechtliche Anspruch im Hinblick auf § 253 Abs. 2 Nr. 2 ZPO als selbständiger prozessualer Anspruch anzusehen ist (arg. § 88 GWB). Ist die Streitigkeit umgekehrt vor einem wettbewerbsrechtlichen Spruchkörper anhängig, so darf dieser zwar nicht unter kartellrechtlichen Gesichtspunkten entscheiden. Er braucht aber die Sache dann nicht an den Kartellspruchkörper abzugeben, wenn die wettbewerbsrechtliche Beurteilung des fraglichen Verhaltens nicht weniger strengen Maßstäben unterliegt als die kartellrechtliche Beurteilung (vgl. dazu einerseits BGH GRUR 1985, 883, 884 – *Abwehrblatt I* und andererseits BGHZ 96, 337, 346 = GRUR 1986, 397, 400 – *Abwehrblatt II*; BGH GRUR 1990, 685, 686 – *Anzeigenpreis I*). Da im Rahmen des § 1 UWG die Gesamtumstände des Handelns und somit auch die Marktstellung des handelnden Unternehmens zu berücksichtigen sind (vgl. BGH aaO – *Abwehrblatt II* und *Anzeigenpreis I*), fließen kartellrechtliche Wertungsgesichtspunkte in die wettbewerbsrechtliche Beurteilung ein. Dies macht daher in den Fällen, die nicht nur nach § 1 UWG, sondern auch nach § 26 Abs. 2 GWB beurteilt werden können, eine Abgabe an den Kartellspruchkörper entbehrlich.

D 16 e) **Wettbewerbswidrigkeit aufgrund Kartellrechtswidrigkeit? aa) Allgemeines.** Daß ein bestimmtes unternehmerisches Verhalten gegen das Kartellrecht verstößt, schließt die Anwendbarkeit von § 1 UWG nicht aus (vgl. auch BGH GRUR 1990, 685 – *Anzeigenpreis I*). Die Unlauterkeit eines Verhaltens kann sich unabhängig davon ergeben, ob gleichzeitig ein Kartellrechtsverstoß vorliegt[10]. Eine andere Frage ist es, ob bereits der Verstoß gegen Kartellrechtsnormen die Sittenwidrigkeit nach § 1 UWG begründen kann. Diese Frage ist von großer praktischer Bedeutung, weil die privatrechtlichen UWG-Sanktionen (vgl. §§ 1, 13 UWG) weiter reichen als die privatrechtlichen GWB-Sanktionen (vgl. § 35 GWB). Zu erinnern ist nur an die Haftung für Hilfspersonen (§ 13 Abs. 4) und an den gegenüber § 35 Abs. 3 GWB weiterreichenden Kreis der Klagebefugten im UWG (§ 13 Abs. 2).

D 17 Am weitesten geht der Vorschlag, jeden **Kartellrechtsverstoß** stets als unlauter zu behandeln, und zwar im Hinblick auf den hohen Rang, der dem Wettbewerbsschutz in der Rechtsordnung zukomme (vgl. *Emmerich* § 16/2). Diese Auffassung kann sich allerdings nicht auf den Gedanken des ungerechtfertigten Vorsprungs durch Rechtsbruch stützen. Denn nur die Verletzung solcher Normen kann relevant sein, die für alle Wettbewerber gelten (Gedanke der par conditio concurrentium). Die bei

---

[10] Vgl. BGH GRUR 1986, 397, 399 – *Abwehrblatt II*; GRUR 1990, 685, 686 – *Anzeigenpreis I* zur Parallelität der Wertungen bei § 1 UWG und § 26 Abs. 2 GWB.

Marktstörungen einschlägigen Normen der §§ 22, 26 Abs. 2–5 GWB gehören aber dazu gerade nicht, weil sie sich nur an Unternehmen mit einer bestimmten Marktmacht richten. Auch würde diese Auffassung letztlich § 35 Abs. 1 GWB, der privatrechtliche Ansprüche nur bei Verletzung von Normen zuläßt, die den Schutz des Betroffenen bezwecken, aus den Angeln heben.

Richtigerweise kann die Entscheidung nur unter Berücksichtigung des **Schutzzweckes** der jeweils verletzten Norm getroffen werden (vgl. BGH GRUR 1978, 445, 446 – *4 zum Preis von 3; Wrage* S. 42 ff, 60 ff). **D 18**

bb) **Wettbewerbswidrigkeit von Verstößen gegen das Kartellverbot (§ 1 GWB).** Ob auch vorsätzliche Verstöße gegen das Kartellverbot (§§ 1, 38 Abs. 1 Nr. 1 GWB) die Wettbewerbswidrigkeit eines Verhaltens begründen können, ist – soweit ersichtlich – bislang noch nicht geklärt. Ausgangspunkt ist, daß auch das Kartellverbot eine unmittelbar wettbewerbsbezogene Norm ist, die im Rahmen des von ihr bezweckten Schutzes des Wettbewerbs als Institution sowohl den Allgemein- als auch den betroffenen Individualinteressen dient (vgl. zu § 15 GWB BGH GRUR 1978, 445, 446 – *4 zum Preis von 3*). Das Kartellverbot bezweckt jedenfalls den Schutz der Wettbewerber der Kartellpartner (vgl. BGHZ 64, 232, 237 ff – *Zusatzversicherung*; BGHZ 86, 324, 330 – *Familienzeitschrift*) und darüber hinaus wohl auch der Abnehmer und Lieferanten des Kartells (vgl. *Emmerich* in: Immenga/Mestmäkker § 35 Rdn. 30 mwN). Ein vorsätzlicher Verstoß gegen das Kartellverbot ist jedenfalls dann wettbewerbswidrig iS von § 1 UWG, wenn sich das Kartell gezielt gegen einen oder mehrere Mitbewerber richtet, etwa sie vom Markt fernhalten oder verdrängen soll. Auf sonstige, die Wettbewerbswidrigkeit begründende Umstände kommt es insoweit nicht an. **D 19**

cc) **Wettbewerbswidrigkeit von Verstößen gegen das Preis- und Konditionenbindungsverbot (§ 15 GWB).** Das Preis- und Konditionenbindungsverbot des § 15 GWB ist eine unmittelbar wettbewerbsbezogene Norm, die im Rahmen des von ihr bezweckten Schutzes des Wettbewerbs als Institution sowohl den Allgemein- als auch den betroffenen Individualinteressen dient (BGH GRUR 1978, 445, 446 – *4 zum Preis von 3*; vgl. auch BGHZ 28, 208, 212 = GRUR 1958, 621 – *4711*). Vorsätzliche Verstöße gegen diese Norm können nach § 38 Abs. 1 Nr. 1 GWB als Ordnungswidrigkeit geahndet werden. Daher ist die vorsätzliche Verletzung des Preis- und Konditionenbindungsverbots, wenn sie im geschäftlichen Verkehr zu Zwecken des Wettbewerbs erfolgt, ohne weiteres auch wettbewerbswidrig iS des § 1 UWG (BGH aaO – *4 zum Preis von 3*; OLG Frankfurt WuW/E OLG 1669, 1672; OLG Hamburg WuW/E OLG 3463, 3464; KG WM 1990, 1929, 1935; LG Hamburg DB 1986, 371; *Emmerich* in: Immenga/Mestmäcker § 15 Rdn. 81; *Klosterfelde/Metzlaff* in: Langen/Bunte, GWB, § 15 Rdn. 85). Es kommt also nicht darauf an, ob noch sonstige, die Wettbewerbswidrigkeit begründende Umstände vorliegen, insbesondere ob sich der Verletzer einen sachlich nicht gerechtfertigten Wettbewerbsvorsprung vor seinen gesetzestreuen Mitbewerbern verschafft (BGH aaO – *4 zum Preis von 3*; BGH GRUR 1973, 655, 657 – *Möbelauszeichnung*). **D 20**

dd) **Wettbewerbswidrigkeit der mißbräuchlichen Ausnutzung einer marktbeherrschenden Stellung (§ 22 Abs. 4 GWB)?** Da § 22 GWB richtiger Ansicht nach weder ein unmittelbares Verbot begründet noch ein Schutzgesetz iS des § 35 Abs. 1 GWB darstellt (Umkehrschluß aus § 35 Abs. 2 GWB)[11], stellt ein Verstoß gegen **D 21**

[11] Vgl. BGH WuW/E BGH 1299, 1300 – *Strombezugspreis*; KG WuW/E OLG, 1813, 1815 – *Medizinischer Badebetrieb*; *Baumbach/Hefermehl* § 1 UWG Rdn. 840; **a. A.** z. B. *Emmerich* in: Immenga/Mestmäcker § 35 Rdn. 50.

§ 22 GWB nicht per se einen Verstoß gegen § 1 UWG (etwa unter dem Gesichtspunkt des Vorsprungs durch Rechtsbruch) dar[12]. So dürfte § 1 UWG beispielsweise nicht in den Fällen eines Ausbeutungsmißbrauchs durch Fordern überhöhter Preise eingreifen (**a. A.** *Baumbach/Hefermehl* § 1 UWG Rdn. 879). Der kartellrechtliche Machtmißbrauch als solcher kann den Wettbewerbsverstoß also nicht begründen. Möglich ist allerdings, daß Verhaltensweisen, die zur Bejahung eines Mißbrauchs führen, gleichzeitig die Unlauterkeit des Verhaltens begründen können. Dies kommt vornehmlich in Betracht bei Verhaltensweisen, die entweder gezielt der Verdrängung einzelner Mitbewerber dienen oder aber generell den Wettbewerb auf einem bestimmten Markt ausschließen können, wie etwa in Fällen der Marktverstopfung durch massenhaftes Verschenken von Originalware. Die Möglichkeit kartellbehördlichen Eingreifens (§ 22 Abs. 4 und 5 GWB) schließt das Vorgehen Dritter nach § 1 UWG nicht aus (vgl. *Mestmäcker* Der verwaltete Wettbewerb, S. 141). Dadurch werden etwaige kartellrechtliche Schutzlücken in § 35 GWB ausreichend kompensiert.

D 22 ee) **Wettbewerbswidrigkeit von Verstößen gegen das Diskriminierungsverbot (§ 26 Abs. 2 und 4 GWB)?** Daß eine Konkurrentenbehinderung unbillig iS des § 26 Abs. 2 und 4 GWB sein kann, wenn das Handeln des Normadressaten für sich gesehen gegen § 1 UWG verstößt, ist unstreitig (vgl. nur *Markert* BB 1989, 921, 922; *ders.* in: Immenga/Mestmäcker § 26 Rdn. 318). Eine andere Frage ist, ob umgekehrt eine unbillige Konkurrentenbehinderung aus diesem Grunde gleichzeitig sittenwidrig ist. Das ließe sich damit begründen, daß § 26 Abs. 2 und 4 GWB eine unmittelbar wettbewerbsbezogene Schutznorm zugunsten von Mitbewerbern darstellt. Indessen lassen sich in aller Regel Wertungen, die das Urteil der Unbilligkeit begründen, gleichzeitig zur Begründung der Sittenwidrigkeit heranziehen. Die Sittenwidrigkeit ist daher originär und nicht derivativ begründet (vgl. BGH GRUR 1986, 397, 399 – *Abwehrblatt II*; BGH GRUR 1990, 685, 686 – *Anzeigenpreis I*; *Wrage* S. 70 f). – Ist aufgrund einer Interessenabwägung unter Berücksichtigung der Zielsetzung des GWB eine Unbilligkeit zu verneinen, so ist, falls keine besonderen Umstände vorliegen, auch die Sittenwidrigkeit zu verneinen[13].

6. Die Gefährdung des Wettbewerbsbestandes

D 23 a) **Begriff.** Die Rspr. stellt bei der Beurteilung bestimmter Verhaltensweisen nach § 1 auf die „Gefährdung des Wettbewerbsbestandes" auf einem bestimmten Markt ab. Aber was ist darunter zu verstehen? Denkbar ist es, eine Gefährdung des Wettbewerbsbestandes schon dann anzunehmen, wenn der Wettbewerb auf einem bestimmten Markt aufgrund eines bestimmten Marktverhaltens eines Unternehmens **vorübergehend** zum Erliegen kommt oder kommen kann (z. B. bei einer „Marktverstopfung" aufgrund des Verschenkens von Waren). Damit ginge man aber gefährlich weit: es könnten mit dieser Erwägung Maßnahmen des innovatorischen Wettbewerbs mit Hilfe eines Wettbewerbsrechts unterbunden werden, die geeignet wären, erstarrte Wettbewerbsstrukturen aufzubrechen und den Wettbewerb in Gang zu bringen. Mit den Wertungen des GWB, die die Freiheit des Wettbewerbs und die Offenhaltung der Märkte zum Inhalt haben, wäre es kaum vereinbar, den Begriff

[12] Vgl. *Möschel* in: Immenga/Mestmäcker § 22 Rdn. 213; *K. Schmidt* Kartellverfahrensrecht S. 414; *Wrage* S. 76 ff.

[13] Vgl. BGHZ 56, 327 – *Verbandszeitschrift*; BGH GRUR 1986, 397, 400 – *Abwehrblatt II*; *Markert* in: Immenga/Mestmäcker § 26 Rdn. 318.

der Gefährdung des Wettbewerbsbestandes derart eng zu fassen. Richtig erscheint es vielmehr, von einer Gefährdung des Wettbewerbsbestandes nur dann zu sprechen, wenn tatsächlich das **endgültige** Ausscheiden anderer Mitbewerber aus dem Markt und damit eine hochgradige Vermachtung des Marktes droht. Dies setzt voraus, daß das Marktverhalten eines Unternehmens nach Umfang, Art und Dauer geeignet ist, die Wettbewerbsfähigkeit anderer Mitbewerber nachhaltig zu schwächen. Dahingehend ist wohl auch die neuere Rspr. des BGH zu verstehen.[14]

b) **Marktabgrenzung.** Soll die Gefährdung des Wettbewerbsbestandes auf einem bestimmten Markt für die Unlauterkeitsprüfung den Ausschlag geben, erfordert dies die Abgrenzung des relevanten Marktes. Hierfür können die im Kartellrecht entwikkelten Maßstäbe der Marktabgrenzung (vgl. statt aller *Möschel* in: Immenga/Mestmäcker § 22 Rdn. 23 ff) herangezogen werden. Allerdings ist zu berücksichtigen, daß die Erkenntnismöglichkeiten in einem zivilgerichtlichen Verfahren nach § 1 begrenzt sind, die Gerichte vielmehr auf das (Beweis-)Vorbringen der Parteien angewiesen sind. In der Praxis werden freilich diese Schwierigkeiten zu meistern sein. So war der relevante Markt in der *„Preiskampf“*-Entscheidung (BGH GRUR 1990, 371) auf den Schallplattenmarkt im Raum Köln und in der *„Motorboot-Fachzeitschrift“*-Entscheidung (BGH GRUR 1991, 616) auf den „geschlossenen Markt weniger Zeitschriften auf dem Gebiet des Motorboot-Wassersports“ begrenzt worden, ohne daß dies zwischen den Parteien ernsthaft streitig war. **D 24**

c) **Erhaltung bestimmter Wettbewerbsstrukturen?** Von der Gefährdung des Wettbewerbsbestandes zu unterscheiden ist allerdings die Gefährdung bestimmter Wettbewerbsstrukturen auf einem Markt. Hierzu hat der BGH in der *„Motorboot-Fachzeitschrift“*-Entscheidung (GRUR 1991, 616, 617) ausgeführt, bei der Beurteilung eines Wettbewerbsverhaltens als einer unzulässigen allgemeinen Marktbehinderung könne es nicht darum gehen, den Wettbewerb in seinen überkommenen Strukturen zu erhalten und wirtschaftlichen Entwicklungen allein deshalb entgegenzusteuern, weil sie bestehende Konzeptionen in Frage stellten. Vielmehr sei unter Würdigung der Gesamtumstände des Einzelfalls danach zu fragen, ob das Wettbewerbsverhalten unter Berücksichtigung der Interessen der Mitbewerber und der Allgemeinheit mit den guten Sitten im Wettbewerb zu vereinbaren sei oder nicht. In diesem Zusammenhang will der BGH auch und vor allem bestimmte verfassungsrechtlich geschützte Werte im Interesse der Allgemeinheit berücksichtigt wissen. Dazu rechnet er die Erhaltung der **Presse** als Institution zur Bildung der Meinungsvielfalt, die er beispielsweise durch den kostenlosen Abdruck privater Gelegenheitsanzeigen in Fachzeitschriften als gefährdet ansah (eingehend dazu Rdn. D 67). – Diese Konzeption, in bestimmten Wirtschaftsbereichen bereits die Gefährdung bestimmter Wettbewerbsstrukturen, genauer: des Einsatzes bestimmter Wettbewerbsparameter (mit der bloßen Folge des Zwangs, sich erfolgreichen Innovatoren anpassen zu müssen) ausreichen zu lassen, ist aber nicht unbedenklich. Es ist doch sehr die Frage, ob es noch in die Kompetenz der Wettbewerbsgerichte (!) fällt, den von erfolgreichen Wettbewerbern ausgehenden Anpassungsdruck auszuschalten und mit Hilfe des Wettbewerbsrechts, ohne besondere gesetzliche Ermächtigung (vgl. demgegenüber §§ 23 Abs. 1 S. 7, 24 Abs. 9 GWB) den Presseunternehmen vorzuschreiben, wie sie sich zu finanzieren haben. Hier wäre eine Selbstbeschränkung auf den Tatbestand der eigentlichen Bestandsgefährdung wünschenswert. **D 25**

[14] Vgl. BGH GRUR 1979, 321, 322 – *Verkauf unter Einstandspreis I*; BGH GRUR 1983, 120, 125 – *ADAC-Verkehrsrechtsschutz*; BGH GRUR 1990, 370, 371 – *Preiskampf*.

7. Die Berücksichtigung der Marktmacht

D 26 Daß bei der Bewertung eines Marktverhaltens nach § 1 im Rahmen der gebotenen Gesamtwürdigung auch die Marktstellung bzw. Marktmacht eines Unternehmens zu berücksichtigen ist, ist zwar umstritten[15], aber mit der hM zu bejahen.[16] Darin liegt keine Verletzung des Grundsatzes, daß die Maßstäbe des UWG für alle Unternehmen gleich sein müssen (vgl. *Schricker* RablesZ 40 (1976) 535, 540; *ders.* GRUR 1974, 579). Denn es geht dabei nicht um die Aufstellung von Sonderregeln für marktmächtige Unternehmen. Vielmehr wird lediglich der Tatsache Rechnung getragen, daß die Möglichkeit zu bestimmten, den Wettbewerbsbestand gefährdenden Maßnahmen faktisch nur Unternehmen mit einer bestimmten Marktmacht gegeben ist. Davon geht auch die Rspr. aus, wenn sie (nur) im Rahmen der Prüfung der Wettbewerbsbestandsgefährdung berücksichtigen will, ob kleine und mittlere Unternehmen zu vergleichbaren Wettbewerbsmaßnahmen in der Lage sind (vgl. BGHZ 43, 278, 283 – *Kleenex*; BGH GRUR 1979, 321, 323 – *Verkauf unter Einstandspreis I*; BGH GRUR 1984, 204, 207 – *Verkauf unter Einstandspreis II*). Die Berücksichtigung der Marktmacht steht auch nicht im Widerspruch, sondern letztlich im Einklang mit den Wertungen des GWB. Es liegt im übrigen auf der Hand, daß ein Unternehmen, das durch sein Marktverhalten den Wettbewerbsbestand ernstlich gefährden kann, über eine Marktmacht verfügen muß, die jedenfalls die in § 26 Abs. 4 GWB genannte Aufgreifschwelle erreicht. Die Sperrwirkung der GWB-Behinderungstatbestände steht daher der Berücksichtigung der Marktmacht im Rahmen des Tatbestands der „Marktstörung" nicht entgegen. Die Maßstäbe des UWG sind jedenfalls nicht weniger streng als die des GWB (so auch BGH GRUR 1990, 685, 686 – *Anzeigenpreis I*).

8. Die Berücksichtigung der Nachahmungsgefahr

D 27 a) **Stand der Rechtsprechung.** Bei der Frage, ob eine bestimmte Wettbewerbsmaßnahme zu einer Gefährdung des Wettbewerbs in seinem Bestande führen kann, ist nach der Rspr.[17] auch eine konkrete **Nachahmungsgefahr** zu berücksichtigen. Daß bei bestimmten Maßnahmen, wie etwa dem Verschenken von Originalware, eine solche Nachahmungsgefahr besteht, hat der BGH in der *SUWA*-Entscheidung (BGHZ 23, 365, 372) im Anschluß an die *Persil*-Entscheidung des RG (GRUR 1938, 207, 209/210) als **Erfahrungstatsache** hingestellt: „Denn es entspricht, wie das Reichsgericht zu Recht angenommen hat, der Erfahrung, daß die von solchen wettbewerblichen Maßnahmen betroffenen Mitbewerber, soweit sie dazu nur irgendwie in der Lage sind, alle Mittel, insbesondere aber gerade die von ihren Konkurrenten angewendeten, einsetzen werden, um ihre Kunden nicht zu verlieren oder zurückzugewinnen." In späteren Entscheidungen ist der BGH von dieser Auffassung

[15] Ablehnend z. B. *Merz* S. 293; vgl. auch *Hirtz* GRUR 1980, 93, 95 f; *Lehmann* GRUR 1977, 580, 637; *Kraft* FS Bartholomeyczik, S. 231 ff; Großkomm.-*Schünemann* Einl. D Rdn. 103 ff mwN.

[16] BGHZ 96, 337, 346 = GRUR 1986, 397, 400 – *Abwehrblatt II*; BGH GRUR 1990, 685, 686 – *Anzeigenpreis I*; *von Gamm* Kap. 28 Rdn. 8; *Baumbach/Hefermehl* Einl. UWG Rdn. 119; § 1 Rdn. 845; *P. Ulmer* GRUR 1977, 565, 578 ff; *Emmerich* § 5/4 c bb; *Baudenbacher* ZHR 144, 167; *ders.* GRUR 1981, 22; *Sambuc* GRUR 1981, 796; *Lindacher* S. 37 ff; *Möschel* Presse, Konzentration und Wettbewerbsgesetz, 1978, S. 148 ff.

[17] Vgl. BGHZ 23, 365, 372 – *SUWA*; BGHZ 43, 278, 282 – *Kleenex*; BGH GRUR 1977, 619, 621 – *Eintrittsgeld*; BGHZ 82, 375, 395 f = GRUR 1982, 425 – *Brillen-Selbstabgabestellen*; 1990, 371, 372 – *Preiskampf*; 1992, 622, 624 – *Verdeckte Laienwerbung*.

abgerückt. Er fordert nunmehr die Prüfung, „ob die **ernstliche Gefahr** besteht, daß die Werbemaßnahme im Fall ihrer Zulassung auch von anderen Mitbewerbern durchgeführt und dann zu einer gemeinschaftsschädigenden Störung des Wettbewerbs führen würde" (BGHZ 43, 278, 283 – *Kleenex*; vgl. auch BGHZ 85, 84, 95 – *ADAC Verkehrsrechtsschutz*). Dahinter steht die Erwägung, daß beim Verschenken von Originalware zu Probezwecken die Nachahmungsgefahr nicht bei jeder Warenart und auch nicht in jedem Einzelfalle in demselben Maße besteht und somit in jedem Falle „Anlaß und Umstände der Warenabgabe sowie die in dem betreffenden Geschäftszweig bestehenden Marktverhältnisse herangezogen werden müssen" (BGHZ 43, 278, 283 – *Kleenex*). – Bei **Preiskämpfen** soll hingegen wegen des ihnen zukommenden „Aufmerksamkeits- und Werbewerts" stets die Nachahmungsgefahr – und zwar über den betreffenden Produktmarkt hinaus – begründet sein (BGH GRUR 1990, 371, 372 – *Preiskampf*; vgl. auch noch BGH GRUR 1992, 622, 625 – *Verdeckte Laienwerbung*). Die Nachahmungsgefahr soll im Rahmen der Gesamtbeurteilung eines Wettbewerbsverhaltens berücksichtigt werden, und zwar vornehmlich dann, wenn die Bedenken gegen das Verhalten für sich gesehen noch nicht ausreichen, um das Unwerturteil zu begründen. Voraussetzung soll allerdings sein, daß das Verhalten für sich gesehen ein „negatives Gepräge" aufweist und im „Grenzbereich des Unlauteren" liegt (BGH GRUR 1992, 622, 625 – *Verdeckte Laienwerbung*). Die Nachahmungsgefahr soll dann den Ausschlag für das Unwerturteil geben, wenn die Nachahmung die negativen Auswirkungen des Wettbewerbsverhaltens vervielfacht und diese von der Allgemeinheit nicht mehr hingenommen werden können (BGH aaO S. 624).

b) Stand der Literatur. Die Rspr. hat in der Literatur Zustimmung,[18] aber auch Widerspruch[19] erfahren. Gegen die Berücksichtigung einer Nachahmungsgefahr wird eingewandt: Die Gefahr einer Nachahmung durch Wettbewerber sei bei jeder erfolgreichen Wettbewerbsmaßnahme gegeben und daher ein typisches Merkmal des Wettbewerbs, der aus Vorstoß und Verfolgung entstehe. Die Nachahmungsgefahr sei daher nicht geeignet, lauteres von unlauterem Verhalten abzugrenzen. Eine für sich gesehen lautere Wettbewerbsmaßnahme könne, auch bei möglichen schädlichen Folgen für den Wettbewerb, nicht schon durch bloße Vervielfältigung infolge Nachahmung unlauter werden (vgl. *Döll* BB 1965, 173, 174; *Mestmäcker* S. 64). Weiter wird vorgetragen: die Nachahmung durch andere Unternehmen könne dem vorstoßenden Unternehmen deshalb nicht nachteilig zugerechnet werden, weil sie außerhalb seiner „Sphäre" liege; im übrigen dürfe die Nachahmungsgefahr deshalb nicht berücksichtigt werden, weil die bloße Gefahr Eingriffe in die Freiheit nicht rechtfertige und sich diese auch nicht mit hinreichender Sicherheit feststellen lasse (vgl. *Knöpfle* S. 58). D 28

c) Kritische Würdigung. aa) Das Nachweisproblem. Das Erfordernis einer **„ernstlichen"** Nachahmungsgefahr bedeutet, daß der Richter eine **Prognose** über das künftige Marktverhalten von Unternehmen stellen muß. Man wird sicher solche Prognosen nicht für „unmöglich" halten dürfen (so aber *Emmerich* § 5/3 c; vorsichtiger *ders.* § 15/1 b: „weitgehend ungesicherte Hypothesen"). Denn nicht um die D 29

[18] Vgl. z. B. *Baumbach/Hefermehl* Einl. UWG Rdn. 123; *von Gamm* UWG Einf. A Rdn. 9; *ders.* Wettbewerbsrecht Kap. 26 Rdn. 18; *Ulmer* GRUR 1977, 565, 577.

[19] Vgl. *Dietrich* DB 1987, 528; *Döll* BB 1965, 173; *Emmerich* § 15/1 b; *von Harder* GRUR 1962, 439; *Knöpfle* S. 58; *Kraft* FS Bartholomeyczyk, 1973, S. 223; *Lehmann* Die Werbung mit Geschenken (1974), S. 66, 198 ff; *Mestmäcker* S. 64; *Rödding* DB 1969, 1877, 1881 f; Großkomm.-*Schünemann* Einl. D Rdn. 99 ff, 110 ff; *Tyllak* S. 244 ff.

Vorausschau der Zukunft geht es, sondern um die fundierte Begründung eines Wahrscheinlichkeitsurteils – eine Aufgabe, die der Gesetzgeber dem Rechtsanwender öfters stellt (vgl. § 1565 Abs. 1 BGB; § 24 Abs. 1 GWB). Auf der anderen Seite läßt sich nicht leugnen, daß eine solche Prognose, soll sie mehr als eine Spekulation sein, sehr schwierig sein dürfte (ebenso Einl. D Rdn. 112), zumal die Erkenntnismöglichkeiten des Richters – anders als bei kartellrechtlichen Rechtsstreitigkeiten (vgl. § 90 GWB) – begrenzt sind. Man muß daher bezweifeln, ob das Tatbestandsmerkmal „ernstliche Nachahmungsgefahr" **praktikabel** ist.

D 30 bb) **Das Kausalitätsproblem.** Selbst wenn im Einzelfall eine ernstliche Nachahmungsgefahr gegeben ist, ist damit noch nichts über die **Kausalität** der befürchteten Nachahmung für die Gefährdung des Wettbewerbs in seinem Bestand ausgesagt. Die Nachahmung kann, je nach Fallgestaltung, zu einer **Potenzierung oder** aber zu einer **Neutralisierung** der wettbewerbsschädlichen Wirkung einer Wettbewerbsmaßnahme führen. Eine solche Neutralisierung ist beispielsweise denkbar, wenn man beim Verschenken von Originalware die Wettbewerbsschädlichkeit in der „Verbrauchergewöhnung" sieht: wenn es zutrifft (ob dies wirklich der Fall ist, kann hier dahinstehen), daß der Verbraucher nach Beendigung der unentgeltlichen Verteilung davon absieht, die Angebote der Mitbewerber unbeeinflußt auf ihre Güte und Preiswürdigkeit zu überprüfen, sie mit den Angeboten der Mitbewerber zu vergleichen und danach seine Wahl zu treffen (so BGHZ 43, 278, 284 – *Kleenex*), dann wird dieser Effekt durch nachahmende Maßnahmen anderer Wettbewerber nicht verstärkt, sondern zumindest abgeschwächt, weil der Verbraucher dann auch wieder andere Waren in seine Erwägung einbezieht. – Daß bei solchen Nachahmungsaktionen der **Verkauf** von Waren derselben Art stagnieren kann, ist ein anderer Gesichtspunkt, der jedenfalls mit dem Gesichtspunkt der Verbrauchergewöhnung nichts zu tun hat. Festzuhalten bleibt: es genügt nicht, eine ernsthafte Nachahmungsgefahr festzustellen; es ist vielmehr auch erforderlich zu prüfen, ob die befürchtete Nachahmung zu einer Potenzierung oder aber im Gegenteil zu einer Neutralisierung der wettbewerbsschädlichen Wirkung führen würde.

D 31 cc) **Das Zurechnungsproblem.** Schließlich ist noch zu fragen, ob dem Initiator die Nachahmung durch andere Unternehmen **zurechenbar** ist. Diese Frage wird präjudiert, aber nicht beantwortet, wenn man, wie die Rspr. (BGHZ 43, 278, 282 – *Kleenex*) es tut, darauf abstellt, daß gleiches Recht für alle Mitbewerber gelten müsse und dem Initiator folglich nicht gestattet werden könne, was den Nachahmern wegen der dann festzustellenden Folgen untersagt werden müßte. Denn der Gleichbehandlungsgrundsatz bliebe auch gewahrt, wenn das betreffende Marktverhalten auch den Nachahmern gestattet würde, und zwar mit der Begründung, daß keiner der Mitbewerber für den Tatbeitrag der anderen haftbar gemacht werden dürfe. Letztere These von der Unzulässigkeit einer Zurechnung des Verhaltens von Mitbewerbern (vertreten von *Knöpfle* S. 59; Einl. D Rdn. 113) ist freilich nicht unbedenklich. Denn mag auch der Initiator das Verhalten seiner Mitbewerber nicht beherrschen können, so muß er doch damit rechnen, daß er mit seiner Maßnahme eine Kettenreaktion auslösen kann, die zu bestimmten wettbewerbsschädlichen Gesamtwirkungen führen kann. Eine Zurechnung fremden Verhaltens wäre unter diesem Gesichtspunkt immerhin denkbar. Bei dieser Sachlage ist wiederum auf die Wertungen des GWB zurückzugreifen, jedenfalls soweit es darum geht, eine Wettbewerbsschädigung unter dem Gesichtspunkt der unbilligen Konkurrentenbehinderung zu erfassen (so BGHZ 43, 278, 285 – *Kleenex*). Aus den §§ 22, 26 Abs. 2 und 4 GWB ergibt sich aber, daß es gerade keine allgemeine **„Marktverantwortung"** von Unternehmen gibt. Denn unbillige Behinderungen von Mitbewerbern sind nur

Unternehmen von einer gewissen Marktstärke an untersagt. Man kann diese Entscheidung des Gesetzgebers nicht dadurch unterlaufen, daß man unbillige Behinderungen, die sich infolge Nachahmung summieren können, generell über § 1 UWG verbietet. Dadurch würde möglicherweise das Aufleben des Wettbewerbs verhindert. Man denke an den Fall, daß ein Markt von einem Oligopol total beherrscht ist und ein „Newcomer" in diesen Markt einzudringen versucht, indem er Originalware in größerem Umfang verschenkt oder unter Einstandspreis verkauft: man kann diese Maßnahme, die Bewegung in den erstarrten Markt bringt, schwerlich mit der Begründung verbieten, die Oligopolisten können zwecks Abwehr des Angreifers ebenfalls zu diesem Mittel greifen, und es würde dann für eine geraume Zeit der „Leistungswettbewerb", genauer: der Verkauf von Waren zu den üblichen Preisen, ausgeschaltet. Man kann allenfalls oder muß die Frage aufgreifen, ob nicht den Oligopolisten diese Abwehrmaßnahme nach § 22, 26 Abs. 2 GWB zu untersagen wäre, nämlich dann, wenn sie sich als Mißbrauch ihrer Marktstellung erweist. Im Ergebnis ist jedenfalls festzuhalten, daß eine generelle Zurechnung der Nachahmung gegen die Wertungen des GWB verstoßen würde, soweit es um den Effekt einer unbilligen Wettbewerbsbehinderung geht.

dd) **Das Wertungsproblem.** Die Nachahmungsgefahr ist ein Grund, unlautere Handlungen im Interesse der Allgemeinheit zu bekämpfen. Davon streng zu unterscheiden ist aber die Frage, ob die Nachahmungsgefahr in die Wertung, ob eine Handlung unlauter ist, einbezogen werden darf. Die Nachahmungsgefahr ist kein qualitatives Unlauterkeitskriterium. Insofern ist es bedenklich, jedenfalls mißverständlich, wenn die Rspr. sie „für die Beurteilung des Unwertcharakters einer Handlung" heranzieht (BGH GRUR 1992, 622, 624 – *Verdeckte Laienwerbung* mwN). Richtiger erscheint es, die Nachahmungsgefahr nur insoweit zu berücksichtigen, als es um die **wettbewerbliche Relevanz** eines für sich gesehen bereits bedenklichen Verhaltens geht. Es kann sich nämlich so verhalten, daß eine Handlung zwar an sich bereits die Grenze zur Unlauterkeit überschreitet, aber die Geringfügigkeit ihrer Auswirkungen, etwa auf die Verbraucherinteressen, ein Verbot nicht rechtfertigen würde, es sei denn, daß durch die Nachahmung dieser Handlung insgesamt die Erheblichkeitsgrenze überschritten würde. Die Nachahmungsgefahr würde dann nicht über den Handlungsunwert (mit)entscheiden, sondern nur die Schwelle für das richterliche Einschreiten gegen unlauteres Verhalten markieren, nachdem zuvor der Handlungsunwert festgestellt wurde. In diese Richtung zielt auch einer der Kernsätze im *„Kleenex"*-Urteil: „Das schließt jedoch nicht aus, bei einer Werbemaßnahme, die nach dem Werturteil der Allgemeinheit bei einer Anwendung in Einzelfällen wegen der geringfügigen Auswirkung vielleicht noch hingenommen und deshalb nicht als wettbewerbswidrig erachtet würde, im Rahmen der nach § 1 UWG immer gebotenen Gesamtwürdigung zu berücksichtigen, daß die Werbemaßnahme die ernstliche Gefahr einer *erheblichen* Schädigung der Interessen der Allgemeinheit oder einer erheblichen Behinderung der Mitbewerber begründet, falls damit zu rechnen ist, daß sie Nachahmer findet" (BGHZ 43, 278, 282). – Der Gesichtspunkt der wettbewerblichen Relevanz hilft aber nur dann weiter, wenn konkrete Rechtsgüter auf dem Spiel stehen, deren Verletzung die Rechtswidrigkeit der Handlung indiziert. So insbesondere, wenn es um die Belästigung des Verkehrs durch eine bestimmte Werbemaßnahme geht (z. B. Telefonwerbung, Laienwerbung). Hier mag die Schwelle der wettbewerblichen Relevanz überschritten sein, weil und soweit eine konkrete Nachahmungsgefahr besteht. (Umgekehrt kann – minima non curat praetor – bei fehlender Nachahmungsgefahr die Wettbewerbswidrigkeit zu verneinen sein; ebenso Einl. D Rdn. 113). Anders liegt es, wenn es um den „Bestand des Wett- D 32 bewerbs auf einem bestimmten Markt" geht. Denn das Wettbewerbsrecht (und Kartellrecht) schützt nicht den Bestand des Wettbewerbs um seiner selbst willen, sondern es schützt ihn nur vor bestimmten „regelwidrigen" Angriffen. Will man die Gefährdung des Wettbewerbsbestands aufgrund einer Nachahmungsgefahr in die Bewertung eines Verhaltens einbeziehen, besteht immer die Gefahr, daß ein der Konkurrenz bloß lästiger, angeblich „ruinöser" Wettbewerb unterbunden wird. Hinzukommt, daß auf diese Weise die kartellrechtlichen Wertungen, die eine besondere Marktverantwortung nur bestimmten, nämlich marktstarken und marktmächtigen Unternehmen zuweisen, unterlaufen werden könnten. Insgesamt ist daher, wenn es um den Schutz des Bestands des Wettbewerbs geht, die Nachahmungsgefahr nicht, allenfalls mit größter Vorsicht und Behutsamkeit zu berücksichtigen.

9. Die Berücksichtigung des Marktverhaltens

D 33 a) **„Leistungsfremdes" Verhalten als Maßstab?** Die eigentlichen Schwierigkeiten beim Tatbestand der Marktstörung (allgemeinen Marktbehinderung) liegen darin, die qualitativen Anforderungen an das Marktverhalten zu präzisieren. Es geht um die *„Grauzone"* zwischen den Verhaltensweisen, die für sich gesehen wettbewerbswidrig, und denen, die für sich gesehen wettbewerbsgemäß sind. Diese Schwierigkeiten werden mit der Formel vom **„leistungsfremden Verhalten"** allenfalls beschrieben, aber nicht gelöst. Soweit die Anhänger dieser These darauf abstellen, ob durch eine bestimmte Wettbewerbsmaßnahme aus der Sicht der Mitbewerber der Leistungsvergleich und die Schiedsrichterfunktion der Marktgegenseite beeinträchtigt wird, bleiben sie eine ausreichende Antwort darauf schuldig, was denn eine „Leistung" ist. Das hat sich auch und gerade an der Diskussion um den Einsatz neuartiger Wettbewerbsparameter, wie etwa „Regalmiete" oder „Schaufenstermiete" (hierzu § 1 C Rdn. 167 ff) gezeigt. In Wahrheit besteht die Gefahr, daß bestimmte Vorstellungen von einem „optimalen" Wettbewerbsprozeß und den Funktionen der Beteiligten in diesem Prozeß vorgegeben werden. Das aber ist gerade mit dem Prinzip der Wettbewerbsfreiheit unvereinbar. Es steht eben nicht von vornherein fest, was Leistung und was Nichtleistung ist und in welchem Gefüge Leistungen zueinander stehen dürfen. Vielmehr soll grundsätzlich der Wettbewerbsprozeß selbst darüber entscheiden, ob und welche und von wem Leistungen erbracht werden. Andernfalls besteht die Gefahr, daß ein lediglich unerwünschter, weil neuartiger oder aggressiver Wettbewerb mit Hilfe der Kategorie der Wettbewerbsbestandsgefährdung aufgrund Nachahmungsgefahr oder Marktmacht zum unlauteren Wettbewerb abgestempelt wird (allgemein zum topos „Leistung" bzw. „leistungsfremdes Verhalten auch Einl. D Rdn. 81 ff).

D 34 b) **Interessenabwägung als Maßstab.** Um der Offenheit des Wettbewerbsprozesses Rechnung zu tragen, wird man nicht umhin können, denselben Weg zu beschreiten wie bei den kartellrechtlichen Diskriminierungstatbeständen. Das ist auch der Weg der Rspr., die zu einer weitgehenden Identität der Wertungsmaßstäbe bei § 1 UWG und § 26 Abs. 2 GWB gelangt ist. Damit wird auch deutlich, daß es sich bei der Marktstörung im Grunde eher um einen kartellrechtsspezifischen Sachverhalt handelt. Und daher sollte es letztlich keinen Unterschied machen, ob über eine Klage unter dem Gesichtspunkt der Marktstörung nach § 1 (vom Wettbewerbsspruchkörper) oder unter dem Gesichtspunkt der unbilligen Behinderung nach § 26 Abs. 2, 4 GWB (vom Kartellspruchkörper) entschieden wird (vgl. BGH GRUR 1986, 397, 399 – *Abwehrblatt II*). Das aber bedeutet, daß bei der Beurteilung eines neuartigen Sachverhalts eine **offene Erörterung und Bewertung der Interessen der Beteiligten**

und der Allgemeinheit erfolgen und daß Richtschnur die **Erhaltung der Wettbewerbsfreiheit** sein muß. Im Grunde ist dies auch der Standpunkt der wettbewerbsrechtlichen Rspr., und wenn ihr ein Vorwurf zu machen ist, dann allenfalls der, daß sie in der Vergangenheit tendenziell dazu neigte (und auf einzelnen Gebieten auch heute noch dazu neigt), das Interesse an der Erhaltung bestehender Wettbewerbsstrukturen höher zu bewerten und neuartigen Wettbewerbsmethoden skeptisch gegenüberzustehen. Ein wesentlicher Unterschied der hier vertretenen Position zur Rspr. ist der, daß es bei der Ermittlung der Gefährdung des Wettbewerbsbestandes auf die Nachahmungsgefahr grundsätzlich nicht ankommen sollte.[20] Nach alledem ist die Kategorie der „marktbezogenen Unlauterkeit" zwar nicht abzulehnen,[21] aber nur in begrenztem Umfang anzuerkennen.

III. Die unentgeltliche Abgabe von Waren zu Werbezwecken

1. Abgrenzung und Fallmaterial

Die unentgeltliche Abgabe von Waren (bzw. Warengutscheinen) zu Werbezwek- **D 35**
ken an Letztverbraucher ist ein Unterfall der sog. **Wertreklame**. Sie ist zu unterscheiden von den Fällen der sog. Fremdwerbung, nämlich der unentgeltlichen Abgabe von – meist geringwertigen – Waren zur Förderung des Absatzes einer anderen Ware oder Leistung und von den Fällen der Geldgeschenke. Einen Sonderfall der unentgeltlichen Abgabe von Waren stellt die unentgeltliche Abgabe von Presseerzeugnissen dar (dazu Rdn. 53 ff).

Die Rspr. hatte es u. a. mit folgenden **Fällen** zu tun: Verteilung von 13 300 **D 36**
Waschmittelgutscheinen an alle Haushaltungen einer Stadt mit der Möglichkeit der Einlösung beim Einzelhandel (BGHZ 23, 365 – *SUWA*). – Ausgabe von zwei Zahnprothesen-Reinigungstabletten (BGH GRUR 1963, 197 – *Zahnprothesen-Pflegemittel*). – Gratisverteilung von Säuglingsnahrung an Krankenhäuser usw. in einem Umfang, der es 80% aller Mütter in der Bundesrepublik ermöglichte, Säuglinge für 5 bis 6 Tage zu ernähren (OLG München BB 1966, 513 m. Anm. *Kunze*). – Verteilung von 4,5 Mio. Gutscheinen für ¼-Liter-Flaschen „Goldener Oktober" schwerpunktmäßig in West- und Norddeutschland (BGH GRUR 1969, 295 – *„Goldener Oktober"*). – Verteilung von Waschmittelgutscheinen an unterschiedlich viele Haushaltungen in einem bestimmten Gebiet (BGH GRUR 1957, 363 – *Sunil*). – Verteilung von Gutscheinen für den kostenlosen Bezug einer Packung mit 100 Papiertüchern in jedem zweiten Haushalt einer Stadt (BGHZ 43, 278 – *Kleenex*). – Gratisverteilung von Beuteln mit Körperpflegemitteln an Haushalte in zahlreichen Städten und Gemeinden (BGH GRUR 1975, 26 – *Colgate*). – Zeitungsinserat mit ausschneidbarem Gutschein zum Gratisbezug von zwei 100 g-Gläsern löslichen Kaffees gegen Ausfüllung eines Fragebogens (OLG Hamburg GRUR 1979, 246 – *100-Gramm-Gläser*). – Verteilung von 43 000 Gutscheinen für die kostenlose Reinigung eines Pullovers mittels Einwurf sowie Beifügung in ein Anzeigenblatt (OLG München WRP 1978, 401). – Verteilung von Gutscheinen für Limonadeflaschen im

---

[20] Etwas anderes gilt für den Fall, daß infolge Nachahmung eine summierte und damit unerträgliche Belästigung der Verbraucher zu befürchten wäre (vgl. BGH GRUR 1992, 622 – *Verdeckte Laienwerbung*). Aber dies ist kein Fall der Marktstörung.

[21] So aber z. B. *Knöpfle* S. 154 ff; *Immenga* in: Immenga/Mestmäcker, § 1 Rdn. 219; *Emmerich* § 5/4 c bb; *Merz* S. 287 ff.

Rahmen einer achtwöchigen Werbeaktion in ca. 50 von ca. 2000 Einzelhandelsgeschäften in Duisburg, dabei abgegebene Menge von 15 000 Flaschen; ferner unentgeltliche Abgabe von 8300 Flaschen Mineralwasser (OLG Hamm WRP 1966, 107).

2. **Bewertung durch die Rechtsprechung**

D 37 Das **Reichsgericht** hatte ursprünglich gegen das Verschenken von Ware nichts einzuwenden (vgl. RG GRUR 1930, 1204; weit. Nachw. bei *Ulmer/Reimer* Bd. III Rdn. 803), wandelte jedoch seine Einstellung unter dem Eindruck der ZugabeVO und des Rabattgesetzes. In der *Diamantine*-Entscheidung (RG GRUR 1936, 810, 812 – *Diamantine*) wurde das Verschenken von Ware, die sonst nur gegen Entgelt vertrieben wird, für unlauter erklärt. Als Begründung wurde angeführt, daß bei einer Nachahmung solcher Werbemethoden die Wirtschaft unangemessen und übertrieben belastet werde und die Kosten letztlich auf den Verbraucher abgewälzt würden, daß ferner das Verschenken von Ware betriebswirtschaftlich unvernünftig sei und zu einer volkswirtschaftlich schädlichen Bedarfsdeckung führe. Eine Ausnahme wurde nur für sog. **Warenproben** anerkannt (vgl. RG GRUR 1938, 207, 210 – *Persil*; 1938, 849, 850 – *Eierbrikett*; RGZ 160, 385, 389 – *Lockenwickler* = GRUR 1939, 862, 864). Der **Bundesgerichtshof** hat das Verschenken von Ware im Laufe der Zeit wettbewerbsrechtlich großzügiger behandelt, hält aber an bestimmten Grenzen fest (vgl. den Überblick in BGH GRUR 1969, 295, 296/297 – *Goldener Oktober* m. Anm. *Klaka*). Das Fehlen neuerer Entscheidungen deutet darauf hin, daß jedenfalls in der Praxis eine Problemberuhigung eingetreten ist.

D 38 Der BGH unterscheidet danach, ob das Verschenken von Ware noch vom **Erprobungszweck** gedeckt ist oder nicht. Zulässig sei das Verschenken von Ware, wenn es zu Probezwecken geschehe und vom Probezweck auch tatsächlich gedeckt werde. Denn dadurch habe der Verbraucher die Möglichkeit, sich unmittelbar von Güte und Preiswürdigkeit einer Ware zu überzeugen und sie mit anderen Waren zu vergleichen. Unbeachtlich sei in diesem Fall, daß die Maßnahme in großer Breite und auf längere Dauer durchgeführt werde und daß es zu einer Deckung des Bedarfs des Verbrauchers komme (BGHZ 43, 278, 280 – *Kleenex* = GRUR 1965, 489; BGH GRUR 1969, 295, 297 – *Goldener Oktober*; BGH GRUR 1975, 26, 27/28 – *Colgate*). Der Erprobungszweck decke auch die regelmäßige Beifügung einer Warenprobe zu einem gleichartigen Konkurrenzerzeugnis (BGH GRUR 1963, 197, 200 ff – *Zahnprothesen-Hilfsmittel* – m. Anm. *Bußmann*). Nicht mehr gedeckt vom Erprobungszweck sei es, wenn dem Verbraucher mehr zugewendet werde, als er benötige, um sich über Güte und Brauchbarkeit der Ware zu unterrichten. Ob die Grenzen einer bloßen Warenprobe überschritten seien, beurteile sich in erster Linie nach der wettbewerblichen Wirkung der Werbegabe für den Empfänger (BGH GRUR 1963, 197, 200 – *Zahnprothese-Pflegemittel*) unter Berücksichtigung aller Umstände des Einzelfalls (BGH aaO – *Colgate*). Beurteilungskriterien seien beispielsweise: Abgabe von Originalware oder von eigens hergestellten Probepackungen; Art und Beschaffenheit der Ware; Menge oder Stückzahl der abgegebenen Ware; Neuartigkeit oder Bekanntheit der Ware (vgl. BGHZ 43, 278, 285 – *Kleenex*; BGH aaO – *Colgate*). Maßgebend sei aber stets eine Gesamtbeurteilung, so daß z. B. auch bei eigens hergestellten Probepackungen wegen der darin enthaltenen Warenmenge der Erprobungszweck überschritten sein könne (BGH aaO – *Colgate*), während umgekehrt auch die Abgabe von Originalware vom Erprobungszweck gedeckt sein könne (BGH GRUR 1969, 295, 297 – *Goldener Oktober*), insbesondere wenn es sich um eine völlig neuartige Ware handele (BGH 43, 278,

285 – *Kleenex*) oder bestehende Vorurteile ausgeräumt werden sollen und dadurch der Markt auch zugunsten von Mitbewerbern aufgeschlossen werden könne (BGH aaO – *Goldener Oktober*). Ein Beweisanzeichen für eine Überschreitung des Probezwecks soll es sein, wenn Originalware verschenkt wird, obwohl die Verteilung kleinerer Probepackungen üblich ist (RG GRUR 1938, 207; BGHZ 43, 278, 287 – *Kleenex*).

Eine vom Erprobungszweck nicht mehr gedeckte Maßnahme sei unzulässig, wenn sie zu einer nicht unerheblichen **Behinderung der Mitbewerber und zur Gefährdung des Bestandes des Leistungswettbewerbs** führe. Hierzu sei ebenfalls eine **Gesamtwürdigung** anzustellen. Zu berücksichtigen sei, ob nach Art der Ware, Umfang und Dauer der Bedarfsdeckung die Gefahr bestehe, daß der Kunde auch nach Beendigung der Verteilung davon absehe, die Angebote der Mitbewerber unbeeinflußt zu prüfen (**Gewöhnungseffekt**; BGH GRUR 1969, 295, 297 – *Goldener Oktober*; GRUR 1975, 26, 29 – *Colgate*). Diese Gefahr sei naturgemäß umso erheblicher, je größer die dem einzelnen Beschenkten zur Verfügung gestellte Menge oder Stückzahl sei (BGHZ 43, 278, 284 – *Kleenex*; BGH aaO – *Goldener Oktober*). Zu berücksichtigen sei im Zweifelsfall weiter, ob gleichartige Maßnahmen anderer Mitbewerber zu erwarten seien (sog. **Nachahmungsgefahr**; vgl. BGH aaO S. 282, 285 – *Kleenex*; BGH aaO S. 29 – *Colgate*), wofür die Lebenserfahrung spreche (BGH aaO S. 29 – *Colgate*). Eine Gefährdung des Bestandes des Leistungswettbewerbes sei aber auch dann anzunehmen, wenn Mitbewerbern oder Einzelhändlern durch **Marktverstopfung** für eine geraume Zeit die Möglichkeit genommen werde, an dem grundsätzlich allen offenstehenden Wettbewerb teilzunehmen (BGHZ 23, 365, 371 – *SUWA*; BGH aaO S. 29 – *Colgate*). Dabei komme es nicht auf den Gesamtmarkt an, sondern auf den von der Aktion betroffenen Teil des Marktes (BGH aaO S. 29 – *Colgate*). Schließlich sei zu berücksichtigen, ob durch die Maßnahme die Einzelhändler einem Zwang ausgesetzt würden, sich mit der betreffenden Ware ohne Rücksicht auf ihre Qualität einzudecken (BGH aaO S. 298 – *Goldener Oktober*). **D 39**

Unerheblich sei dagegen, ob der Werbende gegen **anerkannte betriebswirtschaftliche Grundsätze** verstoße und sich selbst schädige (BGH GRUR 1969, 295, 296 – *Goldener Oktober* gegen RG GRUR 1936, 810, 812 – *Diamantine*) oder ob die mittleren oder kleineren Mitbewerber wirtschaftlich in der Lage seien, sich derselben Werbemethode zu bedienen (BGH aaO S. 283 – *Kleenex* und BGH aaO – *Goldener Oktober* gegen BGHZ aaO S. 372 – *SUWA*). – Eine Rechtfertigung einer Schenkaktion unter dem Gesichtspunkt der **Abwehr** scheide dann aus, wenn von der Maßnahme auch unbeteiligte Mitbewerber betroffen würden (BGHZ aaO S. 376 – *SUWA*). – In einem Sonderfall (kostenlose Abgabe von EG-Butter) wurde die Rechtswidrigkeit der unentgeltlichen Warenabgabe mit dem Hinweis auf eine Bindung an eine Entscheidung der EG-Kommission verneint (OLG Frankfurt NJW 1985, 2901). **D 40**

Die Überlassung **längerlebiger Gebrauchsgüter** zum vorübergehenden unentgeltlichen Gebrauch soll sich nach den gleichen Grundsätzen beurteilen wie das Verschenken von Originalware. Maßgebend ist also primär, ob die Dauer der Überlassung noch vom Erprobungszweck gedeckt ist (vgl. OLG Frankfurt WRP 1981, 27: einmonatige kostenlose Überlassung eines Mikrowellen-Herdes zulässig; strenger OLG München WRP 1979, 892: einmonatige Überlassung eines Fernsehers für 10,– DM unzulässig). **D 41**

3. Bewertung durch das Schrifttum

D 42 Das Schrifttum ist der Rspr. nur teilweise gefolgt[22]. Die Kritik überwiegt.[23] Von ihr werden u. a. folgende Argumente ins Feld geführt: Das Verschenken von (Original-)Ware sei ein wettbewerbseigenes und damit lauteres Mittel, weil dafür vernünftige kaufmännische Gründe sprechen können und auch keine Gefahr der unsachlichen Verbraucherbeeinflussung bestehe. Das Abstellen auf den Erprobungszweck sei nicht einleuchtend, weil sich dieser Zweck vom Werbezweck nicht trennen lasse und die Abgrenzung im Einzelfall Schwierigkeiten bereite. Der Schutz des Bestandes des Wettbewerbes sei keine Aufgabe des UWG, sondern des GWB. Eine etwaige Nachahmungsgefahr müsse außer Betracht bleiben. Die Rspr. bewirke lediglich einen Schutz der Mitbewerber vor besonders erfolgreichen Werbemethoden aktiver Pionierunternehmen.

4. Stellungnahme

D 43 Die Rspr. begegnet sowohl in der Begründung als auch im Ergebnis Bedenken. Ihr liegen Vorstellungen vom Verbraucherverhalten und vom Wettbewerbsprozeß zugrunde, die empirisch nicht abgesichert sind und letztlich nur subjektive Wahrnehmungen und Lebenserfahrungen widerspiegeln. Überdies sind die von der Rspr. aufgestellten Abgrenzungskriterien so unbestimmt, daß Unternehmen auch von zulässigen Werbeaktionen abgeschreckt werden können und dadurch möglicher Wettbewerb verhindert wird.

D 44 Anfechtbar ist bereits der Ausgangspunkt der Rspr., wenn sie zwischen **„klassischer Reklame"** und **„Wertreklame"** grundlegend unterscheidet. Während die Wertreklame nur in bestimmten Grenzen zulässig sein soll, soll die klassische Reklame, z. B. in den Medien, völlig im Belieben des Unternehmers stehen, „wie stark auch die Werbung im Einzelfall sei und welche Millionenbeträge sie verschlingen mag" (BGHZ 23, 365, 374 – *SUWA*). Diese Ungleichbehandlung zweier Wettbewerbsparameter führt zu einer Benachteiligung kleinerer Unternehmen, die zwar nicht über die finanziellen Mittel für eine klassische Werbung über die Medien verfügen, wohl aber z. B. aus Lagerbeständen Verschenkaktionen durchführen könnten, um Kunden zu gewinnen. Das Wertungskriterium der Rspr., daß im Gegensatz zur Wertreklame die klassische Reklame nur den Kaufreiz beeinflusse, die Absatzmöglichkeiten als solche dagegen für die Mitbewerber erhalten blieben (BGH aaO – *SUWA*), ist nicht schlüssig. Denn auch bei der Wertreklame bleiben den Konkurrenten die Absatzmöglichkeiten als solche erhalten. Hier wie dort hängt es von den Umständen des Einzelfalls ab, ob der umworbene Verbraucher Konkurrenzware bezieht. Bei der Wertreklame ist außerdem nicht einmal die Wahrscheinlichkeit gegeben, daß der Verbraucher die geschenkte Ware tatsächlich voll aufbraucht und erst danach erneut Ware kauft. Darauf ist noch zurückzukommen. Im übrigen müßte unter dem von der Rspr. vernachlässigten Gesichtspunkt des Verbraucherschutzes

---

22 Vgl. *Baumbach/Hefermehl* § 1 Rdn. 856; *Ulmer/Reimer* Bd. III Rdn. 804; *Spengler* MA 1955, 87, 94f; *Droste* GRUR 1969, 298; *Klaka* GRUR 1975, 29; *Nordemann* Rdn. 283, 284; *v. Gamm* UWG § 1 Rdn. 168ff; HdbWR/*Klosterfelde* § 49 Rdn. 99; *Krüger-Nieland* WRP 1980, 311, 312; *Hefermehl* GRUR Int. 1983, 507, 510f.

23 Vgl. *Emmerich* § 11/2b u. § 15/1b; *Hammer* S. 96ff; *Lehmann* S. 144ff, 174ff; *Mestmäcker* S. 63ff; *Knöpfle* S. 78ff; *Ott* S. 427; *Rinck* S. 173; *März* S. 111f. – Aus älterer Zeit vgl. *Würdinger* WuW 1955, 71; *Reimer* GRUR Int. 1958, 159; *Döll* BB 1965, 173; *Becher* NJW 1966, 1289; *v. Harder* GRUR 1962, 439, 441; *Koenigs* NJW 1961, 1041, 1042.

und des Verbrauchernutzens die Wertreklame eigentlich wohlwollender behandelt werden als die klassische Reklame, denn vom Warengeschenk hat der Verbraucher einen (möglichen) Sachnutzen, von der bloßen Wortreklame bestenfalls einen Informationsnutzen, zumeist aber nur Unterhaltung, wenn nicht Belästigung (ähnlich *Knöpfle* S. 78).

Bedenken sind sodann gegen das Kriterium des **Erprobungszwecks** zur Unterscheidung von zulässiger und potentiell unzulässiger Wertreklame anzumelden, jedenfalls wenn es so subjektiv gehandhabt wird wie in der Rspr. So sind Zweifel angebracht, wenn bei unentgeltlicher Abgabe eines Stücks desodorierender Seife von 50 g statt von 10–20 g der Erprobungszweck überschritten sein soll, weil „man die Wirkung einer solchen Seife auch ausprobieren kann, wenn man damit nur einzelne Körperteile wäscht, wie insbesondere die Partien unter den Achseln" (BGH GRUR 1975, 26, 28 – *Colgate*). Nicht zu billigen ist auch die Faustregel der Rspr., daß Warenproben grundsätzlich zulässig, das Verschenken von Originalware dagegen nur in Ausnahmefällen statthaft sein soll. Denn dadurch werden dem industriellen Fertigungsprozeß Vorgaben gemacht, die unzweckmäßig sein können: die spezielle Anfertigung von Warenproben kann kostspieliger sein als die Verwendung von Originalware aus der laufenden Produktion. Außerdem ist nicht gesagt, daß der Verbraucher Warenproben in gleicher Weise für eine Erprobung akzeptiert wie Originalware. Eine Abneigung gegen Warenproben kann vielfältige Gründe haben, etwa die Unhandlichkeit (z. B. bei kleinen Probeseifen) oder der mangelnde Bedarf an Ware. Jedenfalls wird der Verbraucher geneigt sein, eher eine Warenprobe als eine Originalware wegzuwerfen oder bei seiner Kaufentscheidung nicht zu berücksichtigen. **D 45**

Wenig überzeugend ist auch der Hinweis auf eine Gefahr der **Marktverstopfung** durch Bedarfsdeckung. Dem liegt die Vorstellung zugrunde, daß der Verbraucher erst einmal die ihm geschenkte Ware aufbraucht, bevor er neue Ware erwirbt. Diese Annahme mag für die Nachkriegszeit und ihre Waren- und Geldknappheit berechtigt gewesen sein, ist aber heute kaum realistisch – gerade wenn man die Fälle aus der Praxis (Verschenken von Seife, Waschmittel, löslichem Kaffee, Limonade usw.) betrachtet. Schwerlich wird durch das Verschenken von Ware für eine vorübergehende Zeit (nämlich bis zum mutmaßlichen Aufbrauch) der Markt für Konkurrenzware verstopft (ähnlich *Knöpfle* S. 79). Die periodischen Kaufentscheidungen der Verbraucher werden wohl von anderen Faktoren determiniert als vom zufälligen Empfang eines Warengeschenks. Außerdem ist völlig ungewiß, ob und in welchem Umfang die Verbraucher geschenkte Waren tatsächlich aufbrauchen. – Selbst wenn aber im Einzelfall eine tatsächliche Marktverstopfung einträte oder zu befürchten wäre, muß man sie vor dem Hintergrund der Verhältnisse auf dem relevanten **Gesamtmarkt** sehen, auf dem die Wettbewerber tätig sind. Bezogen darauf wird einzelnen Werbeaktionen zumeist keine gravierende Auswirkung für die Mitbewerber zukommen – verglichen etwa mit einer Werbekampagne in den Medien, die den Gesamtmarkt erfaßt. **D 46**

Was einen angeblichen spezifischen **Gewöhnungseffekt** angeht, der die Verbraucher nach Beendigung der Aktion davon abhalten könnte, Waren der Konkurrenz unbeeinflußt zu prüfen, fehlt es an jeglicher empirischer Bestätigung. Ein solcher Effekt ist auch nicht einmal wahrscheinlich, weil dafür die Zeitspanne des Verbrauchs der geschenkten Ware allemal zu kurz sein dürfte, jedenfalls nicht größer als beim käuflichen Erwerb von Konkurrenzware. Im übrigen dürfte das gewachsene kritische Verbraucherbewußtsein unterschätzt sein. Daß die Wertreklame dar- **D 47** auf zielt, den Kunden an die Ware zu gewöhnen, ist ein legitimes Ziel, zumal es bei jeder Werbung darum geht, Kunden zu gewinnen und zu erhalten.

D 48 Soweit die Rspr. ergänzend auf eine zu vermutende **Nachahmungsgefahr** abstellt, ist dies kein Umstand, der die Unlauterkeit der unentgeltlichen Warenabgabe begründen kann (vgl. Rdn. 29 ff).

D 49 **Unlauter** kann das Verschenken von Waren nach alledem nur sein, wenn es entweder dem **Verbraucher** gegenüber unlauter (z. B. psychologischer Kaufzwang, übertriebenes Anlocken) oder von der (ggf. aus den Umständen zu erschließenden) **Absicht der Verdrängung von Mitbewerbern** getragen ist oder wenn aufgrund besonderer Umstände, insbes. der Marktmacht des Handelnden und der Intensität seines Handelns, tatsächlich eine Gefährdung des Wettbewerbsbestandes zu befürchten ist. Dies dürfte wohl in keinem der von der Rspr. entschiedenen Sachverhalte der Fall gewesen sein. Unabhängig davon ist stets zu prüfen, ob **kartellrechtliche Tatbestände** (§§ 22 Abs. 5, 26 Abs. 2–4 GWB) erfüllt sind (ebenso *Emmerich* § 11/2 b). Denn das Verschenken von Ware ist ein Wettbewerbsparameter, der sowohl wettbewerbsfördernd als auch wettbewerbsbeschränkend wirken kann, je nachdem, welches Unternehmen ihn einsetzt, in welchem Umfang dies geschieht und wie die Marktverhältnisse im übrigen sind.

IV. Die unentgeltliche Abgabe von Presseerzeugnissen

1. Pressemarkt und Pressefreiheit

D 50 Verleger von Presseerzeugnissen sind in der Regel nicht nur auf dem **Lesermarkt**, sondern auch auf dem **Anzeigenmarkt** tätig. Die Einnahmen aus dem Anzeigengeschäft dienen dazu, die Herstellungs- und Vertriebskosten ganz oder teilweise abzudecken bzw. Gewinn zu erzielen. Die Höhe der Einnahmen hängt u. a. von der Auflagenzahl und somit von der Verbreitung des Presseerzeugnisses ab. Diese wiederum wird von der Qualität der redaktionellen Leistung und vom Preis beeinflußt. Eine Steigerung der redaktionellen Qualität und/oder eine Senkung des Preises bis hin zur Gratisverteilung kann daher über die Ausweitung des **Lesermarktes** die Einnahmen aus dem Anzeigengeschäft erhöhen, wodurch wiederum Mehrkosten bei der Herstellung und Mindererlöse beim Vertrieb abgedeckt werden können (vgl. *Emmerich* § 15/2 a). Umgekehrt kann die Minderung von Einnahmen aus dem Anzeigengeschäft dazu führen, daß die redaktionelle Qualität und damit auch die Auflagenzahl sinkt. Der Wettbewerb auf dem **Lesermarkt** und der auf dem **Anzeigenmarkt** stehen daher in einem Reaktionsverbund (vgl. BGHZ 76, 55, 74 – *Elbe-Wochenblatt*; BGHZ 81, 291, 295 – *Bäckerfachzeitschrift*; *Merz* S. 127; *Sachon* WRP 1980, 659, 660 f). Das Aufkommen der Gratisverteilung von Presseerzeugnissen, um dadurch Anteile auf dem Lesermarkt zu gewinnen oder zu steigern, führte bei den Verlegern entgeltlich abgegebener Presseerzeugnisse zur (weithin unbegründeten – vgl. *Gloy* GRUR 1977, 671, 672; OLG Köln GRUR 1984, 184, 150 – *MARKTPLATZ*) Befürchtung, sie würden im Anzeigengeschäft weniger Einnahmen erzielen. Weitergehend verband man damit die Befürchtung, es könnten nicht nur einzelne Blätter, sondern die Institution der freien Presse insgesamt in Existenzgefahr geraten. Dementsprechend wurde in die wissenschaftliche und gerichtliche Auseinandersetzung auch der Grundsatz der Pressefreiheit ins Spiel gebracht.

D 51 Art. 5 Abs. 1 S. 2 GG garantiert die **Pressefreiheit** als Grundrecht und Institution, da sie wesentliche Voraussetzung für die Bildung der öffentlichen Meinung ist (vgl. BVerfGE 10, 118, 121; 20, 162, 175; 50, 234, 240). Die Erhaltung wettbewerblicher Strukturen auf dem Pressemarkt ist sonach wegen ihrer Bedeutung für die Meinungsvielfalt von besonderem Interesse für die Pressefreiheit. Daraus ist jedoch keineswegs eine Bestandsgarantie für das einzelne Presseunternehmen im Wettbewerbskampf zu entnehmen (vgl. BGHZ 19, 392 = BGH GRUR 1956, 223 – *Freiburger Wochenbericht*). Ebensowenig vermag allerdings die Pressefreiheit ein für sich gesehen unlauteres Verhalten eines Presseunternehmens zu rechtfertigen, zumal § 1 UWG zu den allgemeinen Gesetzen iS von Art. 5 Abs. 2 GG gehört, welche der Pressefreiheit Schranken setzen (vgl. BGHZ 51, 236, 238 = BGH GRUR 1969, 287 – *Stuttgarter Wochenblatt I*; *Schmitt Glaeser* NJW 1971, 2012, 2015). Die Pressefreiheit ist bei der wettbewerbsrechtlichen Beurteilung des Wettbewerbskampfes auf dem Pressemarkt nur insoweit als Wertungskriterium heranzuziehen, als es um den Fortbestand der Institution der freien Presse geht (vgl. BGH GRUR 1985, 881, 883 – *Bliestal-Spiegel* mwN). Ob durch die entgeltliche Abgabe von Presseerzeugnissen freilich die Institution der freien Presse überhaupt in Gefahr geraten kann, ist eine andere Frage. Die Rspr. hat ihre zunächst sehr engherzige Auffassung gelockert und steht in neuerer Zeit der Gratisverteilung aufgeschlossener gegenüber. Die Einzelerörterung knüpft dabei an die unterschiedlichen Arten von Presseerzeugnissen an.

2. Offertenblätter und sonstige Werbemittel

Offertenblätter (reine Anzeigenblätter) sind Presseerzeugnisse, die im wesentlichen nur geschäftliche Werbeanzeigen enthalten. Die grundsätzliche Zulässigkeit ihrer unentgeltlichen Verteilung ist unstreitig[24]. Das gleiche gilt für sonstige Werbeblätter (z. B. Kundenzeitschriften; Programmzeitschriften). Der Sachverhalt ist nicht anders zu beurteilen als die Verteilung sonstigen Werbematerials (BGH aaO – *Stuttgarter Wochenblatt I*). **D 52**

3. Anzeigenblätter mit redaktionellem Teil

Als Anzeigenblätter mit redaktionellem Teil werden solche Presseerzeugnisse bezeichnet, die periodisch erscheinen, hauptsächlich Werbeanzeigen, daneben aber auch – im Unterschied zu den Offertenblättern – redaktionelle Beiträge von meist lokalem Interesse enthalten und (zumeist) unentgeltlich und unbestellt allen Haushaltungen eines lokal begrenzten Gebietes zugestellt werden (vgl. BGH GRUR 1985, 881, 883 – *Bliestal-Spiegel*). **D 53**

a) **Konkurrenz zu Tageszeitungen auf dem Anzeigen- und Lesermarkt.** Nach der Rspr. kann die Gratisverteilung solcher Anzeigenblätter „unter besonderen Umständen" gegen § 1 UWG verstoßen, so insbesondere, wenn der redaktionelle Teil, selbst wenn er sich im wesentlichen auf den lokalen Bereich beschränke, geeignet sei, für einen nicht unerheblichen Teil des Publikums eine Tageszeitung zu ersetzen, und wenn die ernstliche Gefahr bestehe, daß deshalb die Tagespresse als Institution in ihrem Bestand, der verfassungsrechtlich garantiert sei, bedroht sei[25]. Gemeint ist **D 54**

---

[24] Vgl. BGHZ 19, 392, 397 – *Freiburger Wochenbericht*; BGHZ 51, 236, 238 = GRUR 1969, 287 – *Stuttgarter Wochenblatt I*; *Baumbach/Hefermehl* § 1 UWG Rdn. 864.

[25] Vgl. BGHZ 19, 393 = GRUR 1956, 223 – *Freiburger Wochenbericht*; BGHZ 51, 236, 238 = GRUR 1969, 287 – *Stuttgarter Wochenblatt I*; BGH GRUR 1971, 477 – *Stuttgarter Wochenblatt II*; BGH GRUR 1985, 881, 883 – *Bliestal-Spiegel*; BGH GRUR 1992, 191, 193 – *Amtsanzeiger* = LM § 35 GWB Nr. 17 m. Anm. *Köhler*; OLG Frankfurt GRUR 1980, 318 – *Freitagsanzeiger*; OLG Hamm GRUR 1985, 63, 64 – *Sonntag in Lippe*.

also der Fall, daß Tageszeitung und Anzeigenblatt sowohl auf dem **Anzeigenmarkt** als auch auf dem **Lesermarkt** sich im Wettbewerb befinden. In einem solchen Fall seien die für den Behinderungswettbewerb durch Massenverteilung von Originalware entwickelten Grundsätze anwendbar. Die früher vertretene Auffassung, es komme nicht darauf an, ob im konkreten Fall der Nachweis einer Schädigung oder Behinderung von Tageszeitungen geführt werden könne, dürfte heute keinen Bestand mehr haben[26]. Zur Begründung der Wettbewerbswidrigkeit wird ausgeführt: Im Unterschied zu bloßen Offertenblättern werde bei Anzeigenblättern mit redaktionellem Teil eine „geldwerte journalistische Leistung" verschenkt. Dadurch würden die Empfänger erst zur Beachtung des Blattes angeregt und das Blatt als Werbeträger für die Anzeigenkunden interessant. Diese Wettbewerbsmaßnahme sei wenig wettbewerbsgerecht, weil die konkurrierenden Zeitungen ihre Anziehungskraft als Insertionsorgan auf dem Weg einer Auflagenerhöhung mittels besserer journalistischer Leistungen steigern müßten, während sich die Anzeigenblätter diesem Leistungswettbewerb durch kostenlose Verteilung entzögen. Dadurch könnten die Tageszeitungen in ihrer Auflage und ihrem Anzeigengeschäft geschädigt werden. Auch könnte die Herausgabe neuer Tageszeitungen erschwert werden (vgl. BGHZ 51, 236, 239 = BGH GRUR 1969, 287 – *Stuttgarter Wochenblatt I*). Der Schutz der Tagespresse vor einem „Vernichtungswettbewerb auf dem Anzeigenmarkt" sei verfassungsrechtlich geboten (vgl. BGH GRUR 1977, 608, 610 – *Feld und Wald II*). Das Interesse des Verlegers des Anzeigenblatts an einer möglichst ungehinderten Entfaltung verliere an Gewicht, wenn er mit der Verteilung seines Blattes weniger zur Bildung der öffentlichen Meinung beitragen wolle, sondern in erster Linie die Gewinnerzielung aus dem Anzeigengeschäft anstrebe. Das Informationsbedürfnis solcher Bevölkerungsteile, die keinerlei Entgelt für Informationen aufbringen wollen, rechtfertige nicht solche Wettbewerbsmethoden, die wegen ihrer Auswirkungen für das übrige Pressewesen dem Allgemeininteresse zuwiderliefen. Dem entspricht es, wenn der BGH als (schutzwürdige) „Tageszeitung" nur ein Blatt ansieht, das sich redaktionell vor allem mit allgemein interessierenden politischen, wirtschaftlichen und kulturellen Gegenständen befaßt und kommentierend an der Bildung der öffentlichen Meinung mitwirkt. Dementsprechend soll ein „Ortsnachrichtenblatt", das sich auf die Wiedergabe von bloßen Mitteilungen aus dem öffentlichen Leben beschränkt und einen Anspruch auf Beteiligung am (und sei es nur im lokalen Rahmen) Meinungsbildungsprozeß nicht erheben kann, keine „Tageszeitung" sein.

D 55 Die Rspr. hat in der Literatur Zustimmung[27], aber auch Ablehnung[28] erfahren. Sie dürfte kaum praktische Relevanz erhalten, da Anzeigenblätter in ihrem jetzigen Zuschnitt kaum als Ersatz für eine Tageszeitung angesehen werden. Auch in den Fällen des **Freiburger Wochenberichts** und des **Stuttgarter Wochenblatts** war dies verneint worden (vgl. BGH GRUR 1977, 608 – *Feld und Wald II*). Sie dürfte darüber hinaus durch die tatsächliche Entwicklung auf dem Pressemarkt weitgehend gegenstandslos geworden sein. Die ursprünglichen Befürchtungen, die Gratisverteilung von Anzeigenblättern könnte die Tagespresse in ihrem Bestand gefährden, haben sich nicht bewahrheitet, obwohl die Verbreitung solcher Blätter stark zugenom-

[26] Vgl. OLG Köln GRUR 1984, 148 – *MARKTPLATZ*; OLG Hamm aaO – *Sonntag in Lippe* sowie – für Fachzeitschriften, aber wohl verallgemeinerungsfähig – BGH GRUR 1982, 53 – *Bäckerfachzeitschrift*.

[27] Z. B. *Baumbach/Hefermehl* § 1 Rdn. 865; *Kübler/Simitis* JW 1969, 445; *Kull* Anm. JZ 1969, 796; *Ulmer* GRUR 1977, 565; *Thümmel/Wilde* AfP 1978, 188; *Petersen* WRP 1979, 428; *Kübler* in: FS Löffler, 1980, S. 178.

[28] *Knöpfle* S. 70 ff; *Lehmann* GRUR 1977, 21; Großkomm.-*Schünemann* Einl. A Rdn. 74 ff, 82.

men hat. Dies räumte auch der BGH in der *Bliestal-Spiegel*-Entscheidung (GRUR 1985, 881, 883; ebenso OLG Hamm GRUR 1985, 63, 65 – *Sonntag in Lippe*) ein. Häufig genug gingen die Verleger von Tageszeitungen ihrerseits dazu über, Anzeigenblätter mit redaktionellem Teil zu vertreiben[29]. Davon abgesehen ist auch der normative Ansatz der Rspr. bedenklich. Es kommt der UWG-Rspr. schwerlich zu, „hochwertige" Presseerzeugnisse vor der Konkurrenz durch „minderwertige" Presseerzeugnisse zu schützen. Was und wieviel gelesen wird und ob dafür etwas bezahlt werden soll, darüber soll allein der Leser und damit der Markt entscheiden (vgl. *Knöpfle* S. 73). Art. 5 Abs. 1 S. 2 GG schützt die Pressefreiheit schlechthin, und jedes Presseerzeugnis hat daran teil (vgl. *Schmitt Glaeser* NJW 1971, 2012, 2014). Eine Differenzierung danach, ob und inwieweit eine Zeitschrift zur Meinungsbildung beiträgt, wie sie die Rspr. (BGH aaO – *Bliestal-Spiegel*; BGH GRUR 1992, 191, 193 – *Amtsanzeiger*; OLG Köln GRUR 1984, 148, 149 – *MARKTPLATZ*) vornimmt, erscheint verfassungsrechtlich bedenklich. Dies gilt nicht nur für den redaktionellen, sondern auch für den Anzeigenteil eines Blattes. Selbst die Anzeige stellt eine Nachricht dar, die nicht nur für den Fall meinungsbildend wirkt, daß der Anzeigende seine eigene Meinung verbreiten will, sondern auch dann, wenn darin lediglich zum Kauf eines Produkts aufgefordert wird (vgl. BVerfGE 21, 271, 279). Im übrigen ist zu bedenken, daß die Pressemärkte in einem ständigen Wandlungsprozeß begriffen sind: die Unterschiede zwischen Tageszeitungen, Wochenzeitungen, Nachrichtenmagazinen, Unterhaltungsillustrierten und Fachzeitschriften als Informations-, Meinungs- und Werbeträger verwischen sich (vgl. *Mestmäcker* in: Immenga/Mestmäcker Vor § 23 Rdn. 52). Es ist nicht die Aufgabe des Wettbewerbsrechts, in diesen Prozeß steuernd einzugreifen und auf den Beitrag des klagenden Verlegers zur Meinungsbildung abzustellen. Nicht nur im Kartellrecht, sondern auch im Wettbewerbsrecht gilt der Satz *Mestmäckers* (aaO Rdn. 59): „Auch die Beurteilung des Pressewettbewerbs in den Kategorien des Qualitätswettbewerbs kann in Meinungskontrolle umschlagen, falls als Qualität des Produkts Zeitung die am Demokratiegebot orientierte Art und Weise der Meinungsbildung angesehen wird." – Nicht zu folgen ist schließlich der Rspr., wenn sie die unentgeltliche Verteilung solcher Anzeigenblätter dem Verschenken von Originalware gleichstellt, weil eine „geldwerte journalistische Leistung" verschenkt werde. Der wesentliche Unterschied liegt schon darin, daß das Verschenken von Originalware stets nur vorübergehend erfolgt, während die Anzeigenblätter **auf Dauer** kostenlos abgegeben werden. Dies stellt keine Steigerung des (angeblichen) wettbewerblichen Unwerts dar, sondern ist qualitativ etwas völlig anderes (deutlich ausgesprochen in BGH GRUR 1985, 881, 883 – *Bliestal-Spiegel* – m. Anm. *Hefermehl*). Die „journalistische Leistung" wird auch keineswegs unentgeltlich erbracht. Sie wird finanziert aus dem Anzeigengeschäft – wie dies zu einem bestimmten Prozentsatz auch bei den Tageszeitungen der Fall ist – und sie dient dazu, das Anzeigengeschäft zu fördern, weil ohne redaktionelle „Zugabe" das Blatt kaum gelesen würde. Kurzum: die journalistische Leistung wird nicht vom Leser (mit-)bezahlt, sondern ausschließlich von den Anzeigenkunden, die sich davon die indirekte Förderung ihres Absatzes versprechen. Der Fall liegt nicht anders als bei privaten TV-Anbietern, die im Gegensatz zu den staatlichen Fernsehanstalten ihre Sendungen nicht mit Gebühren, sondern

---

[29] Vgl. BGH GRUR 1977, 668 – *WAZ-Anzeiger*; BGH GRUR 1992, 191 – *Amtsanzeiger*; OLG Hamm GRUR 1985, 63, 64 – *Sonntag in Lippe*; *Mestmäcker* in: Immenga/Mestmäcker Vor § 23 Rdn. 50.

ausschließlich mit Werbeeinnahmen bestreiten oder bei einer Werbeveranstaltung, für die ein Sänger oder Sportler engagiert wird, um das Publikum anzulocken. Darin ist nichts Wettbewerbswidriges zu erblicken. Es steht jedem Verleger aufgrund der Wettbewerbs- und Pressefreiheit frei, wie er Zuschnitt und Finanzierung seiner Blätter konzipiert, ob und in welchem Umfang er Anzeigen aufnimmt und/oder vom Leser ein Entgelt verlangt.

D 56 b) **Konkurrenz zu Tageszeitungen nur auf dem Anzeigenmarkt.** Ersetzt das Anzeigenblatt trotz seines redaktionellen Teils für das Publikum eine Tageszeitung nicht, besteht also nur auf dem Anzeigenmarkt und nicht auch auf dem Lesermarkt Wettbewerb, soll nach der Rspr. (BGH GRUR 1971, 477 – *Stuttgarter Wochenblatt II*; 1977, 668, 669 – *WAZ-Anzeiger*; OLG Oldenburg WRP 1978, 744) die Gratisverteilung unlauter sein, wenn sie nicht bloß zu einer Gefährdung, sondern zu einer „nicht unerheblichen Beeinträchtigung der Tageszeitungen" führt. In diesem Fall soll eine gemeinschaftsschädigende Störung der Wirtschaftsordnung und des Wettbewerbs sowie der verfassungsrechtlich gesicherten Ordnung der Tagespresse vorliegen. Der BGH ging sogar soweit zu sagen, daß bereits die Beeinträchtigung **einer** Tageszeitung ausreichen könne, wenn diese „nicht mehr in die geistige Auseinandersetzung zwischen den einander begegnenden sozialen Kräften eingreifen" könne. – Mag dieser Rspr. auch keine praktische Bedeutung mehr zukommen, weil das Aufkommen der Anzeigenblätter den Tageszeitungen keinen Abbruch getan hat (auch im Fall des **Freiburger Wochenberichts** und des **Stuttgarter Wochenblatts** war dies verneint worden), heute eher eine umgekehrte Tendenz zu verzeichnen ist (vgl. BGH GRUR 1990, 685, 687 – *Anzeigenpreis I*; 1990, 687, 688 – *Anzeigenpreis II*), so ist ihr doch zu widersprechen. Sie schränkt – wie gezeigt – den Umfang der Wettbewerbs- und Pressefreiheit der Verleger zu Unrecht ein und betreibt mit den Mitteln des Wettbewerbsrechts Kulturpolitik – eine Aufgabe, die allenfalls dem Gesetzgeber zusteht. (Erfreulich demgegenüber die Klarstellung in BGHZ 81, 291 = BGH GRUR 1982, 53 – *Bäckerfachzeitschrift*, wonach für die Annahme einer die Allgemeinheit treffenden Bestandsgefährdung nicht schon die Möglichkeit rechtspolitisch unerwünschter Entwicklungen genüge.) Wenn es eine Gefahr für den Bestand der Institution der Tagespresse gibt, dann geht sie nicht von den Anzeigenblättern aus, sondern allenfalls von der Konzentration innerhalb der Tagespresse.

D 57 c) **Konkurrenz zu sonstigen Presseerzeugnissen.** Steht das Anzeigenblatt zu einem Blatt in Konkurrenz, das nicht die Anforderungen an eine Tageszeitung erfüllt (z. B. bloßes Ortsnachrichtenblatt oder anderes Anzeigenblatt), soll nach der Rspr. (BGH GRUR 1985, 881, 883 – *Bliestal-Spiegel*; 1992, 191, 193 – *Amtsanzeiger*) die kostenlose Abgabe nach den „allgemeinen Regeln des Wettbewerbsrechts" zu beurteilen sein. Hierzu meint der BGH (aaO – *Bliestal-Spiegel*), daß die Wettbewerbswidrigkeit nicht schon in der kostenlosen Abgabe zu erblicken sei. Entscheidend sei, ob die Werbung um Leser und Anzeigenkunden noch als „sachgerecht" anzusehen sei. Dies sei zu bejahen, weil den Anzeigenblättern unabhängig von der Wettbewerbssituation eine sachgerechte Konzeption zugrundeliege: es werde ein bestimmter lokaler Bereich von der Werbung vollständig und, im Sinne der Inserenten, wirksam abgedeckt; bei sachgerechter Kalkulation der Inseratspreise könnten alle Betriebskosten, einschließlich des redaktionellen Teils, abgedeckt werden, ohne daß von den Empfängern Bezugsgebühren erhoben werde müßten. Daraus ergebe sich gleichzeitig, daß auch keine Absicht der Vernichtung der Existenz der Mitbewerber anzunehmen sei. – Nimmt man die Bemerkung des BGH hinzu, daß die Anzeigenblätter „seit vielen Jahren in Auflagen von insgesamt vielen Millionen in der Bundesrepublik ständig verbreitet werden, ohne daß sich die Befürchtungen um den

Bestand der übrigen Presseerzeugnisse erfüllt hätten", so ist davon auszugehen, daß der BGH die Existenz von Anzeigenblättern uneingeschränkt akzeptiert. Sie füllen offensichtlich eine **Marktlücke** aus, wie dies schon in der Entscheidung *„Stuttgarter Wochenblatt I"* als möglich angedeutet wurde, und zwar sowohl für die Anzeigenkunden als auch für die Leser (vgl. *Emmerich* § 15/2 a; *Lehmann* GRUR 1977, 23 f; *Mestmäcker* Medienkonzentration und Meinungsvielfalt, S. 139 ff; *Rieker* ZUM 1986, 247). Die neuere Entwicklung geht vielmehr dahin, daß die Verleger von Anzeigenblättern ihrerseits wettbewerbs- und kartellrechtlichen Schutz vor Behinderungswettbewerb in Anspruch nehmen (vgl. BGH GRUR 1990, 685 – *Anzeigenpreis I*; BGH GRUR 1992, 191 – *Amtsanzeiger* = LM § 35 GWB Nr. 17 m. Anm. *Köhler*). Der BGH (aaO – *Amtsanzeiger*) will Anzeigenblättern aber nicht den gleichen Bestandsschutz zukommen lassen wie Tageszeitungen, weil „das Interesse der Allgemeinheit am Bestand von Anzeigenblättern ... nicht demjenigen am Bestand der berichtenden Tagespresse" entspreche. Sofern keine zusätzlichen Unlauterkeitsmomente hinzuträten, sei daher der Vertrieb eines (durch Aufnahme eines städtischen Amtsanzeigers) attraktiven und seinerseits durch die Pressefreiheit (eher noch stärker) geschützten Anzeigenblatts auch dann hinzunehmen, wenn die Gefahr einer Verdrängung des letzten nennenswerten Wettbewerbers auf diesem Markt bestehe (BGH aaO S. 193 – *Amtsanzeiger*).

4. Fachzeitschriften

a) **Verbandszeitschriften.** Gibt ein Verband eine Fachzeitschrift unentgeltlich an seine Mitglieder ab (z. B. Motor-Welt des ADAC), soll im Ergebnis die Unentgeltlichkeit zu verneinen sein, weil die Abgeltung über den Mitgliedsbeitrag erfolge (BGH GRUR 1971, 168, 171 – *Ärztekammer*; *Baumbach/Hefermehl* § 1 UWG Rdn. 863; *v. Gamm* Kap. 26 Rdn. 32). Dies ist indessen eine Frage des Einzelfalls, es kann durchaus so sein, daß der Verband aus dem Anzeigengeschäft noch Gewinn erzielt. Dann müssen die allgemeinen Grundsätze über das Verschenken von Zeitschriften gelten. Eine Privilegierung von Verbandszeitschriften kann sich nicht daraus ergeben, daß Werbeanzeigen in ihnen angeblich – anders als bei Anzeigenblättern – nicht der Erzielung von Einnahmen, sondern der Information der Leser dienen (so aber BGH aaO; *Baumbach/Hefermehl* aaO). Diese Unterscheidung läßt sich nicht halten. **D 58**

b) **Sonstige Fachzeitschriften.** Die Rspr. zur unentgeltlichen Abgabe von Fachzeitschriften hat sich stark gewandelt. Zunächst wurde gesagt (BGH GRUR 1977, 608 = WRP 1977, 260 – *Feld und Wald II*), das ständige Verschenken eines erheblichen Teils der Auflage (40%) einer Fachzeitschrift verstoße grundsätzlich gegen § 1 UWG, sofern nicht im Einzelfall besondere Gründe dies ausnahmsweise als zulässig erscheinen ließen. Dahinter stand auch die Erwägung, daß bei einer derartigen Vertriebsmethode die Gefahr einer Abhängigkeit des Verlegers von den Anzeigenkunden und deren Einflußnahme auf den redaktionellen Teil bestehe. **D 59**

Als zulässig wurde es angesehen, wenn Fachzeitschriften auf Kosten des Verbandes den Verbandsmitgliedern auf Grund ihrer Mitgliedschaft unberechnet zugestellt werden, soweit die Lieferung im Rahmen des Vereinszwecks erfolgt und kein Mißbrauch der Vereinsautonomie vorliegt (vgl. BGHZ 56, 327, 333 ff – *Feld und Wald I*).

Nicht als Rechtfertigung wurde anerkannt, daß die teilweise Gratisverteilung zur Verbesserung der Leistungsfähigkeit auf dem Anzeigenmarkt vorgenommen wurde, weil diese Maßnahme nicht nur den Anzeigenmarkt, sondern auch den Lesermarkt berühre. Denn es sei wahrscheinlich, daß sich nicht ganz unerhebliche Teile der Leserschaft von der bezahlten zur kostenlosen Fachzeitschrift hinwendeten. Daß die konkurrierenden Fachzeitschriften in ihrer Existenz unmittelbar gefährdet seien und eine Marktverstopfung eintrete, sei nicht erforderlich (BGH aaO – *Feld und Wald II*).

D 60 Diese Rspr. stieß auf **Kritik**[30]. Der BGH rückte denn auch in der *„Bäckerfachzeitschrift"*-Entscheidung (BGHZ 81, 291 = BGH GRUR 1982, 53) von seiner früheren Entscheidung ab: die ständige Gratisverteilung sei nicht grundsätzlich wettbewerbswidrig, nämlich stets dann, wenn nicht ausnahmsweise ein Rechtfertigungsgrund vorliege; vielmehr sei die Wettbewerbswidrigkeit anhand sämtlicher **Umstände des Einzelfalls** zu ermitteln. In Betracht zu ziehen seien individuelle Gestaltung, Umfang, Intensität und Wirkung der Wettbewerbsmaßnahme. Dabei scheide der Gesichtspunkt des **übermäßigen Anlockens** aus, weil es das wirtschaftliche Ziel der Gratisverteilung sei, die Zeitschrift für Anzeigenkunden attraktiv zu machen. Maßgebend sei vielmehr der Gesichtspunkt der **Behinderung**. Hier komme es darauf an, ob der Bestand des Wettbewerbs in der betreffenden Branche gefährdet werde. Dafür genüge aber nicht schon eine **abstrakte** Gefährdung oder die Möglichkeit rechtspolitisch unerwünschter Entwicklungen. Erforderlich sei vielmehr eine **konkrete** ernste Gefahr für den Bestand des Wettbewerbs, durch die die Interessen der Allgemeinheit in nicht unerheblichem Umfang beeinträchtigt würden (vgl. auch schon OLG Hamburg GRUR 1974, 400, 401 – *Monatszeitschrift*). Hierbei seien auch die Auswirkungen bei einer etwaigen Nachahmung zu berücksichtigen. Auf der anderen Seite sei aber auch einer etwaigen Änderung der Auffassung des redlichen Verkehrs, also der beteiligten Leser, Verleger und Inserenten, Rechnung zu tragen. Die Unlauterkeit der Gratisverteilung sei zu verneinen, wenn der redliche Verkehr die Gratisverteilung im konkreten Fall als marktgerecht ansehe und keine Marktverwilderung befürchte, die zu einer Bestandsgefährdung und zu einem Absinken der redaktionellen Qualität führe. Maßgebliche Umstände hierbei seien, u. a.: Zahl der Wettbewerber; ihre Organisation; Zeitdauer der Anwendung des Systems der Gratisverteilung durch einen oder mehrere Mitbewerber; Verhalten der übrigen Mitbewerber (bzw. besondere Vertriebsvorteile); Eintritt oder konkrete Befürchtung erheblicher Störungen des Wettbewerbs; Bedeutung der Zeitschrift für den Leser. Als **Faustregel** soll gelten: Je weniger bedeutsam der redaktionelle Teil für den Leser, desto eher sei ein Gratisvertrieb nicht zu beanstanden.

An dieser Rspr. wurde bemängelt, daß die marktstrukturellen Folgen einer grundsätzlichen Billigung des Gratisvertriebs zu wenig berücksichtigt würden: die Verleger sähen sich gezwungen, sich dieser Vertriebsform anzupassen, dies könnte nicht ohne Auswirkung auf die Qualität des Produkts bleiben; es bestehe die Gefahr, daß sich Fachzeitschriften in Anzeigenblätter umwandelten (*Assmann/Brinkmann* NJW 1982, 312).

D 61 Richtigerweise ist aber – und so ist wohl auch die Tendenz der neueren Rspr. – die Gratisverteilung von Fachzeitschriften nicht zu beanstanden, solange sie nicht gezielt zur **Verdrängung von Konkurrenten** eingesetzt wird bzw. aufgrund besonderer Umstände mit dem Ausscheiden (nahezu) aller anderen Wettbewerber, also mit einer Gefährdung des Wettbewerbsbestandes ernsthaft zu rechnen ist. Der bloße

---

[30] Vgl. *Hoth* GRUR 1977, 612; *Kakies* AfP 1977, 297; *Ochs* WRP 1977, 474; *Schricker* GRUR 1980, 194; *Sachon* WRP 1980, 659.

Zwang zur Nachahmung bzw. ein damit einhergehender Verlust an redaktioneller Qualität reichen für die Wettbewerbswidrigkeit nicht aus. Das Abstellen auf solche Umstände stellt eine Bevormundung sowohl der Leser als auch der Verleger (und letztlich auch der Anzeigenkunden) dar, die nicht Aufgabe des Wettbewerbsrechts sein kann. Es muß dem Leser freistehen, ob er sich mit einer unentgeltlich abgegebenen Fachzeitschrift begnügt oder nicht (ebenso *Knöpfle* S. 73); es muß ferner dem Verleger freistehen, wie er sein Blatt finanzieren will, sei es über Anzeigeneinnahmen und Verkaufspreis, sei es nur über Anzeigeneinnahmen (ebenso *Emmerich* § 15/2 c); es muß schließlich dem Anzeigenkunden freistehen, wo er seine Anzeige veröffentlichen will. Wenn sich aus der Ausübung dieser Freiheit ein bestimmter Marktprozeß entwickelt, etwa hin zu einem Rückgang entgeltlich abgegebener Fachzeitschriften oder zu einer „Anpassung nach unten", so ist er hinzunehmen. Freilich sind gegenüber derartigen Prognosen Zweifel angebracht. Die bisherige Entwicklung vermochte sie jedenfalls nicht zu bestätigen.

5. Koppelung von entgeltlich und unentgeltlich abgegebenen Presseerzeugnissen

Dem Verleger einer Tageszeitung steht es frei, neben der **Tageszeitung** auch ein **D 62**
Anzeigenblatt herauszugeben und auf diese Weise zusätzliche Einnahmen im Anzeigengeschäft zu erzielen, auch wenn dadurch die Einnahmen konkurrierender Blätter zurückgehen. Wettbewerbswidrig kann es allerdings sein, wenn der kombinierte Einsatz von Tageszeitung und Anzeigenblatt zu dem **Zweck** erfolgt, Wettbewerber auf dem Tageszeitungsmarkt und/oder dem Anzeigenblattmarkt zu **verdrängen**. Ob dies der Fall ist, muß anhand der Umstände des Einzelfalls ermittelt werden. Nach der Rspr. soll es für die Wettbewerbswidrigkeit aber auch genügen, wenn durch die Verteilung des Anzeigenblattes eine **gemeinschaftsschädliche** Störung der Wirtschaftsordnung zu erwarten ist oder wenn eine übermäßige Verfremdung des Leistungswettbewerbs eintritt (vgl. BGH GRUR 1977, 668, 670 – *WAZ-Anzeiger* – m. Anm. *Gloy*). Richtigerweise sind diese Aspekte primär im Rahmen der kartellrechtlichen Kontrolle des **Mißbrauchs von Marktmacht** (§ 22 Abs. 4, 26 Abs. 2 u. 4 GWB) zu berücksichtigen. Ein solcher Mißbrauch kann vorliegen, wenn die Abgabe eines Anzeigenblattes konkret dazu benutzt wird, um die Marktmacht auf dem Tageszeitungsmarkt zu verstärken oder um sich mittels dieser Marktmacht einen Vorsprung auf dem Anzeigenblattmarkt zu verschaffen. So beispielsweise, wenn Anzeigenkunden ein besonders günstiger Kombinationstarif für gleichzeitig in der Tageszeitung und im Anzeigenblatt erscheinende Anzeigen eingeräumt wird und dadurch eine Sogwirkung eintritt (vgl. BGH aaO; BGH GRUR 1990, 685, 687 – *Anzeigenpreis I*; 1990, 687, 688 – *Anzeigenpreis II*). Nicht ausreichend für einen Mißbrauch – und erst recht nicht für die Wettbewerbswidrigkeit wegen angeblicher Verfremdung des Leistungswettbewerbs – ist hingegen die Ausnutzung von Rationalisierungsvorteilen (z. B. gemeinsame Annahmestelle für Anzeigen, redaktionelle Bearbeitung des Anzeigenblattes durch die Redaktion der Tageszeitung) oder Vertriebsvorteilen (z. B. Vertrieb des Anzeigenblattes als Beilage zur Tageszeitung). Nicht zu beanstanden ist ferner die Anlehnung an den Titel der Tageszeitung oder die Eigenwerbung der Tageszeitung im Anzeigenblatt (so auch *Gloy* GRUR 1977, 671 f; anders BGH GRUR 1977, 668, 670 – *WAZ-Anzeiger* für den Fall eines Zusammenwirkens und einer Kombinationswirkung solcher Maßnahmen; *Baumbach/Hefermehl* § 1 UWG Rdn. 868).

Die gleichen Grundsätze gelten für **sonstige Presseerzeugnisse**; so etwa, wenn **D 63**
einer entgeltlich abgegebenen **Fachzeitschrift** (z. B. Neue Juristische Wochenschrift) unentgeltlich eine weitere Fachzeitschrift (z. B. die Zeitschrift für Rechtspolitik) beigelegt wird.

6. Kostenlose Veröffentlichung von Privatanzeigen

D 64 Die kostenlose Veröffentlichung von privaten Kleinanzeigen[31], um dadurch die Attraktivität eines Presseerzeugnisses auf dem Leser- und Anzeigenmarkt zu steigern, ist nach der Rspr.[32] **keine unzulässige Wertreklame** durch übertriebenes Anlocken. Wettbewerbswidrig sei eine solche Maßnahme jedoch dann, wenn sie gezielt dazu benutzt werde, den Mitbewerber vom Markt zu verdrängen und sie eine **konkrete Marktbehinderung** zur Folge habe.

D 65 Die Rspr. prüft bei kostenlosen Privatanzeigen weitergehend, ob sie zu einer unzulässigen **allgemeinen Marktbehinderung** führen können. Sie läßt sich dabei von folgenden Gesichtspunkten leiten: Es komme darauf an, ob die unentgeltliche Leistung geeignet sei, eine üblicherweise entgeltliche Leistung der Mitbewerber zu ersetzen, und ob sie einen Nachahmungseffekt zeitige. Zur sachgerechten Würdigung der Interessen der Mitbewerber wie der Allgemeinheit sei des weiteren zu prüfen, welche Bedeutung der Leser des Blattes dessen redaktionellem Teil (soweit vorhanden) und dessen Anzeigenteil beimesse. Das Allgemeininteresse am Bestand einer freien Presse sei umso mehr zu berücksichtigen, je größer die Bedeutung des redaktionellen Teils sei. Nicht gehe es allerdings darum, den Wettbewerb in seinen bestehenden Strukturen zu erhalten und wirtschaftlichen Entwicklungen allein deshalb entgegenzutreten, weil sie bestehende Konzeptionen in Frage stellten.

D 66 Den kostenlosen Abdruck privater Kleinanzeigen in einem gegen Entgelt vertriebenen **Anzeigenblatt ohne redaktionellen Teil** sieht die Rspr. (BGH GRUR 1990, 44 – *Annoncen-Avis*; OLG Düsseldorf WRP 1987, 177; OLG Dresden WRP 1993, 814) grundsätzlich als zulässig an, vorausgesetzt, das Konzept sei betriebswirtschaftlich vernünftig und auf Dauer angelegt. Für eine Gefährdung der Presseerzeugnisse mit einem redaktionellen Teil durch einen Rückgang des Anzeigengeschäfts fehle es an konkreten Anhaltspunkten[33]. Erst recht muß dies für den kostenlosen Abdruck von Privatanzeigen in einem unentgeltlich abgegebenen Anzeigenblatt gelten (OLG Hamm WRP 1977, 271).

D 67 Den kostenlosen Abdruck privater Gelegenheitsanzeigen in einer **Fachzeitschrift** hält die Rspr. (BGH GRUR 1991, 616 – *Motorboot-Fachzeitschrift*; zust. *Baumbach/Hefermehl* § 1 Rdn. 869) dagegen für grundsätzlich unzulässig, wenn es sich um einen geschlossenen Markt von Fachzeitschriften handle. Für die Beurteilung maßgebend sind folgende Erwägungen: Die Gratisvergabe führe zur Steigerung der Privatanzeigen in dieser Zeitschrift. Über den breiteren Anzeigenmarkt gewinne die Zeitschrift an Attraktivität bei den Lesern, die sich auch für Anzeigen interessierten. Bei einem geschlossenen Kreis der Interessenten eines bestimmten Fachbereichs erscheine es deshalb naheliegend, daß sich die Leserschaft vermehrt dieser Zeitschrift zuwende. Damit gehe eine erhöhte Attraktivität für gewerbliche Inserenten einher. Bei den anderen Zeitschriften verstärke die damit verbundene Abwanderung von gewerblichen Inserenten die wirtschaftliche Abhängigkeit des Verlagsgeschäfts vom Anzeigengeschäft. Dies wiederum bringe die Gefahr mit sich, daß gewerbliche Inse-

---

[31] Zum (unzulässigen) kostenlosen Abdruck eines ganzseitigen Werbeinserats OLG Hamm GRUR 1980, 312 – *Füllanzeige*.

[32] BGH GRUR 1990, 44, 45 – *Annoncen-Avis*; 1991, 616, 617 – *Motorboot-Fachzeitschrift*.

[33] So auch bereits OLG Düsseldorf WRP 1987, 176. Anders noch OLG Düsseldorf WRP 1975, 454, das annimmt, das Anzeigenblatt ersetze insoweit für bestimmte Kreise die Tageszeitung; dagegen mit Recht krit. *Baumbach/Hefermehl* § 1 Rdn. 869. Vgl. weiter OLG Köln WRP 1984, 41 zur Glaubhaftmachung einer Bestandsgefährdung der Tageszeitungspresse.

renten auf den redaktionellen Teil von Zeitschriften in nicht hinnehmbarer Weise Einfluß nehmen könnten. Es drohe somit eine ernsthafte Gefahr für den Bestand der Wettbewerbsfähigkeit der Presse.

Gegen diese Rspr. zu Fachzeitschriften ist einzuwenden, daß sie mehr aufgrund allgemeiner Vermutungen als aufgrund tatsächlicher Feststellungen über die Auswirkungen des kostenlosen Abdrucks von privaten Kleinanzeigen urteilt (vgl. *Rohnke* GRUR 1991, 767). Selbst wenn bei einem geschlossenen Leser- und Inserentenkreis das Angebot kostenloser Privatanzeigen zu einem entsprechenden Rückgang des Insertionsaufkommens bei anderen Zeitschriften führt, muß dies nicht zu dem von der Rspr. befürchteten Teufelskreis führen. Denn es steht den Konkurrenzblättern frei, diese erfolgreiche Wettbewerbsmaßnahme nachzuahmen (und im Falle *„Motorboot-Fachzeitschrift“* war dies auch erfolgt; vgl. BGH aaO S. 617). Vielfach wird eine derartige Maßnahme auch der einzige Weg sein, um in einen „geschlossenen“ Markt von Fachzeitschriften einzudringen oder Marktanteile zu behaupten oder zu vergrößern. (Zu weiteren Bedenken gegen die Entscheidung vgl. *Oellers* EWiR § 1 UWG 12/91; *Wenzel* AfP 1992, 44). Die Erfahrung lehrt, daß Verleger von Presseerzeugnissen den Einsatz neuer Aktionsparameter zunächst wettbewerbsrechtlich bekämpfen, um sie alsdann, wenn sie sich als erfolgreich erweisen, nachzuahmen. Die Befürchtung einer Gefährdung des Bestands der Presse, seien es nun Fachzeitschriften oder Wochen- bzw. Tageszeitungen, erscheint daher nicht plausibel. Allenfalls dann, wenn eine Nachahmung aus bestimmten Gründen ausgeschlossen oder unzumutbar erscheint, kommt ein echter Behinderungswettbewerb in Betracht (vgl. auch OLG Wien ÖBl. 1987, 67 zu Gratis-Kleinanzeigen in Wochenzeitungen). **D 68**

7. Vorübergehende unentgeltliche Abgabe von Presseerzeugnissen

Bei der vorübergehenden unentgeltlichen Abgabe von sonst gegen Entgelt vertriebenen Presseerzeugnissen („Probenummern“, „Probeabonnements“) liegt der Vergleich zum Verschenken von Originalware nahe. Dementsprechend ist nach der Rspr. die wettbewerbsrechtliche Zulässigkeit davon abhängig, ob die Maßnahme nach Art, Umfang und Dauer noch vom Erprobungszweck getragen wird. Das wurde bejaht bei der Verteilung von Gutscheinen an Neuvermählte zum unentgeltlichen Bezug einer Tageszeitung für einen Monat (BGH GRUR 1957, 600 – *Westfalenblatt I*). Im allgemeinen soll jedoch eine Frist von zwei Wochen als Höchstgrenze anzusehen sein, die allenfalls bei wahlloser Streuung mit Rücksicht auf den möglichen Wechsel der Empfänger geringfügig überschritten werden dürfe (BGH aaO; *Baumbach/Hefermehl* § 1 UWG Rdn. 860; *v. Gamm* Kap. 26 Rdn. 32). Eine Gratisverteilung, die den Erprobungszweck überschreitet, soll unter dem Gesichtspunkt der **Marktverstopfung** wettbewerbsrechtlich bedenklich sein, und zwar schon dann, wenn der Wettbewerb gegenüber Neubeziehern und Einzelkäufern, wenn auch nicht gegenüber Abonnenten ausgeschaltet werde (*Baumbach/Hefermehl* aaO). **D 69**

Die wettbewerbsrechtliche Zulässigkeit ist indessen nicht an dem Kriterium der **Marktverstopfung** zu messen, weil damit nicht zwingend eine Gefährdung des Wettbewerbsbestands bzw. der Institution der Presse verbunden ist. Sonach ist es beispielsweise nicht zu beanstanden, wenn auf einem von einer Zeitung beherrschten Regionalmarkt ein anderer Verleger mittels einer breitgestreuten Verteilung von Probeabonnements Fuß zu fassen versucht; es kann dies uU die einzige Möglichkeit sein, dem Marktbeherrscher Abonnenten abzuwerben und den Wettbewerb auf diesem Markt zu beleben. Es kommt daher sowohl bei der kartellrechtlichen (§§ 22, 26 Abs. 2, 4 GWB) als auch bei der wettbewerbsrechtlichen Beurteilung ganz ent- **D 70** scheidend auf die *konkrete* Wettbewerbsstruktur auf dem betreffenden Markt an. Wettbewerbswidrigkeit ist nur anzunehmen, wenn die Aktion gezielt auf die Vernichtung des Mitbewerbers gerichtet ist oder die *konkrete* Gefahr eines Ausscheidens der übrigen Mitbewerber besteht.

D 71 Kein Fall einer unentgeltlichen Abgabe liegt vor, wenn einer Tageszeitung mit einem **Lokalteil** ohne Preiserhöhung der Lokalteil einer anderen Tageszeitung beigefügt wird, weil insoweit nur eine verbesserte einheitliche Leistung geboten wird (BGH GRUR 1979 409, 410 – *Lippische Rundschau* – m. Anm. *Utescher*; *Baumbach/Hefermehl* aaO). – Unbedenklich ist schließlich die unentgeltliche Abgabe einer als Sonntagszeitung aufgemachten **Wahlwerbungszeitschrift** während des Wahlkampfs (ÖOGH ÖBl. 1980, 94; *Baumbach/Hefermehl* § 1 Rdn. 861).

V. Die Preisunterbietung

1. Preisgestaltungsfreiheit als Grundsatz

D 72 Wettbewerb setzt Wettbewerbsfreiheit und Preiswettbewerb setzt Preisgestaltungsfreiheit voraus. Davon geht seit jeher auch die UWG-Rspr.[34] aus. Nach ihr steht dem Unternehmer im Rahmen der geltenden marktwirtschaftlichen Wirtschaftsordnung die Preisgestaltung grundsätzlich frei. Das Unterbieten der Preise von Mitbewerbern entspreche grundsätzlich dem Wesen des Leistungswettbewerbs, solange eine betriebswirtschaftlich vernünftige, jedenfalls nach kaufmännischen Grundsätzen vertretbare Kalkulation vorliege. Das gelte auch für Preisunterbietungen durch marktbeherrschende Unternehmen.

2. Preisunterbietung als Marktstörung

D 73 a) **Die Rechtsprechung. aa) Ausgangspunkt.** Nach der erwähnten Rspr. kann allerdings die Preisunterbietung unter besonderen Umständen sittenwidrig sein. Ob solche Umstände vorliegen, lasse sich nicht allgemein, sondern nur anhand des Einzelfalls beurteilen. Dazu hat die Rspr. zwei Fallgruppen entwickelt: **(1) gezielte Kampfpreisunterbietung**: Sie liegt vor, wenn ein Unternehmen – auf längere Sicht angelegt – seine Leistungen zu nicht kostendeckenden Kampfpreisen anbietet, mit dem Ziel, durch seine überlegene Finanzkraft bestimmte Mitbewerber in einem für diese ruinösen Wettbewerb aus dem Markt zu drängen.[35] **(2) Marktstörung:** Sie liegt vor, wenn Verkäufe zu nicht kostendeckenden Preisen dazu führen (können), daß allgemein Mitbewerber vom Markt verdrängt werden und dadurch der Wettbewerb auf diesem Markt völlig oder nahezu aufgehoben wird; ferner, wenn bei sol-

---

[34] Vgl. BGH MuW 1955, 118, 122 – *Händlerrabatt*; BGHZ 28, 54, 60 – *Direktverkäufe des Großhandels* = GRUR 1958, 557; BGH GRUR 1960, 331, 334 – *Schleuderpreise*; BGH GRUR 1966, 214, 217 – *Einführungsangebot*; BGH GRUR 1979, 55, 56 – *Tierbuch*; BGH GRUR 1979, 321, 322 – *Verkauf unter Einstandspreis I*; BGH GRUR 1982, 425 – *Brillen-Selbstabgabestellen*; BGH GRUR 1983, 120, 125 – *ADAC-Verkehrsrechtsschutz*; BGH GRUR 1984, 204, 206 – *Verkauf unter Einstandspreis II*; BGH GRUR 1985, 883, 885 – *Abwehrblatt I*; BGH GRUR 1985, 397, 399 – *Abwehrblatt II*; BGH GRUR 1990, 371, 372 – *Preiskampf*; BGH GRUR 1990, 685, 687 – *Anzeigenpreis I*; BGH GRUR 1992, 191, 193 – *Amtsanzeiger*; OLG Oldenburg GRUR 1960, 442, 443 – *Kohlenpreise*; OLG Frankfurt WRP 1977, 105, 108; OLG Karlsruhe GRUR 1983, 187, 188 – *Asbach Uralt*.

[35] Vgl. RGZ 134, 342, 350 – *Benrather Tankstelle*; BGHZ 96, 337, 346 = GRUR 1982, 53 – *Abwehrblatt II*; BGHZ 111, 188, 190 = GRUR 1990, 685, 687 – *Anzeigenpreis I*; BGH GRUR 1990, 687, 688 – *Anzeigenpreis II*; BGH GRUR 1992, 191, 193 – *Amtsanzeiger*.

chen Verkäufen ernstlich damit zu rechnen ist, daß Mitbewerber solche Aktionen nachahmen und es auf diese Weise zu einer gemeinschaftsschädigenden Störung des Wettbewerbs kommt.[36] – Die sittenwidrige Preisunterbietung stellt sich demnach als **zweigliedriger Tatbestand** dar: Die Preisunterbietung darf erstens sachlich nicht gerechtfertigt sein und sie muß zweitens bestimmte Marktfolgen herbeiführen wollen (gezielte Kampfpreisunterbietung) oder können (Marktstörung).

bb) Fehlende sachliche Rechtfertigung der Preisunterbietung. Der **„Verkauf unter Selbstkosten"** bzw. der **„Verkauf unter Einstandspreis"** sind nach der Rspr. – von den Fällen der Irreführung und des Rechtsbruchs abgesehen – nicht von vornherein sittenwidrig, jedenfalls dann nicht, wenn die Kosten nur zeitweilig oder gelegentlich unterschritten werden oder wenn es sich um die Einführung neuer Produkte handelt oder das Unternehmen in einer Phase der Bedrängung zur Auslastung des Betriebs nicht kostendeckend arbeitet (vgl. BGH GRUR 1990, 685, 687 – *Anzeigenpreis I*). Ob sich der Unternehmer möglicherweise von verfehlten betriebswirtschaftlichen Vorstellungen leiten läßt, ist unerheblich. Daß andere Marktteilnehmer behindert werden, ist hinzunehmen. Zur Widerlegung von Indizien, die für eine unzulässige Behinderung sprechen, genügt es, wenn sich der Unternehmer von einem vernünftigen und anzuerkennenden Eigeninteresse (und nicht von einer bloßen Verdrängungsabsicht) leiten läßt. Ein solches Eigeninteresse kann auch in dem Werbeeffekt eines Verkaufs unter Einstandspreis für den Gesamtumsatz des Unternehmers begründet sein. Verfehlt ist die Annahme, ein Kaufmann müsse auf Stückgewinn ausgehen und handle daher dem Leistungsprinzip zuwider, wenn er einzelne Artikel aus dem Sortiment unter Einstandspreis verkaufe (BGH GRUR 1984, 204, 206 – *Verkauf unter Einstandspreis II*). Die **Mischkalkulation** als betriebswirtschaftlicher Grundsatz wird damit ausdrücklich anerkannt. **D 74**

Die Rspr. lehnt es auch ab, Verkäufe unter Einstandspreis unter dem Gesichtspunkt der **Ruf- oder Absatzschädigung von Markenartikeln** als sittenwidrig anzusehen, solange damit keine Irreführung des Verbrauchers über die Qualität des Artikels herbeigeführt wird. Denn eine solche Schädigung könne auch bei Niedrigpreis-Aktionen über dem Einstandspreis eintreten. Konsequenterweise müßte man auch in diesen Fällen Sittenwidrigkeit annehmen. Damit würde eine allgemeine Preisuntergrenze bei Markenartikeln kraft Richterspruchs eingeführt, die – weitergehend als eine Preisbindung – allgemeinverbindlich wäre. Eine solche Auslegung des UWG stünde im Widerspruch zu den Gründen, die den Gesetzgeber zur Aufhebung der Preisbindung für Markenartikel und zum Verzicht auf ein Verbot der Lockvogel-Angebote außerhalb des Irreführungstatbestandes veranlaßten (BGH aaO S. 207 – *Verkauf unter Einstandspreis II*). **D 75**

cc) **Marktfolgen.** Sieht man von der – hier nicht zu vertiefenden – gezielten Kampfpreisunterbietung ab und faßt man allein die Fallgruppe der „Marktstörung" ins Auge, ergibt sich folgendes Bild der Rspr. (vgl. auch *Ulmer* FS von Gamm 1990, 677, 688): Im Fall *„Verkauf unter Einstandspreis I"* (BGH GRUR 1979, 321, 323) wurde eine Gefährdung des Wettbewerbsbestands verneint, weil die fraglichen Ak- **D 76**

[36] Vgl. BGH GRUR 1979, 321, 323 – *Verkauf unter Einstandspreis I*; BGH GRUR 1983, 120, 125 – *ADAC-Verkehrsrechtsschutz*; BGH GRUR 1990, 371, 372 – *Preiskampf*; BGH GRUR 1990, 685, 687 (sub 3) – *Anzeigenpreis I*; BGH GRUR 1990, 687, 688 – *Anzeigenpreis II*; BGH GRUR 1992, 191, 193 – *Amtsanzeiger*. – Zu einem Sonderfall (Sittenwidrigkeit trotz kostendeckender Abgabepreise) BGH GRUR 1982, 425, 430 – *Brillen-Selbstabgabestellen*.

tionen (Abgabe von Mineralwasser unter Einstandspreis durch einen Verbrauchermarkt in ganz wenigen Fällen) von einem Unternehmen mit einem sehr geringen Marktanteil ausgingen und seinen Möglichkeiten, „den Wettbewerb nachhaltig zu beeinflussen, angesichts der Struktur des Mineralwassermarktes enge Grenzen gezogen“ waren. – Im Fall *„ADAC-Verkehrsrechtsschutz“* (BGHZ 85, 84 = GRUR 1983, 120, 125) wurde die Gefährdung des Wettbewerbsbestands bereits deshalb verneint, weil der Tatbestand einer sachlich nicht gerechtfertigten Preisunterbietung nicht erwiesen war (eine Reihe von anderen Rechtsschutzversicherern boten gleich günstige Preise an, ohne mit Verlust zu arbeiten). – Im Fall *„Preiskampf“* (BGH GRUR 1990, 371) wurde dagegen eine Marktstörung bejaht, weil ein Preiskampf zwischen zwei Unternehmen mit Angeboten unter Einstandspreis und wechselseitigen Preisunterbietungen die Gefahr heraufbeschwor, daß alle kleineren Wettbewerber auf diesem Markt weitgehend verdrängt würden. Aus diesem Grunde wurde dem auf Unterlassung in Anspruch genommenen Unternehmen auch der „Abwehreinwand“ (dazu Vor § 13 B Rdn. 442–455) versagt.

D 77 dd) **Verhältnis UWG zu GWB.** Eine dezidierte Stellungnahme der Rspr. zum Verhältnis des **UWG** (§ 1) zum **GWB** (§ 26 Abs. 2–5), was den **Adressatenkreis** beider Normen angeht, liegt bislang noch nicht vor. Es läßt sich der Rspr. nicht entnehmen, daß sie § 1 bei Preisunterbietungen nur dann anwenden will, wenn sie von marktbeherrschenden bzw. marktstarken Unternehmen iS von § 26 Abs. 2–5 GWB ausgehen, daß maW den kartellrechtlichen Bestimmungen insoweit eine Art „Sperrwirkung“ zukommt. Allerdings wird es sich faktisch so verhalten, daß nur marktbeherrschende oder marktstarke Unternehmen zu einer Marktstörung imstande sind. Bezeichnenderweise ist im Leitsatz des *„Preiskampf“*-Urteils die Rede von einem Preiskampf „von zwei marktstarken Unternehmen“, obwohl es sich bei dem Initiator um einen „newcomer“ handelte. Im übrigen läßt sich der Rspr. nur entnehmen, daß die Wertungsmaßstäbe des § 1 („Sittenwidrigkeit“) und des § 26 Abs. 2–4 GWB („unbillige Behinderung“) mehr oder weniger übereinstimmen (vgl. auch *Markert* in: Immenga/Mestmäcker § 26 Rdn. 266, 317; *Mees* in: Schwerpunkte des Kartellrechts 1988/89, S. 9, 10 ff).

D 78 b) **Schrifttum.** Das Schrifttum[37] ist gespalten. Teils wird die Rspr. mehr oder weniger gebilligt[38], teils werden abweichende Auffassungen vertreten. *Krüger-Nieland* (WRP 1980, 311, 313 ff) zweifelt daran, ob die Rspr. ausreicht, um Wettbewerbsverzerrungen zu verhindern, zumal Einproduktunternehmen nicht die Möglichkeit hätten, Verlustpreisangebote durch Mischkalkulationen auszugleichen. Der Nachweis einer Verdrängungsabsicht oder einer gemeinschaftsschädigenden Störung des Wettbewerbs gelinge meist erst, wenn die schädlichen Folgen nicht mehr zu beseitigen seien. – *Lindacher* (Lockvogel- und Sonderangebote, 1979, S. 37 ff) will Preisunterbietungen, die über dem Einstandspreis liegen, nicht beanstanden, selbst wenn der Marktpreis erheblich unterschritten wird. Verkäufe unter Einstandspreis, die zu einer konkreten Gefährdung des Wettbewerbs führten, seien dagegen marktbezogen unlauter, soweit sie nicht durch besondere Umstände (z. B. Einführungspreis, Eintritt in Konkurrenzpreise) gerechtfertigt seien. Das Verbot solcher Prakti-

---

[37] Aus dem älteren Schrifttum vgl. *Fikentscher* BB 1958, 201; *ders.* Die Preisunterbietung im Wettbewerbsrecht, 2. Aufl., S. 21 ff; *Becker* BB 1953, 297; *Merkel* Die Bekämpfung unzulässiger Preisunterbietungen, 1962, S. 107 f.

[38] Vgl. *Lehmann* GRUR 1979, 368; *Hefermehl* GRUR Int. 1983, 507, 511; *v. Gamm* Kap. 28 Rdn. 7 ff; *Baumbach/Hefermehl* § 1 UWG Rdn. 874; *Emmerich* § 6/2 b bb.

ken sei an sich nicht auf marktbeherrschende Unternehmen beschränkt, jedoch sei bei weniger marktmächtigen Unternehmen eine Wettbewerbsgefährdung aus tatsächlichen Gründen kaum zu erwarten. – *Ulmer* (GRUR 1977, 565, 572) will eine Unterbietung des Marktpreises als leistungsfremd ansehen, wenn sie weder durch besondere Umstände (Einführungspreis, Eintritt in Konkurrenzpreis usw.) veranlaßt noch Ausdruck der besonderen Effizienz des Unterbieters sei. Leistungsfremd sei insbesondere die aggressive Preisspaltung, die gezielte Preisunterbietung sowie der Einsatz von Lockvogelangeboten mit Dauercharakter. Zu erwägen sei ferner, ob bei einer aggressiven Unterbietung des Marktpreises nicht schon ein leistungsfremdes Verhalten zu vermuten sei. Kein ausreichender Anknüpfungspunkt sei allerdings die Selbstkostenunterschreitung (krit. zur Heranziehung des Marktpreises *Markert* in: Immenga/Mestmäcker § 26 Rdn. 265: Zirkelschluß). – *Sack* (WRP 1983, 63, 70f) schlägt zur „Vereinfachung der Rechtslage" vor, den Verkauf unter Selbstkosten im Einzelhandel grundsätzlich als wettbewerbswidrig anzusehen, sofern nicht (ggf. vom Verkäufer zu beweisende) besondere betriebliche Rechtfertigungsgründe vorlägen. Denn der Verkauf unter Selbstkosten sei nicht Ausdruck der besonderen Leistungsfähigkeit und damit nicht mehr vom Leistungsprinzip gedeckt (ausdrücklich hiergegen BGH GRUR 1984, 204, 206 – *Verkauf unter Einstandspreis II* – unter Bezugnahme auf *Scholz* WRP 1983, 373, 375; *Mestmäcker* S. 224ff). – *Knöpfle* (S. 120ff) betont den Leistungscharakter von Verkäufen unter Einstandspreis und hält sie wettbewerblich für begrüßenswert. Unlauterkeit sei, von den Fällen der Täuschung usw. abgesehen, nur anzunehmen, wenn ein Handeln zum Zwecke der Verdrängung vorliege (noch großzügiger Einl. D Rdn. 96, 132, 134; *Schünemann* S. 85ff). Dagegen reiche eine bloße Gefährdung des Wettbewerbsbestandes auf dem betreffenden Markt nicht aus, insbesondere spiele die Nachahmungsgefahr keine Rolle. – *Mestmäcker* (S. 223ff, 228) zufolge kann eine Preisunterbietung durch Verkauf unter Selbstkosten, abgesehen von den Fällen gezielter Kampfpreise, nur dann gegen § 1 UWG verstoßen, wenn die Voraussetzungen der Marktbeherrschung vorliegen. – *Hefermehl* (in: Baumbach/Hefermehl § 1 Rdn. 874) erachtet die Preisunterbietung unter dem Aspekt der Marktstörung dann für wettbewerbswidrig, wenn der Verkaufspreis ohne einen sachlich vertretbaren Grund ständig oder wiederholt unter dem Einstandspreis festgelegt wird und diese Wettbewerbshandlung nachweislich zu einer Verdrängung der Mitbewerber und Aufhebung des Wettbewerbsbestandes auf einem bestimmten Markt führt. Dies sei aufgrund einer Gesamtwürdigung aller Umstände zu beurteilen. Hierbei sei außer der Intensität und zeitlichen Abfolge der Verkäufe auch die Marktstellung des unterbietenden Unternehmens zu beachten. Eine **allgemeine Behinderung** sei gewöhnlich nur zu befürchten, wenn es sich um ein marktstarkes Unternehmen handle.

c) **Stellungnahme. aa) Berücksichtigung der Wertungen des GWB.** Das Kernproblem der wettbewerbsrechtlichen Beurteilung der Preisunterbietung ist es, „den Maßstab der Sittenwidrigkeit in § 1 UWG mit dem grundlegenden, gerade auch für die Anwendung des § 26 Abs. 2 (GWB) als Interessenabwägungsmaßstab maßgeblichen Freiheitsschutzziel des GWB und der nach wie vor gültigen ordnungspolitischen Grundentscheidung für eine marktmachtbezogene Verhaltenskontrolle kongruent zu machen" (*Markert* in: Immenga/Mestmäcker § 26 Rdn. 317 mwN). Nach zutreffender Auffassung von *Markert* (aaO) ist die Rspr. zu § 1 UWG dieser Aufgabe insgesamt gerecht geworden: Ansätze zu größeren Diskrepanzen sind in ihrer konkreten Umsetzung auf seltene Ausnahmesituationen (Wettbewerbsbestandsgefährdung) begrenzt worden. Mit den Wertungen des GWB wäre es sicher nicht vereinbar, über eine Ausdehnung des § 1 UWG ein allgemeines, für alle Unternehmen **D 79** geltendes Verbot der unbilligen Behinderung einzuführen (vgl. *Emmerich* § 6/2 b bb; *Merz* S. 293; *Mestmäcker* S. 228). Andererseits ist zu bedenken, daß eine konkrete Gefahr für den Bestand des Wettbewerbs auf einem bestimmten Markt nicht schon bei jeder unbilligen Behinderung iS des § 26 Abs. 2–5 GWB anzunehmen ist, sondern ganz massive Behinderungsmaßnahmen voraussetzt: nicht jede Maßnahme, die über § 26 Abs. 2–5 GWB erfaßt werden kann, erfüllt deshalb schon den Tatbestand des § 1 UWG. Obwohl der Adressatenkreis des § 1 UWG nicht beschränkt ist, wird es doch faktisch so sein, daß nur Unternehmen mit einer gewissen **Marktmacht** zu Verhaltensweisen in der Lage sind, die zu einer Marktstörung führen können (ebenso *Baumbach/Hefermehl* § 1 Rdn. 874). So sind denn auch in der ersten Entscheidung, in der eine Marktstörung aufgrund Preisunterbietung bejaht worden war, der Adressat des Unterlassungsgebots und sein Kontrahent vom BGH als „marktstarke Unternehmen" bezeichnet worden (BGH GRUR 1990, 371 (Ls) – *Preiskampf*). Im Hinblick auf § 26 Abs. 4 GWB sind an die kartellrechtlich erforderliche Marktmacht ohnehin keine großen Anforderungen mehr zu stellen. Eine faktische Diskrepanz zwischen UWG- und GWB-Beurteilung wird sonach kaum zu befürchten sein. Daß Fälle der Marktstörung durch Preisunterbietung überhaupt nach § 1 UWG und nicht nach § 26 Abs. 2–5 GWB iV § 35 GWB entschieden werden, hängt außer mit historischen Gründen (vor Inkrafttreten des GWB war Abhilfe nur mittels des UWG möglich) vor allem mit der unterschiedlichen gerichtlichen Zuständigkeitsverteilung bei Wettbewerbs- und Kartellsachen zusammen (dazu BGH GRUR 1985, 883, 884 – *Abwehrblatt II* m. Anm. *Kroitzsch*; BGH GRUR 1990, 685, 686 – *Anzeigenpreis I* sowie Rdn. D 15). Durch die Harmonisierung der Wertungsmaßstäbe der Sittenwidrigkeit und der Unbilligkeit in der Rspr. ist es möglich geworden, Sachverhalte nach § 1 UWG abschließend zu beurteilen, ohne den Rechtsstreit an die Kartellspruchkörper verweisen zu müssen. – Ein eigentlicher Konflikt zwischen Wettbewerbs- und Kartellrecht bei der Beurteilung von Preisunterbietungen könnte allenfalls dann entstehen, wenn man anstelle der Marktmacht des Preisunterbieters allein die **Nachahmungsgefahr** genügen ließe:[39] Dann könnte man auch die (sachlich nicht gerechtfertigte) Preisunterbietung eines an sich schwachen Unternehmens mit der Begründung verbieten (lassen), es drohe die ernstliche Gefahr, daß andere Unternehmen sich dieser Maßnahme anschlössen und daß dann der Wettbewerbsbestand auf diesem Markt gefährdet wäre. Es liegt auf der Hand, daß damit einer allgemeinen Marktverhaltenskontrolle, wie sie das GWB gerade nicht haben will, Tür und Tor geöffnet wäre. Festzuhalten ist sonach, daß zwar eine auf § 1 gestützte markmachtorientierte Kontrolle von Marktstörungen durch Preisunterbietung mit dem GWB vereinbar ist, nicht aber eine lediglich auf den Gesichtspunkt der Nachahmungsgefahr gestützte Kontrolle.

D 80 **bb) Sachliche Rechtfertigung der Preisunterbietung.** In den Preisunterbietungsfällen wird besondere Sorgfalt auf die Prüfung zu verwenden sein, ob die Unterbietung von Konkurrenzpreisen sachlich gerechtfertigt ist. Die Anknüpfung an die Selbstkosten bzw. an den Einstandspreis ist zwar grundsätzlich billigenswert. Doch ist gleichzeitig auf die Schwierigkeiten hinzuweisen, die sich bei der Ermittlung dieser Größen ergeben.[40]

---

[39] In BGH GRUR 1990, 371, 372 (sub 4) – *Preiskampf* ist die Nachahmungsgefahr nur als zusätzliches Unlauterkeitsmerkmal angeführt.

[40] Dazu *Häntze* Ist eine Definition des Einstandspreises möglich?, GRUR 1988, 881; LKartB Bayern WuW/E LKartB 223, 229 – *Kaufmarkt.*

VI. Sonstige Fallgruppen der Marktstörung

Der Marktstörungsansatz kann im Prinzip bei der Verwendung aller Wettbewerbsmittel zum Tragen kommen. Die kartellrechtliche Rspr. und Literatur zu den §§ 22, 26 GWB können insoweit ergänzend herangezogen werden. Hinzuweisen ist insbes. auf zwei in der UWG-Rspr. behandelte Fallgruppen: **D 81**

1. Marktstörungen durch die öffentliche Hand

Dazu § 1 H Rdn. 57, 65. **D 82**

2. Marktstörungen im „Stufenwettbewerb"

Dazu § 1 C Rdn. 59 ff. **D 83**

E. Die öffentliche Hand

Übersicht

Alphabetische Übersicht

Literatur

Badura Das Verwaltungsmonopol, 1963; *ders.* Die wirtschaftliche Betätigung der öffentlichen Hand mit besonderer Berücksichtigung der öffentlich-rechtlichen Wettbewerbs-Versicherungsunternehmen, ZHR 146 (1982), 448; *ders.* Die Erfüllung öffentlicher Aufgaben und die Unternehmenszwecke bei der wirtschaftlichen Betätigung der öffentlichen Hand, FS Schlochauer, 1981, 3; *ders.* Die Wirtschaftstätigkeit der öffentlichen Hand und die neue Sicht des Gesetzesvorbehalts, FS Steindorff, 1990, 835; *ders.* Zulassung zu öffentlichen Einrichtungen der Gemeinde und Verwaltungsprivatrecht, JuS 1966, 17; *ders.* Die Leistungsaufgaben der deutschen Bundespost im Fernmeldewesen und das Wettbewerbsrecht, AfP 1981, 260; *Backhaus* Öffentliche Unternehmen, 2. Aufl. 1980; *Becker* Öffentliche Unternehmen als Gegenstand des Wirtschaftsverwaltungsrechts, DÖV 1984, 313; *Bender* Der Rechtsweg bei Klagen gegen Auftragssperren der öffentlichen Hand, JuS 1962, 178; *Berkemann* Die staatliche Kapitalbeteiligung an Aktiengesellschaften, 1966; *Bettermann* Gewerbefreiheit der öffentlichen Hand, Berliner FS Hirsch, 1968, 1; *Bork* Der Sponsorhinweis beim Ereignissponsoring – Eine wettbewerbsrechtliche Zwischenbilanz, ZUM 1988, 322; *Brackmann* Zum Rechtsweg in Wettbewerbsstreitigkeiten bei Beteiligung einer öffentlich-rechtlichen Körperschaft der Sozialversicherung, NJW 1982, 84; *Brenner* Gelten die Grundrechte auch für die wirtschaftliche Betätigung der öffentlichen Hand?, BB 1962, 727; *Brohm* Strukturen der Wirtschaftsverwaltung. Organisationsformen und Gestaltungsmöglichkeiten im Wirtschaftsverwaltungsrecht, 1969; *ders.* Wirtschaftstätigkeit der öffentlichen Hand und Wettbewerb, NJW 1994, 281; *Bullinger* Zu den Handlungsformen hoheitlicher und nichthoheitlicher Verwaltung, DÖV 1960, 746; *Burger* Über die Rechtsstellung öffentlicher Unternehmen im Privatrechtsverkehr, Diss. Tübingen 1966; *Burmann* Werbung und Wettbewerb der öffentlichen Hand, DB 1966, 369 u. 409; *Dickersbach* Die wirtschaftliche Betätigung der öffentlichen Hand im Verhältnis zur Privatwirtschaft aus öffentlicher Sicht, WiVerw 1983, 187; *Doepner/Spieth* Verfassungsrechtliche Aspekte der sogenannten freien Kurzberichterstattung über öffentliche Veranstaltungen und Ereignisse, AfP 1989, 420; *Dorn* Schadensersatzansprüche des Privatunternehmers wegen schädigenden Wettbewerbs durch Gemeindebetriebe, NJW 1964, 137; *Eckstein* Die wirtschaftliche Betätigung der öffentlichen Hand im Bergbau und in der Elektrizitätswirtschaft der Bundesrepublik Deutschland, 1966; *Ehlers* Verwaltung und Privatrechtsform, 1984; *Emmerich* Das Wirtschaftsrecht der öffentlichen Unternehmen, 1969, 253; *ders.* Die kommunalen Versorgungsunternehmen zwischen Wirtschaft und Verwaltung, 1970; *ders.* Fusionskontrolle und überragende Marktstellung unter besonderer Berücksichtigung der Unternehmenskonzentration bei der öffentlichen Hand, FS Franz Böhm 1975, 119; *ders.* Entziehen sich öffentliche Unternehmen der bürgerschaftlichen Kontrolle?, in: Eichhorn (Hrsg.), Auftrag und Führung öffentlicher Unternehmen, 1977, 88; *ders.* in: Steiner (Hrsg.), Sport und Medien, 1990, 57; *ders.* Der unlautere Wettbewerb der öffentlichen Hand, Walter Eucken Institut, Heft 24, 1969; *ders.* Der Wettbewerb der öffentlichen Hand, insbesondere das Problem der staatlichen Versorgungsmonopole, 1971; *ders.* Die öffentliche Unternehmung im deutschen Konzern- und Wettbewerbsrecht, Die AG 1976, 225; *ders.* Neues zur Zulässigkeit der wirtschaftlichen Betätigung der öffentlichen Hand, Die AG 1985, 293; *ders.* Anmerkungen zu den Postfinanzen, Ordo 35 (1984), 43; *ders.* Postmonopole, Medienpolitik und Wettbewerbsfreiheit, AfP 1984, 11; *ders.* Das Ende eines Monopols, AfP 1987, 385; *ders.* Rundfunk im Wettbewerbsrecht, AfP 1989, 433; *ders.* Die Fiskalgeltung der Grundrechte, namentlich bei erwerbswirtschaftlicher Betätigung der öffentlichen Hand, JuS 1970, 332; *Emmerich-Sonnenschein* Konzernrecht, 4. Aufl. 1991; *Emmerich-Steiner* Möglichkeiten und Grenzen der wirtschaftlichen Betätigung der öffentlich-rechtlichen Rundfunkanstalten, 1986; *ders.* Der Staat als Wettbewerber und Auftraggeber privater Unternehmen, FIW Heft 108, 1984; *Erckens* Funkwerbung durch die öffentliche Hand, Diss. Köln 1958; *Frentzel* Die gewerbliche Betätigung der öffentlichen Hand, ein Problem des Wirtschaftsverfassungsrechts, 1958 (DIHT, Schriftenreihe Heft 56); *ders.* Wirtschaftsverfassungsrechtliche Betrachtungen zur wirtschaftlichen Betätigung der öffentlichen Hand, 1961; *v. Gamm* Der Wettbewerb der öffentlichen Hand, GRUR 1959, 303; *ders.* Der Wettbewerb der öffentlichen Hand, DW 1969, 39; *ders.* Der Wettbewerb der öffentlichen Hand, DW 1970, 38; *ders.* Verfassungs- und wettbewerbsrechtliche Grenzen des Wettbewerbs der öffentlichen Hand, WRP 1984, 303 = in: Der Staat als Wettbewerber und Auftraggeber privater Unternehmen, FIW Heft 108, 31; *Gotthold* Kommerzielles Fernsehen und GWB, ZHR 158 (1984), 465; *Götz* Recht der Wirtschaftssubventionen, 1966; *Gütebier* Der unlautere Wettbewerb der öffentlichen Hand, MuW 34, 361; *ders.* Der Leistungsgrundsatz im Wettbewerbsrecht, JW 34, 1091; *Grundmann* Die öffentlich-rechtlichen Rundfunkanstalten im Wettbewerb, 1990; *Grupp* Wirtschaftliche Betätigung der öffentlichen Hand unter dem Grundgesetz, ZHR 140 (1976), 367; *Hadamik* Landesmedienordnung und Wettbewerbsrecht, AfP 1989, 643; *Hamm* Kollektiveigentum, Die Rolle öffentlicher Unternehmen in der Marktwirtschaft, 1961; *Harder* Der Rechtsweg bei Klagen gegen unlauteren Wettbewerb der öffentlichen

Hand, GRUR 1968, 403; *Harms* Unlauterer Wettbewerb durch wirtschaftliche Aktivitäten öffentlicher Hände, BB 1986 Beilage 17 zu Heft 32; *Hartstein/Kuck* Gesetzliche Regelung eines Rechts auf freie Kurzberichterstattung?, ZUM 1988, 503; *Hausmann* Die öffentliche Hand in der Wirtschaft, 1954; *Heckelmann* Konkurrenzschutz privater Makler gegenüber den öffentlich-rechtlichen Sparkassen im Bereich der Immobilienvermittlung, FS z. 125jährigen Bestehen der Juristischen Gesellschaft zu Berlin, 1984, 245; *Hertel* Die Programmkoordinierung der öffentlich-rechtlichen Rundfunkanstalten, 1989; *Hörle* Apotheken, Berufsordnung und Werbung, WRP 1983, 569; *Hoffmann-Riem* (Hrsg.), Rundfunk im Wettbewerbsrecht, 1988; *ders.* Rundfunkrecht neben Wirtschaftsrecht, 1991; *Horak* Die wirtschaftliche Betätigung der öffentlichen Hand in der Bundesrepublik Deutschland und ihre Probleme, 1964; *Hubmann* Der unlautere Wettbewerb der öffentlichen Hand, Wirtschaft und Verwaltung, 1982, Beilage zum Gewerbearchiv 1, 41; *Huth* Die Stellung der öffentlichen Hand in den europäischen Gemeinschaften, 1965; *Immenga* Rundfunk und Markt, AfP 1989, 621; *Isensee* Privatwirtschaftliche Expansion öffentlich-rechtlicher Versicherer, DB 1979, 145; *Jackermeier* Gemeindliche Bestattungsanstalten und Wettbewerbsrecht, GewA 1984, 249; *Jüttner-Kramny* Wettbewerbsverzerrungen durch den Staat, FS Benisch, 1989, 83; *dies.* Die wirtschaftliche Betätigung des Staates, FIW-Heft 108, 1984, 83; *Junker* Das internationale Unternehmensrecht des öffentlichen Unternehmens, ZGR 1990, 249; *Kirchhof* Der Leistungswettbewerb unter Einsatz der Beitragshoheit, DVBl. 1982, 933; *Klein* Die Teilnahme des Staates am wirtschaftlichen Wettbewerb, res publica, Bd. 18, 1968; *Kluth* Grenzen kommunaler Wettbewerbsteilnahme, 1988; *Koenigs* Diskriminierung durch Allgemeine Ortskrankenkassen, JuS 1962, 342; *Köttgen* Die erwerbswirtschaftliche Betätigung der Öffentlichen Hand und das öffentliche Recht, 1928; *ders.* Die wirtschaftliche Betätigung der Gemeinden. Eine verfassungsrechtliche Untersuchung, FS zum 100jährigen Bestehen des DJT Bd. I, 1960, 577; *ders.* Gemeindliche Daseinsvorsorge und gewerbliche Unternehmensinitiative im Bereich der Wasserversorgung und Abwässerbeseitigung, 1961; *Konow* Verfassungsrechtliche Überlegungen zur Beschränkung des Wettbewerbs durch öffentliche Unternehmen, WRP 1973, 132; *Krause* Wettbewerbliche Grenzen der Selbstabgabe und Sachleistungsprinzip der gesetzlichen Krankenversicherung, ZfS 1983, 132; *Kretschmar* Deutsche Bundespost und Endgerätemarkt, BB 1981, 621; *Kübler* Das Recht auf freie Kurzberichterstattung, ZUM 1989, 326; *Kulka* Programmkoordinierung und Kartellrecht, AfP 85, 177; *Ladeur* „Duale Rundfunkordnung" und Werbung in Programmen der öffentlich-rechtlichen Rundfunkanstalten, ZUM 1987, 491; *Lammel* Wettbewerbsrecht contra Standesrecht, WuW 1984, 853; *Lange* Die Abgrenzung des öffentlich-rechtlichen Vertrages vom privatrechtlichen Vertrag, NVwZ 1983, 313; *Leidel* Regiebetrieb und unlauterer Wettbewerb, Diss. Köln 1952; *Leisner* Berufsordnungsrecht und Werbeverbote, 1984; *Lerche* Rechtsprobleme des Werbefernsehens, 1965; *ders./Graf von Pestalozza* Die deutsche Bundespost als Wettbewerber, 1985; *ders./Ulmer* Kurzberichterstattung im Fernsehen, 1989; *v. Maydell/Scholz* Grenzen der Eigenwirtschaft gesetzlicher Krankenversicherungsträger, 1980; *Mellulis* Zum zivilprozessualen Rechtsschutz gegen wettbewerbswidriges Handeln staatlicher Einrichtungen, WRP 1988, 228; *Mestmäcker* Die Abgrenzung von öffentlich-rechtlichem und privatrechtlichem Handeln im Wettbewerbsrecht, NJW 1969, 1; *ders.* (Hrsg.) Offene Rundfunkordnung, 1988; *ders.* Staat und Unternehmen im europäischen Gemeinschaftsrecht, RabelsZ 52 (1988), 526; *Müller-Henneberg* Die Anwendung des GWB auf die öffentliche Hand, NJW 1971, 115; *Nemitz* Zur Rolle öffentlicher Unternehmungen in der Marktwirtschaft, Zs. f. öff. u. gem. w. Untern. 1981, 317; *Niederleithinger* Die Stellung der Versorgungswirtschaft im GWB, 1968; *Nußbaumer* Wettbewerb und öffentliche Unternehmen, Wien 1963; *Odersky* Kartellrechtliche Kontrolle des Handelns der öffentlichen Hand, FS Lerche (1993), 949; *Ossenbühl* Bestand und Erweiterung des Wirkungskreises der deutschen Bundespost, 1980; *Pietzker* Der Staatsauftrag als Instrument des Verwaltungshandelns, 1978; *Piper* Zum Wettbewerb der öffentlichen Hand, GRUR 1986, 574; *Pinger* Der Rechtsweg bei Wettbewerbsverstößen der öffentlichen Hand, GRUR 1973, 456; *Plöchl* Vereine als öffentliche Unternehmen, Wien/New York, 1972; *Pöpel* Wettbewerbsverzerrungen durch die öffentliche Hand, JA 1988, 127; *Püttner* Unlauterer Wettbewerb der öffentlichen Hand, GRUR 1964, 359; *ders.* Das Recht der kommunalen Energieversorgung, 1967; *ders.* Die öffentlichen Unternehmen, 2. Aufl. 1985; *Reichelt* Die Unternehmenswerbung der Apotheke, WRP 1993, 448; *Ring* Wettbewerbsrecht der freien Berufe, 1989; *Rüfner* Formen öffentlicher Verwaltung im Bereich der Wirtschaft, 1967; *Rupp* Verfassungsrechtliche Aspekte der Postgebühren und des

Wettbewerbs der Deutschen Bundespost mit Kreditinstituten, 1971; *ders.* Grundgesetz und „Wirtschaftsverfassung“, 1974; *Saitzew* Die öffentliche Unternehmung der Gegenwart, 1930; *Schachtschneider* Staatsunternehmen u. Privatrecht, 1986, 281; *Scherer* (Hrsg.) Nationale und europäische Aspekte der Telekommunikation, 1987; *ders.* Telekommunikation und Wirtschaftsrecht, 1988; *Schmidt, R.* Öffentliches Wirtschaftsrecht – Allgemeiner Teil, 1990; *Schmidt/Huth* Das GWB und die Wirtschaftstätigkeit der öffentlichen Hand in materiell- und verfahrensrechtlicher Sicht, BB 1964, 1106; *Schmittat* Rechtsschutz gegen staatliche Wirtschaftskonkurrenz, ZHR 148 (84), 428; *ders.* Öffentliche und Privatversicherung unter der grundgesetzlichen Wirtschafts- und Sozialverfassung, FS Sieg, 1976, 501; *ders.* Grenzen staatlicher Aktivität unter der grundgesetzlichen Wirtschaftsverfassung, in Duwendag, Der Staatssektor in der sozialen Marktwirtschaft, 1976, 113; *ders.* Rundfunkeigene Programmpresse?, 1982; *Schneider, H.* Gutachten zur Frage zur rechtlichen Zulässigkeit von Werbesendungen im Rundfunk- und Fernsehprogramm, 1957; *Scholz, R.* Wettbewerbsrechtliche Klagen gegen Hoheitsträger: Zivil- oder Verwaltungsrechtsweg?, NJW 1978, 16; *ders.* Wettbewerbsrecht und öffentliche Hand, ZHR 132 (1969), 97; *ders.* Wettbewerb der öffentlichen Hand – Sanktions- und Rechtsprobleme zwischen öffentlichem Recht und Privatrecht, NJW 1974, 781; *Schricker, H.* Die Durchsetzbarkeit deutscher Werberegelungen bei grenzüberschreitender Rundfunkwerbung, GRUR Int. 1982, 720; *ders.* Wirtschaftliche Tätigkeit der öffentlichen Hand und unlauterer Wettbewerb, 2. Aufl., 1987; *Schulte* Das standesrechtliche Werbeverbot für Ärzte unter Berücksichtigung wettbewerbs- und kartellrechtlicher Bestimmungen, 1992; *Schultz-Süchting* Der Rechtsschutz bei erwerbswirtschaftlicher Betätigung der öffentlichen Hand, GRUR 1974, 700; *Schwarz* Die wirtschaftliche Betätigung der öffentlichen Hand im Kartellrecht, FIW-Schriftenreihe Heft 51, 1969; *Schwierholz* Das Rechtsschutzsystem der Privatwirtschaft gegen Wirtschaftstätigkeit der öffentlichen Hand, Diss. Köln. 1955; *Siebert* Privatrecht im Bereich der öffentlichen Verwaltung, FS Niedermeyer, 1953; *ders.* Rechtsstellung und Haftung der Technischen Überwachungsvereine im Kraftfahrzeugprüfungswesen (Abhandlungen zum Arbeits- und Wirtschaftsrecht, Bd. 4), 1957; *Stern/Püttner* Die Gemeindewirtschaft, Recht und Realität, 1965; *Stober* Rein gewerbliche Betätigung der öffentlichen Hand und Verfassung, ZHR 145 (1981) 565; *ders.* Die privatrechtlich organisierte öffentliche Verwaltung, NJW 1984, 449; *ders.* Eigenwirtschaftliche Betätigung der öffentlichen Hand, BB 1989, 716; *Stock* Rundfunkrecht und Kartellrecht, AfP 1989, 627; *Stockmann* Privater Rundfunk – ein Ausnahmebereich der Fusionskontrolle, AfP 1989, 634; *Tettinger* Zivilgerichtliche Kontrolle des Wettbewerbshandelns der öffentlichen Hand, JA 1981, 156; *ders.* Das Recht des Rundfunks auf freie Berichterstattung bei Sportveranstaltungen, ZUM 1986, 497; *Tetzlaff* Wettbewerb von Sozialversicherungsträgern – Rechtswegfrage, WuW 1990, 1009; *Thiemeyer* Gemeinwirtschaftlichkeit als Ordnungsprinzip, 1970; *ders.* Wirtschaftslehre öffentlicher Betriebe, 1975; *Ulmer, P.* Programminformationen der Rundfunkanstalten in kartell- und wettbewerbsrechtlicher Sicht, 1983; *ders.* Die Anwendung von Wettbewerbs- und Kartellrecht auf die wirtschaftliche Tätigkeit der öffentlichen Hand beim Angebot von Waren oder Dienstleistungen, ZHR 146 (1982), 466; *Vetter* Die öffentliche Hand im Wettbewerb mit der privaten Wirtschaft, Diss. Freiburg 1939; *Vogel* Öffentliche Wirtschaftseinheiten in privater Hand, 1959; *Vollmar* Rechtsweg und Maßstab für Klagen gegen die öffentliche Hand wegen Wettbewerbsverstößen, Diss. Heidelberg, 1978; *Welter* Der Staat als Kunde, Öffentliche Aufträge in der Wettbewerbsordnung, 1960; *Wenger* Die öffentliche Unternehmung, Wien/New York 1969; *Wenzel* Wirtschaftliche Betätigung der öffentlichen Hand, NJW 1961, 2102; *Wilke/Schachel* Probleme fiskalischer Betätigung der öffentlichen Hand, WiVerw. 1982, 95; *Witte* (Hrsg.) Neuordnung der Telekommunikation, 1987; Bericht der Kommission zur Untersuchung der Wettbewerbsgleichheit von Presse, Funk, Fernsehen und Film (sog. Michel-Gutachten), BT-Drucksache V (1969) 2120; Der Staat als Wettbewerber und Auftraggeber privater Unternehmen, FIW Heft 108, 1984.

I. Die Beteiligung der öffentlichen Hand am Wirtschaftsleben

1. Erscheinungsformen der wirtschaftlichen Betätigung der öffentlichen Hand

E 1 Unter dem Begriff der **„öffentlichen Hand“** (vgl. § 98 Abs. 1 GWB) sind Bund, Länder, Gemeinden und sonstige verselbständigte öffentlich-rechtliche Einheiten zusammengefaßt. Die öffentliche Hand nimmt in vielfältiger Weise am Wirtschaftsleben teil, sei es daß sie als Anbieter oder Nachfrager von Waren oder Dienstleistungen auftritt, sei es daß sie von außen (z. B. durch Empfehlungen, Warnungen oder Subventionen) in das Wettbewerbsgeschehen eingreift. Die Einflußnahme auf das Wirtschaftsleben kann **hoheitlich** (z. B. Aussprechen von Verboten und Warnungen), **schlichthoheitlich** (z. B. Leistungserbringung im Bereich der Daseinsvorsorge) und **erwerbswirtschaftlich** erfolgen. Die Grenzen sind allerdings fließend, die zunehmende, vom Gemeinschaftsrecht erzwungene Deregulierung von „Verwaltungsmonopolen" (etwa im Bereich der Post) läßt das Konkurrenzverhältnis zu privaten Unternehmen stärker in den Vordergrund treten (vgl. *Brohm* NJW 1994, 281).

Die **Rechts- und Organisationsformen** der eigenen wirtschaftlichen Betätigung der öffentlichen Hand sind im wesentlichen:[1] **(1) Beteiligungen** an rechtlich selbständigen Unternehmen (Beispiel: Beteiligungen des Bundes an VIAG und Salzgitter AG) **(2) Öffentlichrechtliche Anstalten.** Zu ihren Erscheinungsformen gehören **(a) Eigenbetriebe** als nicht-rechtsfähige, aber intern verselbständigte Unternehmen (Beispiel: Kommunale Verkehrsbetriebe), **(b) Regiebetriebe** als bloße Abteilungen der Verwaltung ohne eigene Haushaltsführung (Beispiel: Reparaturwerkstatt der Polizei), **(c) Sondervermögen** (Beispiel: Bundesbahn und Postdienst vor der Privatisierung) und **(d) rechtlich selbständige Anstalten** (Beispiel: Sparkassen; Rundfunkanstalten). **(3) Privatrechtliche Organisationsformen** (insbesondere GmbH und AG, z. B. Deutsche Bahn AG). **E 2**

2. Verfassungsrechtliche Grenzen der wirtschaftlichen Betätigung der öffentlichen Hand

a) **Grundsatz.** Es besteht weitgehend Einigkeit darüber, daß das Grundgesetz die wirtschaftliche Betätigung der öffentlichen Hand weder generell gebietet noch generell verbietet.[2] Insbesondere ist dem Grundgesetz kein allgemeines Subsidiaritätsprinzip zu entnehmen, wonach die öffentliche Hand sich wirtschaftlich erst dann betätigen dürfe, wenn Private dazu nicht in der Lage wären.[3] Verschiedentlich wird allerdings angenommen, daß jede Form staatlicher Wirtschaftsbetätigung der kompetenzrechtlichen Legitimation bedürfe.[4] Gerechtfertigt seien Tätigkeiten im Bereich der Daseinsvorsorge („sozialwirtschaftliche Betätigung"), im Bereich der erwerbswirtschaftlichen Betätigung dagegen nur Randnutzungen von Verwaltungseinrichtungen und Hilfsgeschäfte (*Maunz/Dürig/Scholz*, GG Art. 12 Rdn. 401 ff). Dagegen wird allerdings vorgebracht,[5] daß nicht hinreichend zwischen einer staatlichen Verpflichtung zum Tätigwerden und einer Berechtigung hierzu unterschieden werde, daß es keine gesicherte Staatsaufgabenlehre gebe und daß dem Legitimationserfordernis keine subjektive Rechtsposition entspreche. – Soweit ersichtlich, steht auch **E 3**

[1] Dazu *Badura* FS Schlochauer, 1981, S. 3; *Piper* GRUR 1986, 574/575; *Püttner* Die öffentlichen Unternehmen, 2. A., 1985; *R. Schmidt* S. 507 ff; *H. Schricker* S. 3 ff, 21 ff.

[2] Vgl. dazu BGH GRUR 1971, 168, 169 – *Ärztekammer*; VGH Mannheim NJW 1995, 274; *R. Schmidt* S. 520 ff; *Piper* GRUR 1986, 574, 575; *v. Gamm* WRP 1984, 303 ff.

[3] Dazu *v. Gamm* Kap. 1 Rdn. 25; *R. Schmidt* S. 520 f; *D. Ehlers* Verwaltung in Privatrechtsform, 1984, S. 98 ff; *H. Schricker* S. 41; allg. *Isensee* Subsidiaritätsprinzip und Verfassung, 1968; vgl. auch *Fikentscher* Wirtschaftsrecht II, S. 116.

[4] Vgl. *Grupp* ZHR 140 (1976) 367, 379; *Isensee* DVBl. 1979, 149; *Stober* ZHR 145 (1981) 565, 581; *Scholz* FS Sieg, 1976, 507; *Rittner* Wirtschaftsrecht, 2. A., § 10 Rdn. 17.

[5] *R. Schmidt* S. 520/521; *v. Gamm* WRP 1984, 303, 305; *ders.* Kap. 1 Rdn. 26; *Harms* BB 1986, Beilage 17 S. 13.

die Rspr. auf dem Standpunkt, daß das wirtschaftliche Handeln der öffentlichen Hand keiner besonderen verfassungsrechtlichen Legitimation bedarf (vgl. nur BGH GRUR 1987, 116, 118 – *Kommunaler Bestattungswirtschaftsbetrieb I*). Es soll keinen Verstoß gegen Verfassungsprinzipien darstellen, wenn die öffentliche Hand sich durch erwerbswirtschaftliche Betätigung Mittel zur Erfüllung ihrer öffentlichen Aufgaben verschafft (BGH GRUR 1971, 168, 169 – *Ärztekammer*).

E 4 b) **Grundrechtsschranken.** Unstreitig sind allerdings bei der Tätigkeit der öffentlichen Hand die Grundrechte zu beachten. Die öffentliche Hand kann zwar für ihre wirtschaftliche Betätigung auch im Bereich der Daseinsvorsorge materiellen Grundrechtsschutz nicht in Anspruch nehmen[6], und zwar auch dann nicht, wenn sie sich privatrechtlich organisierter Unternehmen bedient. Sie muß aber umgekehrt die Grundrechte Privater, insbes. die Art. 2 (wirtschaftliche Entfaltung), Art. 3 (Chancengleichheit), Art. 12 (Berufsfreiheit) und Art. 14 (Eigentum) GG beachten. Schon die bloße Tatsache der wirtschaftlichen Betätigung der öffentlichen Hand kann dabei die Grundrechte Privater beeinträchtigen (vgl. BVerwGE 71, 183, 191). Umstritten ist dabei lediglich, wann ein grundrechtsrelevanter **„Eingriff durch Konkurrenz"** vorliegt (dazu *Emmerich*, Das Recht des unlauteren Wettbewerbs, 4. A., § 4/6 a; *H. Schricker* S. 31 ff).

E 5 aa) **Die Rechtsprechung der Verwaltungsgerichte**[7] ist dabei sehr zurückhaltend. Nach ihr soll das Grundgesetz die private Wirtschaft nicht vor (auch staatlicher) Konkurrenz schützen. Die Grundrechte seien erst tangiert, wenn ein Verdrängungswettbewerb stattfinde bzw. ein Konkurrent durch behördliche Maßnahmen eine (faktische) Monopolstellung erlange[8]. Daran wird kritisiert, daß die Wettbewerbsvorteile der öffentlichen Hand in Gestalt ihrer nahezu unbeschränkten Ressourcen nicht berücksichtigt würden.[9] Jede wirtschaftliche Betätigung der öffentlichen Hand stelle vielmehr einen potentiellen Grundrechtseingriff dar, der einer gesetzlichen Legitimation bedürfe und sich an den Grundsätzen der Erforderlichkeit und Verhältnismäßigkeit messen lassen müsse.[10] Andere stimmen dieser Rspr. zu und wollen die Grenzen der Zulässigkeit des Wettbewerbs der öffentlichen Hand nicht auf der Ebene des Verfassungsrechts, sondern auf der Ebene der einfachen Gesetze, insbesondere des GWB und des UWG, geklärt sehen.[11]

E 6 bb) **Die Rspr. der Zivilgerichte** geht davon aus, daß die wirtschaftliche Betätigung der öffentlichen Hand grundsätzlich verfassungsrechtlich zulässig ist, auch wenn es dafür keine besondere gesetzliche Ermächtigung gibt. So hat der BGH in der *„Ärztekammer"*-Entscheidung (BGH GRUR 1971, 168, 169) klargestellt, daß ein Verstoß gegen Verfassungsprinzipien nicht vorliege, wenn sich die öffentliche

---

[6] BVerfGE 21, 352, 369 ff; 45, 63, 78; 61, 82, 101; 68, 193, 206; *R. Schmidt* S. 521 ff; *v. Gamm* WRP 1984, 303, 304.

[7] Vgl. BVerwGE 17, 396 – *Gebäude-Versicherungsanstalt*; BVerwGE 39, 329 – *Kommunales Bestattungswesen*; BVerwG NJW 1978, 1539 – *Kommunale Wohnungsvermittlung*; BVerwGE 62, 224 – *Kommunale Abfallbeseitigung*; VGH München BayVBl. 1976, 628; VGH München BayVBl. 1982, 594; VGH Mannheim NJW 1984, 251; VGH Mannheim NJW 1995, 274.

[8] Soweit die öffentliche Hand Monopolstellungen innehat, unterliegt sie auch der Kontrolle durch Gemeinschaftsrecht (vgl. Art. 90 Abs. 2 EGV). Dazu EuGH EuZW 1993, 422, 423 – *Corbeau*; *Emmerich* § 4/6 a.

[9] Dazu, daß diese Kritik zu pauschal ist, es vielmehr auf den Einzelfall ankommt, vgl. den Sachverhalt in BGH GRUR 1987, 116, 118 – *Kommunaler Bestattungswirtschaftsbetrieb* I: Gemeindlicher Bestattungsbetrieb verliert durch das Auftreten privater Anbieter rund die Hälfte aller Aufträge.

[10] Vgl. *Emmerich* § 4/6 a; *ders.* Die AG 1985, 293; *Scholz* in: Maunz/Dürig/Scholz Art. 12 Rdn. 402 ff; *R. Schmidt* S. 523 ff; *Hoffmann-Becking* FS Wolff, 1973, 445, 457 ff.

[11] Vgl. *Harms* BB 1986 Beilage 17 S. 13.

Hand durch eine erwerbswirtschaftliche Betätigung zusätzliche Mittel zur Erfüllung ihrer öffentlichen Aufgabe verschaffe. Im Grundsatz wollen sich die Zivilgerichte auch nicht in die Frage einmischen, ob und in welchem Umfang die öffentliche Hand am Wirtschaftsleben überhaupt teilnehmen darf. Sie sehen darin eine wirtschaftspolitische Frage, die in den Aufgabenbereich von Gesetzgebung und Verwaltung gehöre.[12] Dementsprechend wollen sich die Zivilgerichte grundsätzlich darauf beschränken, die Art und Weise der Beteiligung der öffentlichen Hand am Wirtschaftsleben zu überprüfen (vgl. BGH GRUR 1987, 116, 118 – *Kommunaler Bestattungswirtschaftsbetrieb I*; BGH GRUR 1991, 52, 56 – *Kreishandwerkerschaft I*). Diese grundsätzliche Trennung der Beurteilung des **„ob"** und **„wie"** der wirtschaftlichen Betätigung der öffentlichen Hand[13] hindert die Zivilgerichte allerdings nicht daran, im Rahmen der Prüfung der Sittenwidrigkeit eines Marktverhaltens der öffentlichen Hand **mittelbar** auch über das „ob" der Teilnahme am Wettbewerb zu entscheiden:

„Zwar trifft es zu, daß es grundsätzlich eine allgemeine wirtschaftspolitische und keine wettbewerbsrechtliche Frage ist, ob und inwieweit die öffentliche Hand sich am Wettbewerb beteiligen darf. Indessen folgt daraus nicht, daß das vorliegend in Rede stehende Verhalten der Bekl. der Beurteilung nach § 1 UWG entzogen wäre" (BGHZ 82, 375, 397 = GRUR 1982, 425, 429 – *Brillen-Selbstabgabestellen*). Im Grunde stellten bereits die *„Landwirtschaftsausstellung"*-Entscheidung (BGH GRUR 1964, 210) und die *„Blockeis II"*-Entscheidung (BGH GRUR 1965, 373) eine Entscheidung über das „ob" der wirtschaftlichen Betätigung der öffentlichen Hand dar. – Hauptanknüpfungspunkte für die Zivilrechtsprechung sind dabei der Gedanke der Verquickung hoheitlicher und erwerbswirtschaftlicher Interessen, der Gedanke des Rechtsbruchs und der der Gefährdung des Bestands des Leistungswettbewerbs.[14]

Im Ergebnis leistet damit die Zivilrechtsprechung über die Kontrolle des „wie" der wirtschaftlichen Betätigung hinaus mindestens den gleichen Rechtsschutz Privater vor der Aufnahme wirtschaftlichen Wettbewerbs durch die öffentliche Hand wie ihn die Verwaltungsgerichte unter Bemühung der Grundrechte gewähren. Dabei mag – zwar nicht im rechtlichen Ansatz, aber doch in der konkreten Bewertung der Marktverhältnisse – der Rechtsschutz durch die Zivilgerichte tendenziell großzügiger sein als der durch die Verwaltungsgerichte. Soweit sich die öffentliche Hand zur wettbewerbsrechtlichen Rechtfertigung ihres Handelns auf einfachgesetzliche Normen stützt, prüft der BGH auch, ob die entsprechende Norm mit den Grundrechten, insbes. Art. 12 GG, vereinbar ist. So hat der BGH in einem *obiter dictum* deutlich gemacht, daß eine gesetzliche Ermächtigung zur schrankenlosen Einrichtung von Selbstabgabestellen der AOK gegen Art. 12 Abs. 1 GG verstoßen würde, weil andernfalls die freie Berufstätigkeit selbständiger Augenoptiker zur Disposition der öffentlichen Hand stünde. – Er hat im konkreten Fall die Tätigkeit der Brillen-Selbstabgabestellen untersagt, weil im Hinblick auf die bestehende wettbewerbliche

---

[12] BGH GRUR 1974, 733, 734 – *Schilderverkauf*; BGH GRUR 1971, 168, 169 – *Ärztekammer*; BGH GRUR 1964, 210, 212 – *Landwirtschaftsausstellung*; BGH GRUR 1959, 244, 246 – *Versandbuchhandlung*; RGZ 138, 174, 176 – *Haus der Jugend*.

[13] Ebenso für Österreich OHG GRUR Int. 1991, 309 – *PSK*; dazu *Koppensteiner* WBl. 1991, 104.

[14] Vgl. BGH aaO – *Brillen-Selbstabgabestellen*; BGH GRUR 1993, 917, 919 – *Abrechnungs-Software für Zahnärzte*; *Ulmer* ZHR 146 (1982) 466, 494 ff, der auch auf die gleichzeitig bestehenden Möglichkeiten der kartellrechtlichen Kontrolle (§§ 22, 24, 26 Abs. 2 GWB) hinweist.

Ausgangslage und die möglichen Auswirkungen eine Gefährdung der Existenz eines vorhandenen und anerkannten Berufsstandes und damit zugleich des Bestands des Leistungswettbewerbs anzunehmen war.

II. Rechtsweg und Rechtsschutz bei Klagen gegen die öffentliche Hand

1. Rechtsweg

E 7 Die Frage, inwieweit bei Klagen Privater gegen die wirtschaftliche Betätigung der öffentlichen Hand der Rechtsweg zu den ordentlichen Gerichten, zu den (allgemeinen) Verwaltungsgerichten oder zu sonstigen (z. B. Sozial-)Gerichten eröffnet ist, ist in Rspr. und Lit. eingehend behandelt.[15] Auf die Darstellung von *Jacobs* (Vor § 13 D 16 ff) sei hingewiesen. Für den Rechtsweg zu den ordentlichen Gerichten ist maßgebend, ob die öffentliche Hand am Wettbewerb teilnimmt, indem sie auf dem Boden der Gleichordnung im Wettbewerb mit Privaten Leistungen anbietet (oder nachfragt) oder in sonstiger Weise auf den Wettbewerb einwirkt. Auf die Rechtsnatur der Leistungsbeziehungen zu den Mitgliedern, Benutzern usw. kommt es nicht an. Dem liegt die Vorstellung von der **Doppelnatur** hoheitlicher Maßnahmen mit wettbewerblichen Auswirkungen zugrunde (hoheitliches Verhalten gegenüber Mitgliedern, Benutzern usw; privatrechtliches Handeln gegenüber den Wettbewerbern; vgl. nur BGH GRUR 1993, 917, 919 – *Abrechnungs-Software für Zahnärzte*; krit. *Brohm* NJW 1994, 281, 288). – Diese Rechtswegabgrenzung gilt auch für den Fall, daß zwei öffentlich-rechtliche Körperschaften einander im Wettbewerb gegenüberstehen (vgl. *Piper* GRUR 1986, 574, 578; *Baumbach/Hefermehl* § 1 Rdn. 927). Auszunehmen ist jedoch der Fall des Wettbewerbs von Ersatzkassen und AOK um Mitglieder, da das Wettbewerbsverhältnis insoweit von sozialversicherungsrechtlichen Normen überlagert wird (GemS-OGB NJW 1990, 1527).

2. Rechtsschutz

E 8 a) **Doppelkontrolle.** Die Rechtswegabgrenzung sagt nichts darüber aus, ob ein Privater gegen die wirtschaftliche Betätigung der öffentlichen Hand nur im Zivilrechtsweg oder auch im Verwaltungsrechtsweg oder nur im Verwaltungsrechtsweg vorgehen kann. Im Hinblick auf die **Doppelnatur** des Verwaltungshandelns mit wettbewerblichen Auswirkungen (Rdn. 7) stehen dem Privaten grundsätzlich beide Wege offen (**Doppelkontrolle**; dazu GemS-OGB in BGHZ 102, 280, 285; *R. Scholz* NJW 1978, 16, 18; krit. *Bohm* NJW 1994, 281, 288). Er kann im **Verwaltungsrechtsweg** rügen, daß die öffentliche Hand bei der Aufnahme ihrer wirtschaftlichen Tätigkeit seine Grundrechte (insb. Art. 2, 3, 12, 14 GG) oder ihn schützende öffentlich-rechtliche Normen verletzt. Er kann aber auch im **Zivilrechtsweg** vorgehen und die Wettbewerbswidrigkeit des fraglichen Verhaltens rügen. Das ursprüngliche Konzept war dabei, daß über das „ob" der wirtschaftlichen Betätigung der öffentlichen Hand die Verwaltungsgerichte, über das „wie" dagegen die Zivilgerichte entscheiden sollten. Die Verwaltungsgerichte sehen dementsprechend von einer Prüfung ab,

---

[15] Aus der Rspr. vgl. BGHZ 67, 81, 89 = GRUR 1977, 51 – *Auto-Analyzer*; BGH GRUR 1982, 433, 434 – *Kinderbeiträge*; BGHZ 82, 375, 384 = GRUR 1982, 425 – *Brillen-Selbstabgabestellen*; BGH GRUR 1987, 116 – *Kommunaler Bestattungswirtschaftsbetrieb I*; GemS-OGB, in: BGHZ 102, 280, 286 = NJW 1989, 2295 – *Gebrauchte Kassen-Rollstühle*; aus dem Schrifttum vgl. *v. Gamm* Kap. 17 Rdn. 10 ff; *Baumbach/Hefermehl* § 1 Rdn. 917 ff; *Piper* GRUR 1986, 574, 576 ff; *Harms* BB 1986, Beilage 17, S. 3 ff.

ob die Art und Weise der aufgenommenen Tätigkeit etwa gegen Wettbewerbsrecht verstößt und verweisen insoweit den Privaten auf den Weg zu den ordentlichen Gerichten (vgl. nur BVerwGE 39, 329, 331, 337 – betr. Bestattungswesen; VGH Mannheim NJW 1984, 252 betr. Gründung einer städtischen Wohnungsbaugesellschaft). Umgekehrt gingen die Zivilgerichte davon aus, daß sie über die grundsätzliche Zulässigkeit der Aufnahme einer wirtschaftlichen Tätigkeit nicht zu befinden hätten (vgl. nur BGH GRUR 1974, 733, 734 – *Schilderverkauf*). Es erwies sich freilich, daß die Verwaltungsgerichte in der Gewährung von Rechtsschutz sehr zurückhaltend waren (*R. Schmidt* S. 534: „an Rechtsverweigerung grenzende Haltung"; Rspr.-Nachweise in Rdn. 5 Fn. 7). Das mochte mit der Anlaß dafür sein, daß die Zivilgerichte im Rahmen der Überprüfung der wettbewerblichen Auswirkungen der Tätigkeit der öffentlichen Hand sich nicht mehr mit einer Kontrolle der „Art und Weise" der wirtschaftlichen Betätigung begnügen, sondern über § 1 UWG mittelbar auch über den Zugang der öffentlichen Hand zum Wettbewerb entscheiden (vgl. BGH GRUR 1965, 373 – *Blockeis II*; BGHZ 82, 375 – *Brillen-Selbstabgabestellen*; BGH GRUR 1987, 116, 118 – *Kommunaler Bestattungswirtschaftsbetrieb I*).

b) Keine Eingriffe der Zivilgerichte in die Zuständigkeit der Verwaltungsgerichte. Die Zivilgerichte dürfen allerdings nicht gegen das hoheitliche Handeln als solches vorgehen (vgl. nur BGH GRUR 1982, 425, 427 – *Brillen-Selbstabgabestellen*), etwa hoheitliche Anordnungen aufheben. Denn damit würden die Zivilgerichte in die Kompetenz der Verwaltungsgerichte eingreifen (vgl. OLG Frankfurt WRP 1992, 488). Angesichts der möglichen **Doppelnatur** hoheitlicher Maßnahmen (Verwaltungshandeln mit privatrechtlichen Auswirkungen) und im Hinblick darauf, daß das öffentliche Recht nicht über, sondern neben dem Privatrecht steht, können die Zivilgerichte jedoch Verbote aussprechen, „die der Sache nach nicht nur auf das Verbot von Wettbewerbsmaßnahmen hinauslaufen, sondern – wegen der privatrechtlichen Auswirkungen des beanstandeten Wettbewerbshandelns – auch den öffentlich-rechtlichen Tätigkeitsbereich des Verwaltungsträgers berühren"[16]. Hier kommt es daher auf die sachgerechte Antragstellung an, doch ist ggf. eine großzügige Auslegung des Antrags geboten (vgl. BGH GRUR 1987, 829, 830 – *Krankentransporte*). E 9

III. Inanspruchnahme wettbewerbsrechtlichen Schutzes durch die öffentliche Hand

1. Der Schutz der öffentlichen Hand vor unlauterem Wettbewerb

Nimmt die öffentliche Hand in erlaubter Weise am Wirtschaftsleben teil, so genießt sie auch den Schutz des Wettbewerbsrechts vor unlauteren Wettbewerbshandlungen von Mitbewerbern.[17] Ob die öffentliche Hand die Leistungsbeziehungen zu E 10

[16] BGH GRUR 1982, 425, 427 – *Brillen-Selbstabgabestellen*; BGHZ 66, 229, 232 = GRUR 1976, 658, 659 – *Studenten-Versicherung*; BGHZ 67, 81, 85 = GRUR 1977, 51, 52 – *Auto-Analyzer*; *v. Gamm* Kap. 17 Rdn. 14, 16; *Piper* GRUR 1986, 574, 577; vgl. aber auch BayObLG GRUR 1982, 500 und dazu krit. *Hitzler* GRUR 1982, 474. Insgesamt ablehnend *Brohm* NJW 1994, 281 ff.

[17] StRspr.; vgl. BGHZ 37, 1, 17 = GRUR 1962, 470, 475 – *AKI*; BGHZ 68, 132 = GRUR 1977, 543, 545 – *Der 7. Sinn*; BGH GRUR 1993, 692, 694 – *Guldenburg*; OLG Karlsruhe GRUR 1989, 669, 671; OLG Düsseldorf WRP 1973, 643, 645. Aus dem Schrifttum *Baumbach/Hefermehl* § 1 Rdn. 929; *v. Gamm* Kap. 17 Rdn. 9 und Kap. 20 Rdn. 4; *Piper* GRUR 1986, 574, 576.

ihren Abnehmern, Mitgliedern oder Benutzern privatrechtlich oder öffentlich-rechtlich gestaltet, ist ohne Belang. Auch wenn sie dabei in einem öffentlich-rechtlichen Verhältnis steht, schließt dies ein privatrechtliches (Wettbewerbs-)Verhältnis zu privaten Mitbewerbern nicht aus. So hat die Rspr. bei öffentlich-rechtlichen Rundfunkanstalten ohne weiteres ein Wettbewerbsverhältnis zu einem Kinobetreiber (BGHZ 37, 1, 17 – *AKI*) oder zu einem Hersteller von Gesellschaftsspielen (BGHZ 68, 132 – *Der 7. Sinn*) bejaht. In späteren Entscheidungen wird die Frage gar nicht mehr angeschnitten (vgl. BGHZ 83, 390, 392 = GRUR 1982, 431 – *POINT*).

Wettbewerbsrechtlichen Schutz kann die öffentliche Hand aber nur dann und nur insoweit beanspruchen, als sie sich **in rechtlich zulässiger Weise** am Wettbewerb beteiligt. Das ist jedenfalls dann zu bejahen, wenn die öffentliche Hand dabei in Erfüllung einer ihr gesetzlich zugewiesenen Aufgabe, insbesondere im Bereich der Daseinsvorsorge, tätig wird. Wird die öffentliche Hand dagegen rein erwerbswirtschaftlich (fiskalisch) tätig, ist zu unterscheiden. Privatrechtlich organisierte Unternehmen im Besitz der öffentlichen Hand genießen ohne weiteres wettbewerbsrechtlichen Schutz. Anders verhält es sich, wenn die öffentliche Hand Verwaltungseinrichtungen für unternehmerische Zwecke nutzt. Dies ist ihr nicht schlechthin, sondern nur in Randbereichen gestattet (sog. **Randnutzung** von Verwaltungseinrichtungen; vgl. BGH GRUR 1993, 692, 694 – *Guldenburg*). Eine solche zulässige Randnutzung liegt etwa vor bei: Aufnahme von Anzeigen in ein amtliches Mitteilungsblatt (BGH GRUR 1971, 168 – *Ärztekammer*); Vermietung von Werbeflächen oder Räumen in einem Verwaltungsgebäude (vgl. OLG Hamm NJW-RR 1992, 1071); Abgabe von Speisen und Getränken an Außenstehende in einer Studentenmensa oder Verwaltungskantine; Vergabe von Lizenzen für die Verwertung von Rundfunksendungen (BGH aaO – *Guldenburg*). Liegt an sich eine zulässige Randnutzung bzw. Randnutzungsmöglichkeit vor, so ist weiter zu fragen, ob sie im Einzelfall nicht gegen zwingende öffentlich-rechtliche Vorschriften verstößt (BGH aaO – *Guldenburg*). So würde z. B. das Titelmerchandising einer öffentlich-rechtlichen Rundfunkanstalt gegen das medienrechtliche Gebot der Neutralität im Wettbewerb, der Unabhängigkeit der Programmgestaltung und der Abwehr sachfremder Einflüsse sowie das Verbot der medialen Werbung verstoßen (BGH aaO – *Guldenburg*; krit. hierzu *Brohm* NJW 1994, 281, 286: „Rechtsverweigerung").

2. Klagebefugnis öffentlich-rechtlicher Verbände

E 11 Öffentlich-rechtliche Verbände können ungeachtet ihrer öffentlich-rechtlichen Aufgabenstellung **„rechtsfähige Verbände zur Förderung gewerblicher Interessen"** iS des § 13 Abs. 2 Nr. 2 (stRspr., vgl. BGH WRP 1990, 282, 283 – *Anwaltswahl durch Mieterverein* mwN; § 13 Rdn. 52, 53) und damit klagebefugt sein. Sie können wettbewerbsrechtliche Ansprüche gegen Private auch dann geltend machen, wenn ihnen ein öffentlich-rechtliches Vorgehen möglich wäre (BGHZ 79, 390, 392 ff = GRUR 1981, 596, 597 – *Apotheken-Steuerberatungsgesellschaft*; *Erdmann* § 13 Rdn. 52).

IV. Anwendbarkeit des Wettbewerbsrechts auf das Handeln der öffentlichen Hand

1. Freistellung der öffentlichen Hand vom UWG?

E 12 In § 98 Abs. 1 GWB ist klargestellt, daß das Kartellrecht auch auf Unternehmen der öffentlichen Hand anzuwenden ist. Nichts anderes kann im Grundsatz für das

Wettbewerbsrecht gelten. Das Tatbestandsmerkmal „wer", etwa in § 1, schließt jedermann, auch die öffentliche Hand ein (*Piper* GRUR 1986, 574, 575). Dies besagt freilich noch nichts darüber, ob und unter welchen Voraussetzungen die öffentliche Hand von der Geltung des Wettbewerbsrechts freigestellt ist. Hierzu gibt es im älteren Schrifttum ein breites Meinungsspektrum (vgl. die Nachweise bei *Harms* BB 1986, Beilage 17, S. 8). Einigkeit sollte jedenfalls darüber bestehen, daß einerseits das Wettbewerbsrecht nicht die Erfüllung öffentlicher Aufgaben vereiteln darf, daß andererseits das Wettbewerbsrecht nicht schon deshalb zurückzutreten hat, weil die öffentliche Hand eine öffentliche Aufgabe oder ein öffentliches Interesse wahrnimmt (**a. A.** allerdings *Brohm* NJW 1994, 281, der sich dezidiert für ein Zurücktreten des Wettbewerbsrechts hinter das öffentliche Recht ausspricht). Nach *Harms* (BB 1986 Beilage 17 S. 9) soll das Wettbewerbsrecht unanwendbar sein, wenn die fragliche Maßnahme gesetzlich vorgeschrieben, unverzichtbar oder die Wettbewerbsabsicht nebensächlich sei. Die Position des BGH in dieser Frage ist nicht ganz eindeutig. Es hat aber den Anschein, als wolle er jedenfalls öffentlich-rechtlich **gebotene** Maßnahmen der öffentlichen Hand von vornherein von der Anwendung des Wettbewerbsrechts freistellen[18]. – Richtigerweise ist die grundsätzliche Anwendbarkeit des Wettbewerbsrechts auf die öffentliche Hand nicht als Vorfrage außerhalb des Wettbewerbsrechts, sondern als Hauptfrage innerhalb des Wettbewerbsrechts zu klären, weil es selbst die erforderlichen Abgrenzungskriterien an die Hand gibt: Es greift von seinem eigenen Geltungsanspruch her nur bei einem Handeln im geschäftlichen Verkehr zu Zwecken des Wettbewerbs ein. Innerhalb dieser Tatbestandsmerkmale ist zu klären, ob das Wettbewerbsrecht überhaupt anwendbar ist. Ist dies zu bejahen, so ist im Rahmen der wettbewerbsrechtlichen Gesamtwürdigung des Verhaltens auch der Gesichtspunkt der Erfüllung einer öffentlichen Aufgabe zu berücksichtigen. Nur dieser Ansatz, der unnötige generelle Festlegungen vermeidet, wird der Vielgestaltigkeit des Handelns der öffentlichen Hand gerecht.

2. Handeln im geschäftlichen Verkehr

a) **Allgemeines.** Ein Handeln im geschäftlichen Verkehr liegt vor, wenn die betreffende Tätigkeit nur irgendwie der Förderung eines eigenen oder fremden Geschäftszwecks dient und sich nicht als rein private oder amtliche bzw. hoheitliche Betätigung darstellt (vgl. nur BGH GRUR 1964, 208, 209 – *Fernsehinterview* sowie Rdn. 18 ff). Die Anwendung dieses Tatbestandsmerkmals auf die öffentliche Hand wirft eine Reihe von Einzelfragen auf, die z. T. auch beim Tatbestandsmerkmal des Handelns zu Wettbewerbszwecken behandelt werden (können). Vgl. daher auch Rdn. 23 ff. **E 13**

b) **Einzelfragen. aa) Abgrenzung zur internen Willensbildung.** Kein Handeln im geschäftlichen Verkehr liegt vor bei Vorgängen der internen Willensbildung. Dazu muß das Handeln vielmehr nach außen hervortreten (*H. Schricker* S. 75). Eine bloß interne Dienstanweisung oder ein Gemeinderatsbeschluß stellen daher noch kein Handeln im geschäftlichen Verkehr dar (BGH GRUR 1987, 829, 830 – *Krankentransporte*; OLG Koblenz WRP 1983, 225, 226), mag darüber auch in der Tagespresse berichtet worden sein (OLG Koblenz aaO). Allerdings können Maßnahmen **E 14**

[18] Vgl. BGH GRUR 1982, 425, 430 – *Brillen-Selbstabgabestellen*: „Die Selbstabgabe von Brillen durch die Bekl., die aus sozialversicherungsrechtlicher Sicht nicht als geboten angesehen werden kann, ist wettbewerbswidrig iS von § 1 UWG. Mit der Selbstabgabe von Brillen tritt die Bekl. im geschäftlichen Verkehr zu Zwecken des Wettbewerbs als Wettbewerberin auf."

der internen Willensbildung als Vorbereitungshandlungen Erstbegehungsgefahr eines Wettbewerbsverstoßes begründen. Mit Aufhebung der internen Maßnahme fällt diese Gefahr freilich wieder weg (OLG Koblenz aaO).

E 15 bb) **Erwerbswirtschaftliche Betätigung der öffentlichen Hand.** Unstreitig handelt die öffentliche Hand im geschäftlichen Verkehr, wenn sie mit ihrer Tätigkeit erwerbswirtschaftliche (fiskalische) Zwecke verfolgt (vgl. nur BGH GRUR 1962, 159 und 1965, 373 – *Blockeis I* und *II*; BGH GRUR 1974, 733 – *Schilderverkauf*; *H. Schricker* S. 78). Sie unterliegt insoweit uneingeschränkt dem Wettbewerbsrecht. Das gilt auch dann, wenn es sich um eine sog. **Randnutzung** öffentlicher Einrichtungen handelt, wie etwa die Aufnahme von Anzeigen in ein Amtsblatt (BGH GRUR 1973, 530 – *Crailsheimer Stadtblatt*) oder die Vermietung von Reklameflächen in öffentlichen Gebäuden. Eine Gewinnerzielungsabsicht ist nicht erforderlich.

E 16 cc) **Eigen- und Regiebetriebe der öffentlichen Hand** handeln dann im geschäftlichen Verkehr, wenn sie auch Aufträge von Privaten entgegennehmen oder umgekehrt die Trägerkörperschaft ihren Bedarf nicht ausschließlich beim Regiebetrieb deckt, sondern daneben auch noch private Unternehmen heranzieht[19].

E 17 dd) **Beschaffungstätigkeit der öffentlichen Hand.** Soweit die öffentliche Hand die für ihre Tätigkeit erforderlichen Waren und Dienstleistungen auf dem Markt nachfragt, handelt sie grundsätzlich im geschäftlichen Verkehr. **Beispiele:** Vergabe öffentlicher Aufträge im Bauwesen; Bücherbeschaffung durch Hochschulen; Beschaffung von Filmen durch Fernsehanstalten; Kauf von Büromaterial (vgl. *H. Schricker* S. 77). – Eine andere Frage ist es, ob in solchen Fällen auch ein Handeln zu **Zwecken des Wettbewerbs** gegeben ist (verneint z. B. von BGH GRUR 1968, 95, 97 – *Büchereinachlaß*). Dazu Rdn. 29.

E 18 ee) **Hoheitliche Tätigkeit der öffentlichen Hand.** Die rein hoheitliche Tätigkeit erfolgt ihrer Natur nach nicht im geschäftlichen Verkehr. Doch wann ist eine Maßnahme der öffentlichen Hand als rein hoheitlich anzusehen? Darauf läßt sich angesichts der Fülle denkbarer Fallkonstellationen keine einheitliche Antwort geben. Vielmehr sind stets die Umstände des Einzelfalls zu berücksichtigen. Immerhin besteht über einige Fragen Klarheit. So ist ein Handeln im geschäftlichen Verkehr nicht schon deshalb zu verneinen, weil die öffentliche Hand öffentlich-rechtliche Handlungsformen gebraucht. Andernfalls wäre es nämlich ein Leichtes, sich dem Zugriff des Wettbewerbsrechts zu entziehen. Andererseits liegt ein Handeln im geschäftlichen Verkehr grundsätzlich nicht vor, wenn die öffentliche Hand Maßnahmen durchführt, die ihr gesetzlich vorgeschrieben sind oder zu denen sie ausdrücklich gesetzlich ermächtigt ist (so i. Erg. auch BGH GRUR 1982, 425, 427 ff – *Brillen-Selbstabgabestellen*). Die eigentlichen Schwierigkeiten bilden die Bereiche, in denen die öffentliche Hand zwar eine legitime öffentliche Aufgabe, etwa im Bereich der Daseinsvorsorge, erfüllt, für die konkret getroffene Maßnahme aber keine gesetzliche Verpflichtung oder Befugnis vorliegt. Hier ist zunächst festzuhalten, daß die bloße Erfüllung einer öffentlichen Aufgabe ein Handeln im geschäftlichen Verkehr nicht ausschließt. Da der Begriff der öffentlichen Aufgabe nicht eindeutig und abschließend definiert, vielmehr außerordentlich dehnbar ist, würde sonst nämlich der größte Teil staatlicher Tätigkeit im Bereich der Wirtschaft der Kontrolle des Wettbewerbsrechts entzogen. Andererseits kann in solchen Fällen ein Handeln im

---

[19] *Emmerich* Der Wettbewerb der öffentlichen Hand, insbesondere das Problem der staatlichen Versorgungsmonopole, 1971, S. 28, 40; *H. Schricker* S. 78.

geschäftlichen Verkehr nicht ohne weiteres bejaht werden. Zweckmäßigerweise wird man Fallgruppen bilden müssen.

aaa) **Hoheitliche Leistungserbringung im Wettbewerb mit anderen.** Gesichert dürfte sein, daß die Erbringung von Leistungen im Wettbewerb zu anderen Anbietern auch dann eine Maßnahme „im geschäftlichen Verkehr" darstellt, wenn die Leistungsbeziehung zu den Benutzern oder Mitgliedern öffentlich-rechtlich ausgestaltet ist[20]. Etwas anderes hat nur zu gelten, wenn auch das Wettbewerbsverhältnis öffentlich-rechtlich geregelt (vgl. GemS-OGB NJW 1990, 1527) und damit auch der Grundsatz der Freiheit des Wettbewerbs aufgehoben oder überlagert ist, von dem das Wettbewerbs- und das Kartellrecht ausgehen. **E 19**

bbb) **Hoheitliche Eingriffe in fremde Wettbewerbsbeziehungen.** Maßnahmen der Eingriffs- oder Leistungsverwaltung, die sich auf den Wettbewerb zwischen anderen auswirken (z. B. Empfehlungen, Warnungen, Subventionen), müssen nicht, können aber ein Handeln im geschäftlichen Verkehr darstellen (zu eng daher OLG Stuttgart WRP 1991, 531, 533, das bereits aus der hoheitlichen Aufgabenstellung auf ein fehlendes Handeln im geschäftlichen Verkehr schließt). Ein Abgrenzungskriterium dürfte sein, ob die öffentliche Hand insoweit streng sachlich, unparteiisch und unter Wahrung anerkannter Verwaltungsprinzipien (wie z. B. Verhältnismäßigkeit, Gleichbehandlung) handelt. Ist dies der Fall, wird im Zweifel die Förderung eines fremden Geschäftszweckes, mag er im Einzelfall auch die notwendige Folge eines solchen Handelns sein, zu verneinen sein. Zumindest wird in solchen Fällen keine Wettbewerbsabsicht vorliegen. Anders verhält es sich, wenn die öffentliche Hand mit ihrer Maßnahme zugleich eigene oder fremde erwerbswirtschaftliche Interessen verfolgt (vgl. BGH GRUR 1990, 611, 613 – *Werbung im Programm* – allerdings zur Frage des Handelns zu Wettbewerbszwecken). Verletzt die öffentliche Hand die ihr auferlegten Bindungen oder handelt sie ohne jede gesetzliche Ermächtigung (vgl. Bay ObLG GRUR 1982, 500, 503 – *Randsortiment*), so kann dies jedenfalls ein Indiz für ein Handeln im geschäftlichen Verkehr sein. (Davon zu trennen ist die Frage, ob derartige Verstöße zur Wettbewerbswidrigkeit der Maßnahme führen; dazu Rdn. 60 ff). Daß die Maßnahme ggf. auch auf dem Verwaltungsrechtsweg angegriffen werden kann, schließt die Anwendung des Wettbewerbsrechts nicht aus (Rdn. 8). Umstritten ist das Vorliegen eines Handelns im geschäftlichen Verkehr (und dementsprechend die Rechtswegfrage) bei Maßnahmen von öffentlich-rechtlichen Körperschaften (z. B. Ärzte-, Apotheker-, Architektenkammern) gegenüber ihren Mitgliedern. Es ist jedenfalls dann zu bejahen, wenn für wettbewerbsbeschränkende Maßnahmen eine ausreichende gesetzliche Grundlage fehlt (vgl. BayObLG aaO; *Kramm* Rechtsschutz gegen wettbewerbseinschränkende Eingriffe von Apothekenkammern, WRP 1992, 365, 370). **E 20**

c) **Gegenstand des Unterlassungsanspruchs** ist in den Fällen hoheitlicher Maßnahmen das Verwaltungshandeln in seiner wettbewerblichen Auswirkung. Daß mit dem Verbot einer bestimmten Maßnahme zugleich in den öffentlich-rechtlichen Tätigkeitsbereich der öffentlichen Hand eingegriffen wird, ist die notwendige Folge dieser Beurteilung (BGH GRUR 1982, 425, 427 – *Brillen-Selbstabgabestellen* mwN sowie Rdn. 9). Der Unterlassungsanspruch kann sich freilich nicht auf eine innerbehördliche Maßnahme (z. B. Dienstanweisung) beziehen, sondern nur auf deren Um- **E 21**

[20] StRspr.; vgl. BGHZ 66, 229, 232 = GRUR 1976, 658, 659 – *Studentenversicherung*; BGHZ 67, 81, 85 = GRUR 1977, 51, 52 – *Auto-Analyzer*; BGHZ 82, 375, 383 = GRUR 1982, 425 – *Brillen-Selbstabgabestellen*; vgl. weiter *v. Gamm* Kap. 17 Rdn. 28.

setzung in ein nach außen wirkendes Verhalten (BGH GRUR 1987, 829, 830 – *Krankentransporte*). Bezieht sich der Klageantrag dem Buchstaben nach auf die Unterlassung einer internen Dienstanweisung, kann er im Wege der Auslegung unter Berücksichtigung des Klagevortrags auf die – allein relevanten – zivilrechtlichen Auswirkungen bezogen werden (BGH aaO).

3. Handeln zu Zwecken des Wettbewerbs.

E 22 a) **Allgemeines.** Ein Handeln zu Zwecken des Wettbewerbs liegt dann vor, wenn ein Verhalten objektiv geeignet ist, den Absatz oder Bezug einer Person zum Nachteil einer anderen zu begünstigen und der Handelnde dabei subjektiv in der Absicht tätig wird, eigenen oder fremden Wettbewerb zum Nachteil eines anderen zu fördern, sofern diese Absicht nicht völlig hinter anderen Beweggründen zurücktritt. Das Bewußtsein, fremden oder eigenen Wettbewerb zu fördern, ist zwar regelmäßig ein Indiz für die Wettbewerbsabsicht. Doch kann es anders liegen, wenn vorrangig aus anderen Gründen gehandelt wird und die Wettbewerbsförderung lediglich notwendige Folge dieses – anders motivierten – Handelns ist. Diese Grundsätze gelten auch und gerade für die öffentliche Hand.[21] Jedoch sind einige Besonderheiten zu beachten (vgl. BGH GRUR 1990, 463, 464 – *Firmenrufnummern*; *v. Gamm* WRP 1984, 303, 307). Dazu sogleich.

E 23 b) **Einzelfragen. aa) Rein erwerbswirtschaftliche Tätigkeit der öffentlichen Hand.** Betätigt sich die öffentliche Hand rein erwerbswirtschaftlich, etwa durch Eigenbetriebe (zum Begriff Rdn. 2 und *R. Schmidt* S. 510) oder Unternehmen in privater Rechtsform oder sonstwie, besteht eine **tatsächliche Vermutung** für ein Handeln zu Wettbewerbszwecken wie bei anderen Gewerbetreibenden auch (BGH GRUR 1990, 463, 464 – *Firmenrufnummern*; vgl. auch OLG Hamm NJW-RR 1992, 1071; *v. Gamm* WRP 1984, 303, 307; *H. Schricker* S. 80). Unerheblich ist es, daß die öffentliche Hand auch bei dieser Betätigung öffentliche Zwecke fördert bzw. im Rahmen der Daseinsvorsorge handelt oder daß die Erträge für Zwecke der Verwaltung oder für öffentliche Interessen verwendet werden (*v. Gamm* aaO). Auch das Fehlen einer Gewinnerzielungsabsicht ist unschädlich (BGH GRUR 1974, 733, 734 – *Schilderverkauf*; 1981, 823, 825 – *Ecclesia-Versicherungsdienst*).

E 24 **bb) Hoheitliches Handeln mit privatrechtlichen Auswirkungen auf Mitbewerber.** Wird die öffentliche Hand hoheitlich tätig und hat dies Auswirkungen auf den Wettbewerb, ist eine Wettbewerbsabsicht nicht ohne weiteres zu bejahen (BGH GRUR 1993, 917, 919 – *Abrechnungs-Software für Zahnärzte*). Vielmehr ist im allgemeinen davon auszugehen, daß die Verwaltung damit lediglich öffentliche Aufgaben erfüllen will. Doch schließen sich im Einzelfall die Erfüllung einer öffentlichen Aufgabe und Wettbewerbsabsicht nicht aus (BGH GRUR 1981, 823, 825 – *Ecclesia-Versicherungsdienst*; BGH GRUR 1990, 463, 464 – *Firmenrufnummer*; BGH aaO – *Abrechnungs-Software für Zahnärzte*). Es ist daher eine Einzelfallprüfung erforderlich, ob gleichzeitig eine Wettbewerbsabsicht vorliegt (BGHZ 19, 299, 303 – *Bad Ems*; BGH GRUR 1974, 733, 734 – *Schilderverkauf*; OLG Nürnberg NJW-RR 1990, 1455, 1456; KG WRP 1986, 207, 209). Maßgebend ist, ob die

[21] Vgl. BGH GRUR 1988, 38, 39 – *Leichenaufbewahrung* mwN; BGH GRUR 1990, 611, 613 – *Werbung im Programm*; BGH GRUR 1991, 618, 619 – *ISDN-Kongreß*; BGH GRUR 1992, 518, 520 – *Ereignis-Sponsorwerbung*; BGH GRUR 1993, 125, 126 – *EWG-Baumusterprüfung*; OLG Karlsruhe WRP 1989, 605, 607; OLG Köln WRP 1991, 259, 262; OLG Stuttgart NJW 1989, 778.

konkrete Zielsetzung in einer Beteiligung am Wettbewerb, d. h. in einem Eingriff in das Wettbewerbsgeschehen besteht (vgl. BGH aaO – *Abrechnungs-Software für Zahnärzte*). Dies erfordert eine sorgfältige Analyse (vgl. z. B. BGH GRUR 1993, 518, 520 – *Ereignis-Sponsorwerbung*). Daß es sich um eine bloße Hilfstätigkeit der Verwaltung handelt, spielt in diesem Zusammenhang keine Rolle, sondern erst bei der Prüfung der Wettbewerbswidrigkeit (BGH aaO – *Schilderverkauf*). Eine (fehlende) Gewinnerzielungsabsicht ist unbeachtlich. Jedoch kann die Erzielung von Einnahmen ein Indiz für eine Wettbewerbsabsicht sein (*v. Gamm* aaO). Unerheblich ist, wofür diese Einnahmen verwendet werden, etwa zur Senkung der Verwaltungskosten oder zur Beschaffung von Geldern für andere öffentliche Aufgaben (vgl. BGH GRUR 1971, 168, 169 – *Ärztekammer*; *H. Schricker* S. 86).

Weiter darf die Wettbewerbsabsicht nicht als völlig nebensächlich hinter anderen Beweggründen zurücktreten. Ist der Beweggrund die Erfüllung einer öffentlichen Aufgabe, so stellt die Rspr. darauf ab, ob das Verhalten der öffentlichen Hand sachlich gerechtfertigt ist, insbesondere ob es für die Aufgabenerfüllung erforderlich ist (vgl. BGH GRUR 1993, 917, 919 – *Abrechnungs-Software für Zahnärzte*). Das ist insofern bedenklich, als die Prüfung von Wettbewerbsabsicht und Wettbewerbswidrigkeit in einen Topf geworfen wird. **E 25**

aaa) Bei **Informationen** über Unternehmen und Produkte (Auskünfte, Empfehlungen, Warnungen oder Stellungnahmen) ist eine Wettbewerbsabsicht grundsätzlich zu verneinen, sofern sich die öffentliche Hand streng im Rahmen ihrer Aufgabe hält und sachlich und objektiv verfährt (vgl. *H. Schricker* S. 122 f). Zielt jedoch die öffentliche Hand bzw. der betreffende Amtswalter darauf ab, in den Wettbewerb zugunsten eigener und/oder fremder Geschäftstätigkeit einzugreifen, so ist die Wettbewerbsabsicht zu bejahen. Das ist beispielsweise anzunehmen, wenn eine Gemeinde oder eine Rundfunkanstalt ein Interesse haben, den Wettbewerb eines Dritten zu fördern, weil sie davon aufgrund vertraglicher oder sonstiger Beziehungen profitiert oder profitieren. Doch bedarf es dazu konkreter Feststellungen (BGH GRUR 1990, 463, 464 – *Firmenrufnummer*; BGH GRUR 1992, 518, 520 – *Ereignis-Sponsorwerbung*). Fehlende Gewinnerzielungsabsicht oder die Verfolgung öffentlicher Zwecke sind unerheblich (vgl. BGH GRUR 1982, 425, 430 – *Brillen-Selbstabgabestellen*; *v. Gamm* Kap. 17 Rdn. 49). Die Abgrenzung im Einzelfall wird freilich immer schwierig bleiben. Maßnahmen, die nur zu Lasten einzelner Unternehmen gehen (z. B. Warnung vor einem Unternehmen oder Produkt), indizieren noch keine Wettbewerbsabsicht, mag auch die öffentliche Hand das Bewußtsein haben, daß dadurch eigener oder fremder Wettbewerb gefördert wird. So ist eine Wettbewerbsabsicht bei der Sendung eines Rundfunkkommentars, der sich sehr kritisch zu einem Film äußerte, verneint worden (BGH GRUR 1968, 314, 316 – *fix und clever*; vgl. noch *Henning-Bodewig* GRUR 1981, 877). Der BGH (aaO) erklärt zutreffend, daß eine Wettbewerbsabsicht nur bei Vorliegen ganz besonderer Umstände angenommen werden könne. Solche Umstände könnten aber gegeben sein, wenn eine öffentlich-rechtliche Fernsehanstalt sich kritisch mit Beiträgen konkurrierender privater Fernsehsender befaßt. Eine Wettbewerbsförderungsabsicht wurde zutreffend bei der Werbung einer Fernsehanstalt für ein Buch im Rahmen eines Kooperationsabkommens mit dem Verleger bejaht (BGH GRUR 1990, 611, 613 – *Werbung im Programm*); desgleichen bei der Einblendung des Namens eines Sponsors bei der Übertragung einer redaktionellen Fernsehsendung (BGH aaO – *Ereignis-Sponsorwerbung*). – Soweit (Hochschul-)Lehrer sich empfehlend oder kritisierend zu Büchern, Filmen usw. äußern, wird regelmäßig das wissenschaftliche oder pädagogische Interesse im Vordergrund stehen und eine Wettbewerbsabsicht zu ver- **E 26**

neinen sein. Anders kann es liegen, wenn der betreffende Amtsträger dadurch den Absatz eines bestimmten (z. B. seines eigenen) Produkts fördern will. Eine Wettbewerbsabsicht wird regelmäßig vorliegen, wenn die fragliche Information von einem Interessenten in irgendeiner Weise entgolten wird (BGH aaO – *Ereignis-Sponsorwerbung*; ähnlich *H. Schricker* S. 87). Nach *H. Schricker* (S. 87/88) soll es bei der Werbung in öffentlichen Schulen darauf ankommen, ob es dem Handelnden nur um das Produkt und nicht um das Unternehmen geht. Das wird sich freilich kaum trennen lassen. – Eine Wettbewerbsabsicht wurde verneint bei einer Empfehlung einer AOK an Kassenärzte, statt eines bestimmten Medikaments ein anderes, preisgünstigeres zu verschreiben (BGH GRUR 1965, 110, 114 – *EU-MED*), ferner bei einem Hinweis einer Innung an Handwerker, zur Vermeidung von Geschäftsrisiken bei namentlich genannten Lieferanten zu kaufen (OLG Düsseldorf WuW 1986, 62).

E 27 **bbb)** Bei der **Abgabe von Waren** oder **Dienstleistungen** kommt es ebenfalls auf die Umstände des Einzelfalls an. Maßgebend ist, ob die **konkrete** Zielsetzung des Handelns der öffentlichen Hand in einer Beteiligung am Wettbewerb besteht, ohne daß es auf eine Gewinnerzielungsabsicht ankäme (BGH GRUR 1993, 917, 919 – *Abrechnungs-Software für Zahnärzte*; BGHZ 82, 375, 395 f – *Brillen-Selbstabgabestellen*). Verkauft eine Kfz-Zulassungsstelle Nummernschilder einzelner Anbieter unter Ausschluß der übrigen, so tritt die Wettbewerbsförderungsabsicht nicht völlig hinter den Zweck der Verfahrensbeschleunigung zurück (OLG Köln WRP 1991, 259, 262). – Veranstalten Bezirksämter „Selbstzahlerreisen" für Senioren, so tritt die Wettbewerbsabsicht ebenfalls nicht völlig hinter den Zweck der Altenhilfe zurück, da diese Aufgabe derartige Maßnahmen zwar nicht verbietet, aber auch nicht gebietet (KG WRP 1986, 207, 209). In der Selbstabgabe von Brillen in Konkurrenz zu freiberuflichen Augenoptikern liegt ein Handeln zu Wettbewerbszwekken (BGH aaO – *Brillen-Selbstabgabestellen*). – Gibt eine kassenzahnärztliche Vereinigung ein EDV-Programm für die Abrechnung kostenlos an ihre Mitglieder ab, um damit ein einheitliches Abrechnungssystem und eine Einsparung von Verwaltungskosten zu erreichen, so ist daraus auf eine Wettbewerbsförderungsabsicht bezüglich des Herstellers dieser Software zu schließen (BGH GRUR 1993, 917, 919 – *Abrechnungs-Software für Zahnärzte*; OLG Karlsruhe WRP 1989, 605, 607). – Eine Wettbewerbsförderungsabsicht wurde verneint bei der gebührenfreien Versendung von fremdem Werbematerial durch die Post, da sie selbst an den beworbenen Veranstaltungen interessiert war (BGH GRUR 1991, 618, 619 – *ISDN-Kongreß*). – Bietet eine Berufsgenossenschaft, die gesetzlich zur Durchführung einer Gerätesicherheitsprüfung verpflichtet ist, in diesem Zusammenhang zugleich eine unentgeltliche EWG-Baumusterprüfung an, die nach Art und Umfang damit identisch ist, so tritt die Wettbewerbsabsicht in den Hintergrund (BGH GRUR 1993, 125, 126 – *EWG-Baumusterprüfung*). Anders liegt es, wenn für diese Prüfung ein zusätzlicher Kostenaufwand erforderlich ist. Wird dieser Aufwand durch Zweckentfremdung von Zwangsmitgliedsbeiträgen finanziert, so ist das Angebot auch wettbewerbswidrig (BGH aaO – *EWG-Baumusterprüfung*). – Läßt ein Altenheim bei Versterben von Heimbewohnern die Leichen stets umgehend von einem bestimmten Bestattungsunternehmen abholen, um den Heimbetrieb möglichst reibungslos zu gestalten, läßt dieses Eigeninteresse eine etwaige Wettbewerbsförderungsabsicht in den Hintergrund treten (BGH GRUR 1988, 38, 39 – *Leichenaufbewahrung*).

E 28 ccc) Bei **Subventionen** der öffentlichen Hand soll Wettbewerbsrecht von vornherein nicht anwendbar sein, weil die öffentliche Hand nicht auf der Ebene eines Wettbewerbsverhältnisses handle (*v. Gamm* Kap. 17 Rdn. 13; wohl auch *Baumbach/Hefermehl* § 1 Rdn. 946). Das überzeugt nicht, weil die öffentliche Hand – nicht anders als z. B. bei Empfehlungen oder Auftragsvergaben (die ja auch Subventionen sein können) – damit in die Wettbewerbslage konkurrierender Unternehmen eingreift. Richtigerweise ist auch hier nach dem Vorliegen einer Wettbewerbsabsicht zu fragen. So hat das OLG Stuttgart (WRP 1980, 101, 102) zutreffend eine Wettbewerbsabsicht bei einer Gemeinde bejaht, die Gutscheine für den Kauf von Schulbüchern mit der Maßgabe ausgab, daß sie nur bei den örtlichen Buchhändlern eingelöst werden konnten, weil sie damit den örtlichen Buchhandel stärken wollte. – Daß gegen Subventionen (auch) der **Verwaltungsrechtsweg** beschritten werden kann, steht auf einem anderen Blatt[22].

cc) **Öffentliche Hand als Nachfrager.** Tritt die öffentliche Hand als Nachfrager auf dem Markt auf, ist zwischen Anbieterwettbewerb und Nachfragewettbewerb zu unterscheiden. **(1) Einwirkung auf den Anbieterwettbewerb.** Läßt ein Altenheim beim Versterben von Heimbewohnern die Leichen stets umgehend von einem bestimmten Bestattungsunternehmen abholen, ist dieses Verhalten zwar objektiv geeignet, den Wettbewerb dieses Unternehmens zu fördern. Selbst wenn sich aber das Altenheim dieser Wirkung bewußt ist, fehlt es an einer Wettbewerbsförderungsabsicht, wenn vorrangig aus anderen Motiven (z. B. um den Heimbetrieb möglichst reibungslos zu gestalten) gehandelt wird und die Wettbewerbsförderung lediglich notwendige Folge dieses – anders motivierten – Handelns ist (BGH GRUR 1988, 38, 39 – *Leichenaufbewahrung*). – In einer späteren Entscheidung hat der BGH (GRUR 1989, 430 – *Krankentransportbestellung*) bei der ausschließlichen Weiterleitung von Krankentransporten an die örtliche Rettungsleitstelle (unter Ausschluß privater Krankentransportunternehmen) durch öffentliche Krankenhausträger die Wettbewerbsförderungsabsicht bejaht, obwohl dem das Interesse an einem insgesamt effizienten, flächendeckenden Rettungsdienst zugrundelag. – Bei der Nachfrage nach Reiseleistungen durch ein Bezirksamt, um „Selbstzahlerreisen" durchzuführen, wurde die Absicht, fremden Wettbewerb zu fördern, bejaht (KG WRP 1986, 207, 209). – Geht es der öffentlichen Hand darum, Einkaufsvorteile zu erzielen, und wirkt sie aus diesem Grunde auf den Anbieterwettbewerb ein, wird eine etwaige Absicht, fremden (Anbieter-)Wettbewerb zu fördern, regelmäßig hinter diesem Hauptzweck zurücktreten und ein Handeln zu Wettbewerbszwecken zu verneinen sein (vgl. BGH GRUR 1968, 95, 97 – *Büchereinachlaß*; offengelassen in BGH GRUR 1991, 769, 770 – *Honoraranfrage*). Doch ist in solchen Fällen (z. B. „Anzapfen") zu prüfen, ob sie zu Zwecken des Nachfragewettbewerbs handelt (dazu unten). – In der „*Honoraranfrage*"-Entscheidung wird allerdings eine Störerhaftung der öffentlichen Hand aus „§ 1004 BGB analog i. V. mit § 1 UWG" für den Fall bejaht, daß die öffentliche Hand dazu beiträgt, den Anbieterwettbewerb in gesetzwidriger Weise zu beeinflussen (Honoraranfrage, die objektiv geeignet ist, die Anbieter zu einer gesetzwidrigen Preisunterbietung zu veranlassen). – Eine Wettbewerbsabsicht wird freilich zu bejahen sein, wenn die öffentliche Hand unter Verstoß gegen gesetzliche Vorschriften einem Anbieter einen Auftrag erteilt, um ihn zu begünstigen (Bestechungsfälle!). Auch kann eine sachwidrige Nichtberücksichtigung von Anbietern gegen Kartellrecht (§§ 1, 22, 26 Abs. 2 GWB) oder Bürgerliches Recht (cic; §§ 823 ff BGB) verstoßen (vgl. BGH aaO – *Büchereinachlaß*) und die E 29

[22] Dazu BVerwGE 71, 183, 191: Verstoß gegen Art. 2 Abs. 1 GG, wenn die Wettbewerbslage durch die einseitige Subventionierung verzerrt wird und die wirtschaftliche Stellung des nicht begünstigten Unternehmers in unerträglichem Maße und unzumutbar geschädigt wird; *Jarras* JuS 1980, 115; *Friehe* JuS 1981, 807; *Scherer* Jura 1985, 11.

Amtshaftung (§ 839 BGB; Art. 34 GG) eingreifen (BGH NJW 1977, 628). (2) Ein Handeln zu Zwecken des **Nachfragewettbewerbs** kann vorliegen, wenn die öffentliche Hand sich Güter für einen weiteren Umsatz beschafft.

V. Wettbewerbsrechtliche Verhaltensanforderungen an die öffentliche Hand

1. Fragestellung

E 30 Beteiligt sich die öffentliche Hand am Wettbewerb, so kann ihr Handeln von zwei Besonderheiten geprägt sein, die sie von den privaten Mitbewerbern unterscheiden: Zum einen kann die öffentliche Hand mit diesem Handeln gleichzeitig eine **öffentliche Aufgabe**, etwa im Bereich der Daseinsvorsorge, erfüllen. Dann stellt sich die Frage, ob ihr aus diesem Grunde eine wettbewerbsrechtliche Sonderstellung zukommt (dazu Rdn. 31). Zum anderen aber kann die öffentliche Hand aufgrund des nur ihr, nicht aber den privaten Mitbewerbern zur Verfügung stehenden **Handlungspotentials** spezifische Wettbewerbsvorsprünge erzielen. Insoweit stellt sich die Frage, ob aus diesem Grunde strengere Verhaltensanforderungen an die öffentliche Hand zu stellen sind (dazu Rdn. 32 ff). Bei der Erörterung dieser Fragen sollte beachtet werden, daß es „die" öffentliche Hand nicht gibt, vielmehr jede der im Wirtschaftsleben auftretenden öffentlichen Hände ihre Besonderheiten aufweist. Verallgemeinerungen sind daher nur bedingt möglich.

2. Keine Privilegierung der öffentlichen Hand

E 31 Die gleichzeitige Verfolgung öffentlicher Aufgaben oder Zwecke gibt der öffentlichen Hand keine Sonderstellung (OLG Köln WRP 1985, 511, 512). Denn andernfalls würde dies zu einem Übergewicht der öffentlichen Hand über die Privatwirtschaft und zu ihrer Zurückdrängung führen, ohne daß die bessere Leistung den Ausschlag gäbe.[23] Davon zu unterscheiden ist die Frage, ob im Einzelfall die Verfolgung bestimmter öffentlicher Aufgaben und Zwecke bei der Beurteilung einer Wettbewerbsmaßnahme zu berücksichtigen ist[24]. Im Grundsatz aber gilt, daß an die öffentliche Hand jedenfalls keine geringeren Verhaltensanforderungen zu stellen sind als an Private (vgl. BGH GRUR 1982, 688 – *Senioren-Paß* – zum Koppelungsverbot). Sie darf daher, soweit keine gesetzlichen Ausnahmen bestehen, nur solche Wettbewerbsmittel einsetzen, die auch Privaten erlaubt sind (*Baumbach/Hefermehl* § 1 Rdn. 928).

3. Strengere Anforderungen an die öffentliche Hand?

E 32 a) **Meinungsstand.** Ob an das Verhalten der öffentlichen Hand strengere Anforderungen zu stellen sind als an private Mitbewerber, ist umstritten. Es stehen sich zwei Grundpositionen gegenüber. (1) Nach einer Auffassung[25] unterliegt die öffentliche Hand von vornherein und generell strengeren Verhaltensanforderungen. Dafür

---

[23] *Baumbach/Hefermehl* § 1 Rdn. 928; *H. Schricker* S. 135; *Emmerich* § 4/6 c.

[24] Bejahend die ganz hM; vgl. BGH GRUR 1987, 116, 119 – *Kommunaler Bestattungswirtschaftsbetrieb I*; BGH GRUR 1987, 829, 831 – *Krankentransporte*; OLG Stuttgart NJW 1989, 778; *Ulmer* ZHR 146 (1982) 466, 487 f; *H. Schricker* S. 160 ff; ablehnend z. B. *Emmerich* § 4/6 a.

[25] *Emmerich* § 4/6 c; *v. Gamm* WRP 1984, 303, 308; *Harms* BB 1986 Beilage 17, S. 17; *Ulmer* ZHR 146 (1982) 466, 489.

wird vorgebracht, daß nur so die spezifischen Vorteile der öffentlichen Hand im Wettbewerbskampf kompensiert werden könnten, daß die öffentliche Hand mit gutem Beispiel vorangehen müsse und sie an die Grundrechte sowie an die Grundsätze des öffentlichen Rechts (Verhältnismäßigkeit; objektive und neutrale Aufgabenerfüllung usw.) gebunden sei. (2) Die hM[26] bekennt sich dagegen zur grundsätzlichen Gleichbehandlung der öffentlichen Hand mit privaten Mitbewerbern, will jedoch die jeweiligen Besonderheiten der öffentlichen Hand berücksichtigen. Daraus könne sich im Einzelfall die Pflicht zu einem „angemessenen und sachgerechten Wettbewerbsverhalten" ergeben, um ungerechtfertigte Wettbewerbsvorsprünge zu vermeiden (vgl. BGH GRUR 1987, 116, 118 – *Kommunaler Bestattungswirtschaftsbetrieb I*). (3) Der hM ist zu folgen, da sie ungerechtfertigte Pauschalierungen vermeidet, vielmehr die Differenzierungen ermöglicht, die im Hinblick auf das vielfältige Erscheinungsbild der Aktivitäten der öffentlichen Hand geboten sind, und eine Diskriminierung der öffentlichen Hand vermeidet. So kann z. B. eine (vielfach gar nicht bestehende) überlegene Finanzkraft oder eine gesetzliche Privilegierung[27] der öffentlichen Hand nur dann berücksichtigt werden, wenn sie für die Benachteiligung von Mitbewerbern ursächlich werden kann. In der praktischen Beurteilung einzelner Fallgruppen wirken sich die Meinungsunterschiede freilich kaum aus (vgl. *v. Gamm* WRP 1984, 303, 308).

b) Einzelfragen. aa) Teilnahme am wirtschaftlichen Verkehr. Die bloße Tatsache, daß die öffentliche Hand in Wettbewerb zu privaten Anbietern tritt und dementsprechend deren Gewinne schmälert, begründet nicht den Vorwurf der Unlauterkeit.[28] **E 33**

bb) Einsatz öffentlicher Mittel. Setzt die öffentliche Hand bei der Teilnahme am wirtschaftlichen Verkehr öffentliche Mittel (Personal-, Sach-, Finanzmittel) ein, begründet dies ebenfalls für sich allein noch keine Unlauterkeit (BGH GRUR 1987, 119, 121/122 – *Kommunaler Bestattungswirtschaftsbetrieb II*). Wenn es nämlich der öffentlichen Hand erlaubt ist, sich am Wettbewerb zu beteiligen, darf sie auch auf die ihr zur Verfügung stehenden Ressourcen – im Rahmen der Gesetze und weiterer sie bindender Rechtsvorschriften – im erforderlichen Umfang und in angemessener Weise zurückgreifen. Ein daraus resultierender Wettbewerbsvorsprung ist grundsätzlich von den Mitbewerbern hinzunehmen, zumal auch zwischen Privatunternehmen solche Ungleichgewichte in der wettbewerblichen Ausgangslage bestehen können.[29] Es können jedoch besondere Umstände hinzutreten, die den Einsatz dieser Mittel als rechts- oder sittenwidrig erscheinen lassen.[30] Letzteres kann der Fall **E 34**

---

26 BGH GRUR 1965, 373, 375 – *Blockeis II*; BGH GRUR 1973, 530, 531 – *Crailsheimer Stadtblatt*; BGH GRUR 1987, 116, 118 – *Kommunaler Bestattungswirtschaftsbetrieb I*; *H. Schricker* S. 136 ff; *Piper* GRUR 1986, 574, 576; *Baumbach/Hefermehl* § 1 Rdn. 928, 930.

27 Wie sie z. B. bei den öffentlich-rechtlichen Rundfunkanstalten (Recht zur Gebührenerhebung, Bestandsgarantie) gegeben ist; dazu OLG Stuttgart NJW-RR 1988, 756.

28 BGH GRUR 1959, 244, 246 – *Versandbuchhandlung*; BGH GRUR 1971, 168, 170 – *Ärztekammer*; BGH GRUR 1987, 116, 118 – *Kommunaler Bestattungswirtschaftsbetrieb I*; vgl. auch BGH GRUR 1969, 418, 420 – *Standesbeamte*, betreffend einen Berufsverband von Standesbeamten.

29 BGH GRUR 1987, 116, 118 – *Kommunaler Bestattungswirtschaftsbetrieb I*; *Piper* GRUR 1986, 574, 579; *H. Schricker* S. 149; a. A. *Ulmer* ZHR 146 (1982) 466, 489, der im Zweifel auch dann Unlauterkeit bejaht, wenn weder eine sittenwidrige Verquickung öffentlicher und privater Interessen vorliegt noch der Wettbewerbsbestand gefährdet wird.

30 RGZ 138, 174, 178 – *Haus der Jugend*; BGH GRUR 1959, 244, 246 – *Versandbuchhandlung*; BGH GRUR 1964, 210, 212 – *Landwirtschaftsausstellung*; BGH GRUR 1971, 168, 169 – *Ärztekammer*; BGH GRUR 1974, 733, 735 – *Schilderverkauf*; BGH GRUR 1982, 433, 436 – *Kinderbeiträge*; BGH GRUR 1987, 116, 118 – *Kommunaler Bestattungswirtschaftsbetrieb I*; OLG Köln WRP 1985, 511, 512.

sein, wenn der Einsatz öffentlicher Mittel gezielt dazu benützt wird oder auch nur objektiv geeignet ist, Mitbewerber vom Markt zu verdrängen oder sonstwie zu benachteiligen.[31] Wettbewerbswidrigkeit ist stets zu bejahen, wenn öffentliche Mittel **zweckentfremdet** zur Bekämpfung von Mitbewerbern eingesetzt werden.[32] (Dazu näher Rdn. 55) Eine solche Zweckentfremdung ist jedoch nicht schon dann anzunehmen, wenn eine erwerbswirtschaftliche **Randnutzung** von Ressourcen erfolgt, die einem hoheitlichen Zweck dienen, wie etwa bei der Entgegennahme und Berechnung von Privatanzeigen (BGH GRUR 1973, 530, 531 – *Crailsheimer Stadtblatt*) oder beim Schilderverkauf in Diensträumen durch städtische Angestellte (BGH GRUR 1974, 733, 735 – *Schilderverkauf*). Denn auch der öffentlichen Hand kann es nicht verwehrt sein, ihre Aufwendungen und die Belastung des Publikums möglichst gering zu halten (BGH aaO – *Crailsheimer Stadtblatt*; BGH GRUR 1987, 116, 119 – *Kommunaler Bestattungswirtschaftsbetrieb I*).

E 35 cc) **Fehlendes Unternehmensrisiko und Steuervergünstigungen.** Daß die öffentliche Hand sich aus Steuern oder Abgaben finanziert, auf Gewinnerzielung nicht angewiesen ist, somit kein unternehmerisches Risiko trägt und ggf. auch steuerliche Vergünstigungen erhält, macht ihre Teilnahme am Wettbewerb nicht von vornherein wettbewerbswidrig (BGH GRUR 1973, 530, 532 – *Crailsheimer Stadtblatt*; KG WRP 1986, 207, 209). Jedoch sind diese die öffentliche Hand begünstigenden Umstände zu berücksichtigen, wenn aufgrund der verzerrten Ausgangslage und der Möglichkeit einer Nachahmung des Verhaltens durch andere öffentliche Hände die Gefahr besteht, daß der Leistungswettbewerb in nicht unerheblichem Umfang ausgeschaltet und – unter Berücksichtigung der Nachahmungsgefahr – damit in seinem Bestand bedroht wird (BGH GRUR 1982, 425, 430 – *Brillen-Selbstabgabestellen*; Rdn. 57). Dies entspricht dem allgemeinen Grundsatz, daß bei Beurteilung eines Verhaltens die wettbewerbliche Ausgangslage, der Anlaß und Zweck des Handelns, die Begleitumstände und die Auswirkungen auf den Leistungswettbewerb zu berücksichtigen sind (BGH aaO – *Brillen-Selbstabgabestellen*; KG aaO; OLG Köln WRP 1985, 511, 512; *v. Gamm* WRP 1984, 303, 308). Eine Bestandsgefährdung ist aber nicht schon dann anzunehmen, wenn ein privater Mitbewerber gewisse Einbußen erleidet (BGH aaO – *Crailsheimer Stadtblatt*; krit. *Harms* BB 1986 Beilage 17 S. 24).

E 36 dd) **Bindung an die Grundrechte.** Wettbewerbsmaßnahmen der öffentlichen Hand können Grundrechte privater Gewerbetreibender beeinträchtigen (insbes. Art. 2, 3, 12, 14 GG). Nach der Rspr. der Verwaltungsgerichte sind jedoch Grundrechtsverstöße nur dann anzunehmen, wenn die Maßnahme der öffentlichen Hand ein Monopol begründet oder ein Verdrängungswettbewerb stattfindet, während bei minder schweren „Eingriffen durch Konkurrenz" der betroffene Mitbewerber auf die Möglichkeit des wettbewerbsrechtlichen Vorgehens verwiesen wird (Rdn. 8). Da nun die Extremfälle, in denen ein Grundrechtsverstoß überhaupt in Betracht kommt, bereits mit allgemeinen wettbewerbsrechtlichen Grundsätzen (Konkurrentenbehinderung; Marktstörung usw.) erfaßt werden können, kann die Grundrechtsbindung der öffentlichen Hand keine zusätzliche Erkenntnishilfe für die wettbe-

[31] BGH GRUR 1987, 116, 118 – *Kommunaler Bestattungswirtschaftsbetrieb I*; BGH GRUR 1982, 425, 430 – *Brillen-Selbstabgabestellen*; BGH GRUR 1982, 433, 436 – *Kinderbeiträge*.

[32] RGZ 138, 174, 178/179 – *Haus der Jugend*; BGH GRUR 1987, 433, 436 – *Kinderbeiträge*.

werbsrechtlichen Verhaltensanforderungen an die öffentliche Hand geben.[33] Eher verhält es sich umgekehrt, daß das öffentliche Recht Bewertungsmaßstäbe dem Wettbewerbsrecht zu entlehnen versucht.

ee) **Bindung der öffentlichen Hand an allgemeine Verwaltungsgrundsätze.** Teilweise wird eine strengere Beurteilung des wettbewerblichen Handelns der öffentlichen Hand aus der Bindung der Verwaltung an bestimmte Grundsätze (z. B. das Gleichbehandlungsgebot; Willkürverbot; Grundsatz der Verhältnismäßigkeit; Grundsatz der objektiven und neutralen Amtsführung; Ermessensausübungsgrundsätze) abgeleitet (vgl. *v. Gamm* WRP 1984, 303, 308, aber auch *Piper* GRUR 1986, 574, 576). Die öffentliche Hand dürfe sich aufgrund dieser Bindung nicht der Mittel und Maßnahmen bedienen, die bei einer Privatperson noch hingenommen werden könnten. Daraus wird dann weiter gefolgert, die öffentliche Hand dürfe ihre erwerbswirtschaftlichen Interessen nur „maßvoll" verfolgen (OLG Köln WRP 1985, 511, 512; *Baumbach/Hefermehl* § 1 Rdn. 930). Zur Absicherung dieser These wird auf einige Entscheidungen des BGH verwiesen.[34] – Diese Begründung beruht indessen auf einem Zirkelschluß. Den Satz, daß die öffentliche Hand ihre Interessen nicht durchweg mit denselben Mitteln und Geschäftspraktiken, wie sie für eine Privatperson noch hingenommen werden können, verfolgen dürfe, hat der BGH nicht zum Wettbewerbsrecht, sondern zum Bürgerlichen Recht aufgestellt. Bezeichnenderweise hat er ihn gerade mit dem wettbewerbsrechtlichen Satz begründet, daß die öffentliche Hand ihre Machtmittel aufgrund ihrer öffentlich-rechtlichen Sonderstellung und ihre mit ihrer amtlichen Autorität verbundene Vertrauensstellung nicht mißbrauchen dürfe und daß sich daraus die Pflicht „zur maßvolleren Interessenverfolgung" ergebe (BGH NJW 1981, 2184, 2186 reSp. unten). Letztlich geht diese Rspr. also nicht über die anerkannten Grundsätze und Fallgruppen wettbewerbswidrigen Handelns der öffentlichen Hand hinaus. Es geht daher nicht an, daraus nun weiterreichende wettbewerbsrechtliche Verhaltensanforderungen herzuleiten. Von den Fällen des Vorsprungs durch Rechtsbruch (Rdn. 60 ff) abgesehen, sind es nicht die Bindungen der öffentlichen Hand an bestimmte Grundsätze, deren Verletzung die Wettbewerbswidrigkeit begründet.[35] Vielmehr sind es die spezifischen, nur der öffentlichen Hand zu Gebote stehenden Mittel und Einflußmöglichkeiten (Macht, Autorität, Finanzkraft usw.), die im Einzelfall zu einer Wettbewerbsverzerrung und damit zur Wettbewerbswidrigkeit führen können. Nur in diesem Zusammenhang ist beispielsweise der Grundsatz der objektiven und neutralen Amtsführung (BGHZ 19, 299, 305; BGH GRUR 1964, 210, 213 – *Landwirtschaftsausstellung*) sowie der Verhältnismäßigkeit (vgl. BGH GRUR 1984, 733, 734 – *Schilderverkauf*) zu berücksichtigen. Im übrigen sind die besonderen Mittel und Möglichkeiten der öffentlichen Hand nur zu berücksichtigen, soweit sie im Einzelfall tatsächlich den Wettbewerb verzerren (können). – Daß eine Verletzung verwaltungsrechtlicher Bindungen (z. B. Willkürverbot) die **Amtshaftung** § 839 BGB; Art. 34 GG) auslösen kann (vgl. BGHZ 52, 325; BGH NJW 1977, 628, 630), steht auf einem anderen Blatt. E 37

---

[33] Ähnlich *Emmerich* Der unlautere Wettbewerb der öffentlichen Hand, 1969, S. 43 f; anders dagegen *Ulmer* ZHR 46 (1982) 466, 500, 505.

[34] Vgl. BGHZ 52, 325, 328/329 zum Gleichheitssatz; BGH NJW 1977, 628, 630 zum Willkürverbot; BGH NJW 1981, 2184, 2186 und BGHZ 19, 299, 303 zum Gebot der objektiven und neutralen Wahrnehmung öffentlicher Aufgaben; BGH GRUR 1974, 733, 734 – *Schilderverkauf* zum Grundsatz der Verhältnismäßigkeit.

[35] Vgl. KG WRP 1986, 207, 210. Darin wird zutreffend betont, daß das wettbewerbliche Handeln der öffentlichen Hand nicht an den Maßstäben zu messen ist, die für das Handeln zur Erfüllung öffentlicher Aufgaben gelten.

VI. Fallgruppen wettbewerbswidrigen Handelns der öffentlichen Hand

E 38 Ausgangspunkt ist die grundsätzliche Zulässigkeit der wirtschaftlichen Betätigung der öffentlichen Hand. Wettbewerbswidrig wird ein Verhalten der öffentlichen Hand erst, wenn zusätzliche Umstände hinzutreten. (Zum Erfordernis der Gesamtwürdigung bereits Rdn. 35). Ein solcher Umstand kann insbesondere der Einsatz sittenwidriger Mittel sein, etwa der Mißbrauch der Amtseigenschaft oder die Verquickung hoheitlicher und privatwirtschaftlicher Interessen, um einen Wettbewerbsvorsprung vor den Mitbewerbern zu erzielen (vgl. nur BGH GRUR 1987, 116, 118 – *Kommunaler Bestattungswirtschaftsbetrieb I* mwN). – Die folgende Einteilung ist nicht zwingend, vielfach sind auch Überschneidungen möglich (vgl. auch die Einleitung bei *v. Gamm* Kap. 20 Rdn. 15 ff, *Piper* GRUR 1986, 574, 578 und *H. Schricker* S. 177 ff).

1. Mißbrauch hoheitlicher Machtbefugnisse

E 39 Die öffentliche Hand handelt wettbewerbswidrig, wenn sie die nur ihr zustehenden hoheitlichen Machtbefugnisse dazu mißbraucht, um eigenen oder fremden Wettbewerb zu fördern[36]. Die Wettbewerbswidrigkeit liegt in der sachwidrigen **Koppelung** von hoheitlichem Machtmitteleinsatz und Verfolgung wettbewerblicher Zwecke. Unzulässig war daher die Ermäßigung öffentlich-rechtlicher Bestattungsgebühren unter der Voraussetzung, daß auch der Sarg vom städtischen Bestattungsamt bezogen wurde (RG JW 1933, 2134; vgl. auch OLG München WRP 1956, 15). Unzulässig wäre es auch z. B., wenn ein Lehrer den Schülern den Bezug einer Zeitschrift in der Weise „nahelegt“, daß die Eltern den Eindruck gewinnen könnten, eine Nichtbestellung werde zu schlechterer Behandlung der Kinder durch den Lehrer führen (BGH GRUR 1984, 665, 667 – *Werbung in Schulen*). Unzulässig ist es weiter, wenn eine Behörde ihr **Ermessen** (z. B. bei der Erteilung von Genehmigungen[37] oder beim Erlaß belastender Verwaltungsakte[38]) fehlerhaft ausübt, um eigenen oder fremden Wettbewerb zu fördern. – Kein Mißbrauch, in der Regel bereits kein Handeln zu Wettbewerbszwecken, liegt vor, wenn die hoheitliche Anordnung zwingend zur Erfüllung einer öffentlichen Aufgabe geboten ist. So, wenn eine Schule für Unterrichtszwecke die Benutzung eines bestimmten Schulbuchs vorschreibt und die Auswahl objektiv und neutral erfolgt ist. Dagegen darf den Schülern nicht der Kauf eines Buches in einer bestimmten Buchhandlung vorgeschrieben werden.

2. Ausnutzung amtlicher Beziehungen zum Wettbewerb

E 40 a) **Grundsatz.** Grundsätzlich ist es unzulässig, wenn die öffentliche Hand ihre amtlichen Beziehungen zum Wettbewerb sachwidrig ausnutzt, um eigenen oder fremden Wettbewerb zu fördern. Dazu gehören die **Einflußmöglichkeiten**, die eine öffentlich-rechtliche Körperschaft auf ihre Mitglieder oder Bediensteten oder eine öffentlich-rechtliche Anstalt auf ihre Benutzer hat (vgl. BGH GRUR 1964, 210, 212 – *Landwirtschaftsausstellung*; RGZ 138, 174; *H. Schricker* S. 178 f). Dazu gehören auch die wettbewerbsrelevanten **Informationen**, die die öffentliche Hand im Rahmen der Wahrnehmung einer öffentlichen Aufgabe erlangt und die privaten Mitbe-

[36] Dazu *Emmerich* Der unlautere Wettbewerb der öffentlichen Hand, S. 76 f; *H. Schricker* S. 178 f; *v. Gamm* Kap. 20 Rdn. 20.

[37] Dazu BGH GRUR 1984, 665, 667 – *Werbung in Schulen*; BGH GRUR 1964, 210, 213 – *Landwirtschaftsausstellung*.

[38] Dazu *H. Schricker* S. 178 f mit erdachten Beispielen.

werbern nicht ohne weiteres in gleicher Weise zugänglich sind (vgl. OLG München WRP 1956, 15; *H. Schricker* S. 204, *Piper* GRUR 1986, 574, 579: Ausnutzung von Sterbefallanzeigen an das Standesamt, um Bestattungsaufträge zu erlangen). Dazu gehört ferner die räumliche, sächliche oder personelle **Verquickung** von hoheitlicher Aufgabenerfüllung und privatwirtschaftlicher Betätigung in der Weise, daß für den Kunden die Wahl und Vergleichsmöglichkeit eingeschränkt wird (vgl. BGH GRUR 1956, 227 – *Reisebüro*; BGH GRUR 1987, 116, 118 f – *Kommunaler Bestattungswirtschaftsbetrieb I*; OLG München GRUR 1987, 550; OLG Hamm NJW-RR 1992, 1071, 1072). – Andererseits ist es der öffentlichen Hand grundsätzlich nicht versagt, bei der Teilnahme am Wettbewerb auf die ihr zur Verfügung stehenden personellen, sächlichen und finanziellen Mittel in dem erforderlichen Umfang und in angemessener Weise zurückzugreifen (BGH GRUR 1987, 116, 118 – *Kommunaler Bestattungswirtschaftsbetrieb I*; *Piper* GRUR 1986, 574, 579; krit. *Volhard* GRUR 1987, 122, 123). Das folgt aus der grundsätzlichen Zulässigkeit der wettbewerblichen Tätigkeit der öffentlichen Hand. Eine daraus resultierende Benachteiligung privater Unternehmen ist hinzunehmen. Die **Grenzziehung** kann im Einzelfall schwierig sein. Einerseits lassen sich die spezifischen Wettbewerbsvorteile (z. B. Standortvorteile), die sich aus der Wahrnehmung einer öffentlichen Aufgabe (z. B. im Bereich der Daseinsvorsorge) zugunsten der privatwirtschaftlichen Betätigung der öffentlichen Hand ergeben, nicht schon mit der Erleichterung der Geschäftsabwicklung für den Kunden rechtfertigen, wenn er davon abgehalten wird, Güte und Preiswürdigkeit eines Angebots zu prüfen. Andererseits ginge es zu weit, allein aus Rücksicht auf die Interessen der Mitbewerber Vorkehrungen zu treffen, die die Geschäftsabwicklung verlangsamen, erschweren und verteuern und den Kunden besondere Aufwendungen an Zeit und Mühe abverlangen (vgl. BGH GRUR 1956, 227, 228 – *Reisebüro*; BGH GRUR 1974, 733, 735 – *Schilderverkauf*; BGH GRUR 1987, 116, 119 – *Kommunaler Bestattungswirtschaftsbetrieb I*). Letztlich ist also eine Interessenabwägung unter Berücksichtigung der besonderen Umstände des Einzelfalls geboten (ebenso KG WRP 1986, 207, 209; *H. Schricker* S. 201). Daraus können sich Ausnahmen vom Grundsatz der Wettbewerbswidrigkeit ergeben (Rdn. 42 ff).

b) **Fälle:** Einschaltung der Verwaltungsbehörden zur Durchführung einer Frage- **E 41**
bogenaktion für privatrechtlich betriebene Versicherungsgeschäfte einer öffentlich-rechtlichen Feuerversicherung (RGZ 116, 28, 32 – *Feuerversicherung*). – Unterbringung eines städtischen Reisebüros zusammen mit dem städtischen Paßamt in einem Raum (BGH GRUR 1956, 227 – *Reisebüro*). Bekanntgabe des Beitritts einer Landwirtschaftskammer in eine private Werbe- und Ausstellungsgesellschaft und Hinweis darauf, daß man diese Gesellschaft unterstütze (BGH GRUR 1964, 210, 213 – *Landwirtschaftsausstellung*). – Vornahme hoheitlicher und erwerbswirtschaftlicher Tätigkeit in denselben Räumlichkeiten und durch dasselbe Personal, wenn dadurch eine ins Gewicht fallende Einflußnahme auf die Kundenentscheidung möglich wird (OLG München GRUR 1987, 550; vgl. als Gegenbeispiel BGH GRUR 1987, 116, 117 – *Kommunaler Bestattungsbetrieb I*). – Nummernschilderverkauf durch Kfz-Zulassungsstelle im Auftrag einzelner Anbieter unter Ausschluß anderer Anbieter (OLG Köln WRP 1991, 259, 262). – Benutzung von Sterbefalldaten durch eine Gemeinde zur Erlangung von Bestattungsaufträgen. – Unterbringung einer privaten Auftragsannahmestelle im gleichen Raum wie die Dienststelle. – Kumulierter Einsatz der spezifischen Ressourcen der öffentlichen Hand zur Finanzierung besonders attraktiver Angebote zur Heizungsmodernisierung (OLG Köln WRP 1985, 511).

E 42 c) **Ausnahmen.** Nicht jeder Wettbewerbsvorsprung, den die öffentliche Hand aufgrund der Verbindung der wirtschaftlichen Betätigung mit der Wahrnehmung hoheitlicher Aufgaben besitzt, begründet zugleich die Wettbewerbswidrigkeit.

E 43 aa) **Randnutzung von Verwaltungseinrichtungen.** So ist es der öffentlichen Hand nicht generell untersagt, Personal und Räumlichkeiten sowohl für hoheitliche Aufgaben als auch für Erwerbstätigkeiten zu nutzen, mögen sich daraus auch Wettbewerbs(z. B. Standort)vorteile ergeben.[39] Andernfalls würde man ggf. die Verwaltung zu unnötigen Ausgaben zwingen und das Publikum beschweren (vgl. BGH GRUR 1987, 116, 118 – *Kommunaler Bestattungswirtschaftsbetrieb I* und Rdn. 40). Allerdings dürfen Standortvorteile nicht dazu genutzt werden, das Publikum von Preisvergleichen abzuhalten (BGH aaO sowie BGH GRUR 1956, 227, 228 – *Reisebüro*). Entscheidend ist nur, daß beide Tätigkeiten säuberlich getrennt werden und keine Verquickung stattfindet. Insbesondere darf beim Kunden nicht der Eindruck entstehen, die erwerbswirtschaftliche Tätigkeit sei noch Teil der hoheitlichen Aufgabenerfüllung. Nicht wettbewerbswidrig ist demnach die Aufnahme von Privatanzeigen in amtliche Bekanntmachungsblätter, Fernsprechbücher, Fahrpläne usw.[40], selbst wenn für die Entgegennahme und Abrechnung der Anzeigen Amtspersonal eingesetzt wird (BGH aaO – *Crailsheimer Stadtblatt*). Kein Mißbrauch soll vorliegen, wenn eine Gemeinde im gleichen Gebäude, aber räumlich von der Hoheitsverwaltung getrennt, ein privates Bestattungsunternehmen betreibt, sofern keine sonstigen, die Sittenwidrigkeit begründenden Umstände hinzutreten (BGH GRUR 1987, 116, 117ff – *Kommunaler Bestattungswirtschaftsbetrieb I* m. krit. Anm. *Volhard*; vgl. auch OLG München WuW/E OLG 4120 – *Leichenhaus*). Ebensowenig ist es zu beanstanden, wenn eine Gemeinde in demselben Gebäude, in dem die Kfz-Zulassungsstelle untergebracht wird, im Wege der Ausschreibung den Herstellern von Kfz-Schildern Mieträume anbietet (OLG Hamm NJW-RR 1992, 1071).

E 44 bb) **Hilfstätigkeiten.** Eine Ausnahme soll nach der Rspr. auch dann gelten, wenn ein enger Zusammenhang zwischen der hoheitlichen Tätigkeit und der Teilnahme am Wirtschaftsleben besteht und die wirtschaftliche Betätigung der Erfüllung amtlicher Aufgaben in der Weise dient, daß sie nur als eine Art Hilfstätigkeit der öffentlichen Verwaltung erscheint (Beispiele: Abgabe von Verpackungsmaterial, Postkarten oder Schmucktelegrammen durch die Post vor ihrer Privatisierung). Unter solchen Umständen könne die gebotene Interessenabwägung dazu führen, daß wettbewerbsrechtliche Bedenken gegen die Verbindung einer wirtschaftlichen Betätigung mit der Erfüllung öffentlicher Aufgaben zurückzutreten hätten[41]. Doch müsse die öffentliche Hand in solchen Fällen jeweils das schonendste Mittel wählen, das einerseits den zu wahrenden öffentlichen Interessen genüge, andererseits aber auch die Belange des privaten Gewerbes so wenig wie möglich beeinträchtige (BGH GRUR 1974, 733, 734 – *Schilderverkauf*). Unter diesem Aspekt hielt es der BGH (aaO) nicht für wettbewerbswidrig, daß eine Kfz-Zulassungsstelle in ihren Diensträumen bereits vorgeprägte und abgestempelte Kfz-Nummernschilder verkaufte, gleichzeitig

---

[39] Gegen eine Doppelfunktion von Bediensteten im behördlichen und privatwirtschaftlichen Bereich *H. Schricker* S. 199.

[40] BGH GRUR 1971, 168, 170 – *Ärztekammer*; 1973, 530, 531 – *Crailsheimer Stadtblatt* mwN; a. A. noch LG Wiesbaden NJW 1961, 2118.

[41] RGZ 128, 134, 144ff; BGH GRUR 1974, 733, 735 – *Schilderverkauf*; *H. Schricker* S. 154ff; krit. *Harms* BB 1986, Beilage 17, S. 24.

aber auf sonstige private Bezugsquellen hinwies.[42] – Im Einzelfall kann freilich durchaus zweifelhaft sein, wo die Grenze zwischen bloßer Hilfstätigkeit und reiner Erwerbstätigkeit verläuft (wie dies z. B. beim Verkauf von Endgeräten, wie Telefon, Telefax, durch die Telekom der Fall war). Kriterium sollte sein, ob die betreffende wirtschaftliche Tätigkeit die Verwaltungstätigkeit als solche (auch im Interesse des Bürgers) wesentlich erleichtern oder beschleunigen hilft. Daran sind strenge Anforderungen zu stellen. Jede vermeidbare Benachteiligung privater Gewerbetreibender ist auszuschließen.

3. Autoritäts- und Vertrauensmißbrauch

a) **Allgemeines.** Stets wettbewerbswidrig ist der Autoritäts- und Vertrauensmißbrauch durch amtliche Stellen zur Förderung eigenen oder fremden Wettbewerbs (BGH GRUR 1964, 210, 213 – *Landwirtschaftsausstellung*; RGZ 116, 28; *v. Gamm* Kap. 20 Rdn. 21; *Baumbach/Hefermehl* § 1 Rdn. 937; *H. Schricker* S. 181 ff). Der Hinweis auf die Amtseigenschaft vermag beim Publikum nämlich besonderes Vertrauen zu erwecken oder gar eine psychologische Zwangslage hervorzurufen. Hauptkriterium ist dabei, ob die Pflicht zur unparteiischen und neutralen Amtsführung verletzt wird (vgl. BGH GRUR 1985, 1063, 1064 – *Landesinnungsmeister*). Ob die Wettbewerbsförderungsabsicht dabei offen zutage tritt oder verdeckt bleibt, ist unerheblich (*H. Schricker* S. 181). Ein Vertrauensmißbrauch kommt insbesondere bei amtlicher Empfehlung (Rdn. 46), Auskunft (Rdn. 47) und Kritik (Rdn. 48), aber auch bei eigener wirtschaftlicher Betätigung der öffentlichen Hand (RGZ 116, 28; dazu *H. Schricker* S. 197: Fragebogenaktion, bei der der Anschein erweckt wird, die Empfänger seien zur Beantwortung verpflichtet) in Betracht. **E 45**

b) **Empfehlung.** Eine Empfehlung kann bereits in der Duldung fremder Werbung durch staatliche Stellen liegen, soweit der Verkehr den Eindruck gewinnen kann, daß sie hinter der Werbung stehen (BGH GRUR 1984, 665, 666 – *Werbung in Schulen*). Eine Empfehlung ist jedoch noch nicht darin zu sehen, daß die öffentliche Hand Werbeflächen an gewerbliche Nachfrager vermietet oder den Aushang von Plakaten bzw. das Auflegen von Werbematerial in Amtsräumen duldet (RGZ 124, 239, 250; *Baumbach/Hefermehl* § 1 Rdn. 938), sofern andere Nachfrager nicht willkürlich ausgeschlossen werden (RG DJZ 1936, 1311; *H. Schricker* S. 183/187). Die Empfehlung eigener oder fremder Leistungen durch amtliche Stellen ist noch nicht mißbräuchlich. Vielmehr kann eine Beratung durch eine amtliche Stelle vom Verbraucher geradezu erwünscht sein (vgl. Hdb. WbR/*Jacobs* § 49 Rdn. 11). Voraussetzung ist jedoch, daß eine Empfehlung noch im Aufgabenbereich der jeweiligen öffentlichen Hand liegt (BGH GRUR 1984, 665, 666 – *Werbung in Schulen*). Ferner muß sie in objektiver, unparteiischer und neutraler Weise erfolgen. Stehen dem Kunden mehrere Wahlmöglichkeiten offen, so muß er ggf. darauf hingewiesen werden. Schließlich darf weder Druck auf den Empfehlungsempfänger ausgeübt, noch die Empfehlung vom Empfohlenen vergütet werden (BGH GRUR 1984, 665, 667 – *Werbung in Schulen*; Hdb. WbR/*Jacobs* § 49 Rdn. 11; vgl. auch BGH GRUR 1969, 418, 421 – *Standesbeamte*). – **Beispiele: (1) Wettbewerbswidrigkeit bejaht:** **E 46**

[42] Dazu mit Recht kritisch *Schultz-Süchting* (GRUR 1974, 700): Die privaten Anbieter könnten den Wettbewerbsvorteil der öffentlichen Hand, vorgeprägte und abgestempelte Schilder in ihren Räumen anbieten zu können, nicht aufholen. Krit. auch *Baumbach/Hefermehl* § 1 Rdn. 940 und *Harms* BB 1986, Beilage 17, S. 24. – Vgl. auch OLG Köln WRP 1991, 259.

Empfehlung der von einer öffentlich-rechtlichen Feuerversicherung nebenbei privatrechtlich betriebenen Hagelversicherung durch den Landrat (RG JW 1932, 2529 Nr. 15). – Einsatz der Verbandsautorität eines privaten Berufsverbandes von Standesbeamten für einen bestimmten Verlag gegen Umsatzbeteiligung (BGH GRUR 1969, 418, 421 – *Standesbeamte*). Aufforderung einer Handwerkskammer an andere Handwerkskammern, sich bei den ihnen unterstellten Handwerksinnungen zugunsten der Innungskrankenkasse zu verwenden (OLG Karlsruhe GRUR 1984, 669). (2) **Wettbewerbswidrigkeit verneint:** Äußerung einer Handwerkskammer, die Innungskrankenkasse sei für das Handwerk besser als jede andere Krankenkasse geeignet, weil nur sie auf die speziellen Gegebenheiten im Handwerk ausgerichtet sei, weil noch im Aufgabenkreis der Kammer (§§ 90, 91 HO) liegend und sachlich nicht unzutreffend (BGH GRUR 1986, 905, 908 – *Innungskrankenkassenwesen*). – Sachlich zutreffender Hinweis auf eigene Leistungsbereitschaft bei gleichzeitiger Benennung der privaten Anbieter (BGH aaO – *Kommunaler Bestattungswirtschaftsbetrieb II*). – Empfehlung bestimmter Anbieter, ggf. auch staatlicher Betriebe, wenn sie das Ergebnis einer objektiven, wenn auch wertenden Beurteilung ist (BGH aaO – *Bad Ems*). – Duldung von Zeitschriftenwerbung in Schulen, wenn eine Erlaubnis der Schulverwaltung vorliegt und keine besonderen wettbewerbswidrigen Umstände vorliegen.

E 47 c) **Auskünfte.** Vertrauensmißbrauch liegt auch vor, wenn die öffentliche Hand falsche oder unvollständige Auskünfte über das vorhandene Leistungsangebot erteilt, um damit eigenen oder fremden Wettbewerb zu fördern (BGHZ 19, 299, 303 ff = GRUR 1956, 216 – *Bad Ems*; BGH GRUR 1987, 119 – *Kommunaler Bestattungswirtschaftsbetrieb II* m. Anm. *Volhard*). So beispielsweise, wenn ein staatliches Fremdenverkehrsamt auf Anfrage nur staatliche Hotels nennt oder städtische Bestattungsordner bei Auskünften den Anschein erwecken, nur sie allein stünden für gewerbliche Bestattungsleistungen zur Verfügung (in concreto verneint).

E 48 d) **Kritik.** Äußert sich ein Landesinnungsmeister in Wettbewerbsförderungsabsicht in pauschal herabsetzender Weise über die Leistungen eines Mitbewerbers, so kann ein Autoritätsmißbrauch vorliegen[43].

E 49 e) **Übermäßiges Anlocken.** Werbeaktionen von Unternehmen der öffentlichen Hand können, soweit das Publikum ihnen besonderes Vertrauen entgegenbringt (z. B. Sparkassen) und Nachahmungsgefahr besteht, den Tatbestand des übermäßigen Anlockens erfüllen (BGH GRUR 1985, 975 – *Sparkassenverkaufsaktion* m. krit. Anm. *Merkel*; krit. auch *H. Schricker* S. 190). Unlauter handelt ein Gerichtsvollzieher, der die vom Gläubiger genannten „Mondpreise" übernimmt, ohne sachverständigen Rat einzuholen, weil er als öffentliches Organ besonderes Vertrauen genießt (KG NJW-RR 1986, 201; *H. Schricker* S. 184).

E 50 f) **Sonstiges.** Ein Autoritätsmißbrauch liegt nicht vor, wenn die öffentliche Hand für amtliche Mitteilungsblätter Privatanzeigen akquiriert, weil (und soweit) eine psychologische Zwangslage bei den Inserenten ausgeschlossen ist (vgl. BGH GRUR 1973, 530, 531 – *Crailsheimer Stadtblatt*). Würde freilich die öffentliche Hand bestimmte Handlungen (begünstigende Verwaltungsakte; Aufträge usw.) von der Insertion in ihrem Mitteilungsblatt abhängig machen, läge ein Fall des Mißbrauchs amtlicher Machtmittel bzw. ein Verstoß gegen das Koppelungsverbot vor (Rdn. 39).

---

[43] BGH GRUR 1985, 1063, 1064 – *Landesinnungsmeister*; vgl. auch noch BGH GRUR 1981, 823, 826 – *Ecclesia-Versicherungsdienst*; RG GRUR 1941, 125, 129 ff – *Reichsfachgruppe*; *v. Gamm* Kap. 20 Rdn. 27.

– Kein Mißbrauch amtlicher Autorität liegt in der (wahrheitsgemäßen) Benutzung amtlicher Symbole, Titel und Bezeichnungen (vgl. *H. Schricker* S. 190 ff mwN). – Ein Autoritätsmißbrauch ist dagegen anzunehmen bei der Beteiligung der öffentlichen Hand an einer Kapitalgesellschaft, wenn sie ihre amtlichen Einflußmöglichkeiten dazu nutzt, um dieser Gesellschaft Wettbewerbsvorteile zu verschaffen (BGH GRUR 1964, 210, 213 – *Landwirtschaftsausstellung* m. Anm. *Reimer*); ferner bei einer Werbung, die darauf abzielt, die öffentliche Hand als unterstützungswürdiger erscheinen zu lassen als ein Privatunternehmen.[44]

4. Diskriminierung privater Anbieter oder Nachfrager

a) **Allgemeines.** Die öffentliche Hand handelt wettbewerbswidrig, wenn sie im Zusammenhang mit ihrer Aufgabenstellung Kundenaufträge bearbeitet oder weiterleitet und dabei private Anbieter ohne sachlichen Grund ungleich behandelt oder gezielt behindert (BGH GRUR 89, 430 – *Krankentransportbestellung*; OLG Köln WRP 1991, 259). Daneben kann der Tatbestand des § 26 Abs. 2 GWB verwirklicht sein (Rdn. 68). Das gleiche gilt für die Diskriminierung privater Nachfrager (z. B. Ausschluß von einer Ausschreibung ohne sachlichen Grund; vgl. auch OLG Hamm NJW-RR 1992, 1071). **E 51**

b) **Fälle. (1) Wettbewerbswidrigkeit verneint:** Ausschließliche Weiterleitung der im Bereich ihrer Krankenhäuser anfallenden Transportaufträge an die örtliche Rettungsleitstelle durch eine Kommune, selbst wenn sie auf diese Weise über ihre Berufsfeuerwehr an dem Aufkommen partizipiert, weil (und soweit) dadurch eine sachgerechte Auswahl der in Frage kommenden Transportunternehmen getroffen ist (BGHZ 101, 72 = GRUR 1987, 829, 831 – *Krankentransporte*); Angebot von Mieträumen in einem Verwaltungsgebäude im Wege der Ausschreibung (OLG Hamm NJW-RR 1992, 1071). – **(2) Wettbewerbswidrigkeit bejaht:** Weiterleitung eines Krankentransportauftrags durch einen öffentlichen Krankenhausträger an die örtliche Rettungsleitstelle, wenn der Patient ausdrücklich seinen Transport durch ein bestimmtes privates Krankentransportunternehmen wünscht (BGH GRUR 1989, 430, 431 – *Krankentransportbestellung*). – Weiterleitung aller anfallenden Notfalleinsätze an den kommunalen Rettungsdienst durch eine Rettungsleitstelle, wenn der damit verbundene Ausschluß eines privaten Rettungsdienstes damit begründet wird, der kommunale Rettungsdienst sei stark defizitär (OLG Celle WuW/E 4130 – *Rettungsdienst Emden*). – Verweisung von Patienten nur an eine Sozialstation (und nicht auch an private Krankenpflegestationen) durch eine Gemeinde gegen den Willen oder ohne die Zustimmung der Patienten (OLG Hamm NJW-RR 1991, 432). – Nummernschilderverkauf durch eine Kfz-Zulassungsstelle im Auftrag einzelner privater Anbieter unter gleichzeitigem sachlich ungerechtfertigtem Ausschluß anderer Anbieter (OLG Köln WRP 1991, 259). **E 52**

5. Preisunterbietung

a) **Allgemeines.** Eine Preisunterbietung liegt vor, wenn die öffentliche Hand Leistungen unter dem Marktpreis oder sogar kostenlos (vgl. BGH GRUR 1993, 717, 719 – *Abrechnungs-Software für Zahnärzte*; OLG Karlsruhe WRP 1989, 605; **E 53**

[44] Dazu *H. Schricker* S. 192, der aber zutreffend darauf hinweist, daß ein Hinweis z. B. auf Gemeinnützigkeit zulässig ist; vgl. auch BGH GRUR 1981, 823 – *Ecclesia-Versicherungsdienst*.

OLG Stuttgart NJW 1989, 778) abgibt. Hierfür kann es ganz unterschiedliche Gründe und Zwecke geben. In solchen Fällen ist zunächst zu fragen, ob überhaupt ein **Handeln zu Wettbewerbszwecken** vorliegt (dazu Rdn. 22 ff). Das ist zu verneinen, wenn die öffentliche Hand zur Leistungserbringung verpflichtet ist und den Preis nicht frei festsetzen darf, sondern an gesetzliche Tarife oder Preisvorschriften gebunden ist. Ein Beispiel wäre die unentgeltliche Abgabe von Lebensmitteln oder Wohnraum an Asylbewerber oder die verbilligte Abgabe von Butter aufgrund einer Entscheidung der EG-Behörden (vgl. OLG Frankfurt GRUR Int. 1985, 762 sowie *H. Schricker* S. 216 ff). Eine Wettbewerbsabsicht kann auch dann fehlen, wenn die öffentliche Hand zwar in der Preisfestsetzung frei ist, sie ihre Leistungen aber zur Erfüllung einer **öffentlichen Aufgabe**, etwa im Bereich der Daseinsvorsorge, erbringen muß und die Preisunterbietung (z. B. Sozialtarife) für die Erreichung des öffentlichen Zwecks erforderlich ist (vgl. den Hinweis in BGH GRUR 1973, 272, 273 – *Fahrschul-Rabatt*). Selbst wenn aber die öffentliche Hand zu Wettbewerbszwecken handelt, ist die von ihr ausgehende Preisunterbietung nicht von vornherein wettbewerbswidrig.[45] So ist es grundsätzlich nicht zu beanstanden, wenn die öffentliche Hand deshalb so preisgünstig anbieten kann, weil sie im Rahmen der Erfüllung einer öffentlichen Aufgabe auf öffentliche (Sach-, Personal- oder Finanz-)Mittel zurückgreifen kann (vgl. BGH GRUR 1987, 116, 118 – *Kommunaler Bestattungswirtschaftsbetrieb I* mwN) oder weil ihre Kostenstruktur günstiger ist als die ihrer Mitbewerber. Auch kann es ihr nicht von vornherein zum Vorwurf gereichen, daß sie durch Preisunterbietung versucht, vorhandende Kapazitäten besser auszulasten und dadurch die eigenen Kosten zu senken (vgl. RGZ 138, 174, 177 f – *Haus der Jugend*; *v. Gamm* Kap. 20 Rdn. 26; aber auch RGZ 124, 239 – *Kreisvermessungsamt*). Das gleiche gilt, wenn die öffentliche Hand, soweit sie gesetzlich bestimmte Leistungen erbringen muß (z. B. AOK), die überhöhten Preise der (sonst eingeschalteten) privaten Anbieter unterbietet, um zur Kostendämpfung beizutragen (vgl. BGH GRUR 1982, 425, 430 – *Brillen-Selbstabgabestellen*; OLG Karlsruhe WRP 1989, 605, 609; *Harms* BB 1986, Beilage 17 S. 19). Schließlich muß es der öffentlichen Hand grundsätzlich erlaubt sein, aus allgemeinen konjunkturpolitischen oder sozialpolitischen Gründen die Marktpreise zu unterbieten, etwa städtisches Bauland zu niedrigen Preisen anzubieten, um das Bauen zu verbilligen (vgl. auch *Emmerich* Der unlautere Wettbewerb der öffentlichen Hand S. 42 f).

E 54 **b) Geltung der allgemeinen Grundsätze.** Unterliegt die Preisunterbietung durch die öffentliche Hand dem Zugriff des Wettbewerbsrechts, bedeutet dies zunächst einmal, daß die allgemeinen, für alle Unternehmen geltenden Grundsätze anzuwenden sind (vgl. *Ulmer* aaO). Die Preisunterbietung durch die öffentliche Hand ist daher im Grundsatz zulässig (vgl. *Piper* GRUR 1986, 574, 579). Sie findet jedoch ihre Grenzen dort, wo sie nach der Art der Finanzierung, nach ihrer Zielsetzung und nach ihrer Wirkung unangemessen in den Wettbewerb eingreift.

E 55 **aa) Zweckentfremdung öffentlicher Mittel.** Unterbietet die öffentliche Hand private Gewerbetreibende mit Mitteln, die ihr kraft öffentlichen Rechts zur Förderung eines im öffentlichen Interesse liegenden Zwecks zufließen, ohne sachlichen Zusammenhang mit diesem Zweck, und wird die Preisunterbietung dadurch ermöglicht, daß die Verlustgefahr auf den Steuer- und Beitragszahler oder sonst auf die Allge-

---

[45] Dazu Rdn. 54 ff; vgl. RGZ 138, 174, 177/178 – *Haus der Jugend*; OLG Karlsruhe WRP 1989, 605; *v. Gamm* Kap. 20 Rdn. 24; *Piper* GRUR 1986, 574, 579; *Ulmer* ZHR 146 (1982) 466, 489; weit. Nachw. bei *H. Schricker* S. 215 ff.

meinheit abgewälzt wird, so ist dies wettbewerbswidrig[46]. Die öffentliche Hand muß dann ggf. ihre Preise so weit heraufsetzen, daß dieses Verlustrisiko nicht mehr besteht. Allerdings begründet nicht schon jede – ggf. nur geringfügige – Abweichung von den gebotenen Preisen den Vorwurf der wettbewerbswidrigen Preisunterbietung (BGH GRUR 1982, 433, 437 – *Kinderbeiträge*).

bb) Verdrängungs- bzw. Vernichtungsabsicht. Zielt die Preisunterbietung auf eine Verdrängung oder Vernichtung von Mitbewerbern, so ist sie ohne weiteres wettbewerbswidrig[47]. Dabei kommt es nicht darauf an, ob die Mittelverwendung zweckwidrig erfolgt. Auch kann sich die öffentliche Hand in diesem Fall nicht auf Gründe des Allgemeinwohls zur Rechtfertigung ihres Handelns berufen (*Baumbach/Hefermehl* § 1 Rdn. 944; *v. Gamm* DW 1969, 38, 40). **E 56**

cc) Gefährdung des Wettbewerbsbestandes. Die Preisunterbietung durch Verwaltungshandeln kann den Wettbewerbsbestand auf dem fraglichen Markt gefährden.[48] Dies allein kann das Unwerturteil der Wettbewerbswidrigkeit nicht begründen, wenn die öffentliche Hand bei ihrem Wettbewerbshandeln zugleich eine ihr gesetzlich obliegende Aufgabe wahrnimmt (BGH GRUR 1993, 917, 919 – *Abrechnungs-Software für Zahnärzte*). Denn das Wettbewerbsrecht darf die Erfüllung solcher gesetzlicher Aufgaben durch Verwaltungshandeln nicht von vornherein unmöglich machen. Es ginge auch zu weit, die wettbewerbsrechtliche Zulässigkeit eines Verwaltungshandelns mit solchen wettbewerblichen Auswirkungen davon abhängig zu machen, daß zwingende Gründe der Daseinsvorsorge dieses Handeln gebieten (so aber OLG Karlsruhe WRP 1989, 605, 609; vgl. auch *Emmerich* JuS 1994, 81, 82; *ders.* Recht des unlauteren Wettbewerbs, 4. A., § 4/6 b bb). Denn auch diese Begrenzung würde die Erfüllung öffentlicher Aufgaben übermäßig beschränken (so zutreffend BGH aaO – *Abrechnungs-Software für Zahnärzte*). Das Verwaltungshandeln ist vielmehr trotz seiner wettbewerblichen Auswirkungen dann wettbewerbsrechtlich zulässig, wenn die öffentliche Hand (1) im Rahmen einer ihr obliegenden gesetzlichen Aufgabe tätig wird und (2) sie sich dabei in den Grenzen des sachlich Gebotenen und verfassungsrechtlich Zulässigen hält (BGH aaO – *Abrechnungs-Software für Zahnärzte*; BGH GRUR 1991, 53, 56 – *Kreishandwerkerschaft I*). Die öffentliche Hand darf sich dabei einerseits an wirtschaftlich vernünftigen Erwägungen orientieren, darf aber andererseits die sachlich berechtigten Interessen privater Wettbewerber nicht außer acht lassen (BGH GRUR 1974, 733, 935 – *Schilderverkauf*; BGH aaO – *Abrechnungs-Software für Zahnärzte*). Sie muß bei der Wahl ihrer Mittel die Grundsätze der Erforderlichkeit und Verhältnismäßigkeit berücksichtigen und den Eingriff in das Wettbewerbsgeschehen so schonend wie möglich vornehmen (Beispiel nach BGH aaO – *Abrechnungs-Software für Zahnärzte*: Zur Rationalisierung der Abrechnung bei der Kassenärztlichen Vereinigung **E 57**

---

[46] RGZ 138, 174, 178/179 – *Haus der Jugend*; BGH GRUR 1982, 433, 436 – *Kinderbeiträge*; BGH GRUR 1987, 116, 118 – *Kommunaler Bestattungswirtschaftsbetrieb I*; BGH GRUR 1993, 125, 126f – *EWG-Baumusterprüfung*; vgl. auch BGH GRUR 1967, 36, 38 – *Rollkostenzuschüsse*; BGH GRUR 1993, 917, 920 (sub c) – *Abrechnungs-Software für Zahnärzte*.

[47] RG JW 1914, 685 betr. eine Tarifsenkung einer Elektrizitätsgesellschaft, um private Mitbewerber auszuschalten; BGH GRUR 1987, 116, 118 – *Kommunaler Bestattungswirtschaftsbetrieb I*; *v. Gamm* Kap. 20 Rdn. 25; *Baumbach/Hefermehl* § 1 Rdn. 944.

[48] BGH GRUR 1982, 425, 430 – *Brillen-Selbstabgabestellen*; BGH GRUR 1987, 116, 118 – *Kommunaler Bestattungswirtschaftsbetrieb I*; BGH GRUR 1993, 917, 919 – *Abrechnungs-Software für Zahnärzte*; vgl. auch BGH GRUR 1991, 53, 56 – *Kreishandwerkerschaft I*; KG WRP 1986, 207, 209; OLG Karlsruhe WRP 1989, 605, 608; OLG Stuttgart NJW 1989, 778; *Baumbach/Hefermehl* § 1 Rdn. 944.

hätte es anstelle der kostenlosen Abgabe einer Software eines bestimmten Herstellers genügt, ein Pflichtenheft für die in Betracht kommenden Software-Hersteller aufzustellen). – Stets zulässig ist eine Maßnahme der öffentlichen Hand, wenn sie kraft Gesetzes dazu verpflichtet ist. Doch muß eine solche Regelung mit den Grundrechten, insbes. Art. 2 und 12 GG, vereinbar sein (BGH GRUR 1982, 425, 430 – *Brillen-Selbstabgabestellen*). – Eine wettbewerbswidrige Marktstörung wurde **bejaht**: bei der Einrichtung von Brillen-Selbstabgabestellen durch die AOK (BGH aaO); bei der (geplanten) kostenlosen Abgabe von Abrechnungs-Software durch die kassenärztliche Vereinigung an Kassenärzte (BGH GRUR 1993, 917, 919 f – *Abrechnungs-Software für Zahnärzte*; OLG Karlsruhe WRP 1989, 605; OLG Stuttgart NJW 1989, 778); dagegen **verneint**: bei einem kommunalen Bestattungswirtschaftsbetrieb wegen rückläufiger Auftragsentwicklung (BGH GRUR 1987, 116, 118 – *Kommunaler Bestattungswirtschaftsbetrieb I*); bei der Veranstaltung von „Selbstzahlerreisen" durch ein Bezirksamt wegen geringen Umfangs und fehlender Nachahmungsgefahr (KG aaO); bei der Entgegennahme von Anzeigen für ein Amtsblatt (BGH GRUR 1973, 530, 532 – *Crailsheimer Stadtblatt*).

E 58 c) **Zusätzliche Schranken für die öffentliche Hand?** In der Literatur wird darüber hinaus die Wettbewerbswidrigkeit der Preisunterbietung bejaht, wenn sie durch **Mehrerlöse aus einer gesetzlichen Monopolstellung** (vgl. den Fall OLG Köln WRP 1985, 511) oder durch eine erwerbswirtschaftliche **Randnutzung** öffentlicher Einrichtungen ermöglicht wird (*Ulmer* aaO S. 489). Insoweit besteht aber kein Grund, die öffentliche Hand strenger zu behandeln als private Unternehmen, bei denen vergleichbare Konstellationen auftreten können (ähnlich *Emmerich* Der unlautere Wettbewerb der öffentlichen Hand, 1969, S. 55 ff; *Piper* GRUR 1986, 574, 579). Auch in diesen Fällen muß es dabei bleiben, daß Wettbewerbswidrigkeit nur bei Zweckentfremdung öffentlicher Mittel, Verdrängungsabsicht oder Gefährdung des Wettbewerbsbestands anzunehmen ist.

6. Monopolmißbrauch

E 59 Wettbewerbswidrig ist es, wenn die öffentliche Hand eine Monopolstellung auf einem bestimmten Markt dazu mißbraucht, um sich oder Dritten auf einem anderen Markt Wettbewerbsvorteile zu verschaffen (OLG Frankfurt WRP 1979, 127; OLG Düsseldorf GRUR 1992, 182; *H. Schricker* S. 234 f; vgl. auch OLG Köln WRP 1985, 511, 512). Daß daneben kartellrechtliche Tatbestände (§§ 22, 26 Abs. 2 GWB) verwirklicht sein können (dazu Rdn. 68 und *Emmerich* Der unlautere Wettbewerb der öffentlichen Hand S. 71 ff), schließt die Anwendung des UWG nicht aus.

7. Gesetzesverstöße

E 60 a) **Nur für die öffentliche Hand geltende Normen. aa) Allgemeines.** Soweit Normen nicht für alle Wettbewerber, sondern nur für die öffentliche Hand gelten, ist zu unterscheiden: Die Verletzung solcher Normen, die lediglich eine innerbehördliche Bindung (wie z. B. Ministerialerlasse[49]) oder den Schutz der öffentlichen Hand oder des Allgemeininteresses an korrekter Amtsführung, nicht auch den Schutz der priva-

---

[49] Dazu BGH GRUR 1984, 665, 667 (sub 3) – *Werbung in Schulen*; BGH GRUR 1973, 530, 532 (sub 3) – *Crailsheimer Stadtblatt*.

ten Mitbewerber bezwecken, ist wettbewerbsrechtlich unbeachtlich.[50] Dient die Norm dagegen auch dem **Schutz der Mitbewerber** vor Aufnahme von Wettbewerb, so können Verstöße die Wettbewerbswidrigkeit unter dem Gesichtspunkt des Vorsprungs durch Rechtsbruch begründen (vgl. *Ulmer* ZHR 146 (1982) 466, 497). Denn es ist unerheblich, daß eine Norm nicht alle Wettbewerber gleichmäßig bindet (BGH GRUR 1965, 373, 375 – *Blockeis II*). Die eigentliche Schwierigkeit besteht freilich in der Feststellung, welchen Schutzzweck die jeweilige verletzte Norm verfolgt (vgl. dazu auch BGH GRUR 1990, 611, 615 – *Werbung im Programm*). Dies gilt insbesondere für Normen, welche die Aufnahme (das **„ob"**) einer wirtschaftlichen Tätigkeit durch die öffentliche Hand regeln, d. h. verbieten oder von bestimmten Voraussetzungen abhängig machen.

bb) Kommunalrechtliche Vorschriften über die Errichtung, Übernahme oder Er- **E 61**
weiterung von wirtschaftlichen Unternehmen dienen im Regelfall lediglich dem Schutze der öffentlichen Hand, Verstöße gegen sie werden daher nicht als per se wettbewerbswidrig angesehen.[51] Freilich will die Rechtsprechung auch bei derartigen Normen nicht von der Prüfung absehen, ob sie im **Einzelfall** den Schutz privater Mitbewerber bezwecken. Dies wurde beispielsweise für § 69 Abs. 1 (jetzt § 88) GO NRW bejaht.[52]

cc) Für Vorschriften des **Haushaltsrechts** (vgl. § 65 BHO) ist anerkannt, daß sie **E 62**
lediglich „interne Wirkung" haben und Verstöße daher keine Wettbewerbswidrigkeit begründen.[53] Das gleiche gilt für Vorschriften, die die **Funktionsgrenzen** und **Zuständigkeiten** öffentlich-rechtlicher Körperschaften regeln (vgl. *H. Schricker* S. 157 sowie BGH GRUR 1986, 823 – *Fernsehzuschauerforschung* – zu §§ 21, 22 BGB).

dd) Rundfunkrechtliche Vorschriften gelten teils nur für die öffentlich-rechtli- **E 63**
chen Rundfunkanstalten, teils auch für die privaten Sendeveranstalter (und stellen insoweit für alle geltende Rechtsnormen dar; Rdn. 64). Für die öffentlich-rechtlichen Rundfunkanstalten sind insbes. die **staatsvertraglichen** Regelungen von Bedeutung (abgedruckt bei *Ring*, Medienrecht, Teil C) und hier wiederum das **Verbot der Werbung im Programm** in mannigfacher Ausprägung (hierzu BGHZ 110, 278, 285 f = GRUR 1990, 611, 614 f – *Werbung im Programm*; BGH GRUR 1992, 518, 520 – *Ereignis-Sponsorwerbung*; OLG Frankfurt GRUR 1994, 131; *Bork* ZUM 1988, 322; *Federhoff-Rink* GRUR 1992, 643; *Rüggeberg* GRUR 1988, 873; *Sack* AfP 1991, 704). Sinn dieser Regelung ist es vor allem, die Unabhängigkeit der Programmgestaltung und die Neutralität gegenüber dem Wettbewerb im Markt zu wahren und sachfremde Einflüsse Dritter auf die Sendungen zu verhindern. Da es sich dabei um wichtige Gemeinschaftsgüter handelt, sind Normverstöße ohne weiteres wettbewerbswidrig iS des § 1, ohne daß es noch auf das Vorliegen sonstiger Umstände, etwa einer Täuschung der Fernsehzuschauer über das Vorliegen einer Wer-

---

[50] Ganz hM; vgl. *Baumbach/Hefermehl* § 1 Rdn. 932; *Emmerich* Der unlautere Wettbewerb der öffentlichen Hand, S. 63 ff.

[51] Vgl. BGH GRUR 1974, 733, 734 – *Schilderverkauf* (zu § 65 Nds. LKrO und § 89 Nds. GO); vgl. auch Bay VGH JZ 1976, 641, 642 (zu – jetzt – Art. 89 Bay GO). – Aus dem Schrifttum vgl. *v. Gamm* Kap. 1 Rdn. 32; *Emmerich* Der unlautere Wettbewerb der öffentlichen Hand, S. 64 ff; *Ulmer* ZHR (1982) 466, 497.

[52] Vgl. BGH GRUR 1965, 373, 375 – *Blockeis II* und die dazu gegebene Interpretation in BGH GRUR 1974, 733, 734 – *Schilderverkauf*; dazu *Baumbach/Hefermehl* § 1 Rdn. 933.

[53] *Baumbach/Hefermehl* § 1 Rdn. 932; *Emmerich* Der unlautere Wettbewerb der öffentlichen Hand, S. 63; *Ulmer* ZHR 146 (1982) 466, 497.

bung, ankäme (BGH aaO – *Werbung im Programm* und *Ereignis-Sponsorwerbung*). Allerdings kann, da das Verbot der Werbung im Programm auch den Schutz des Fernsehzuschauers und damit der Allgemeinheit vor einer Täuschung über den werblichen Charakter eines Programmteils bezweckt, auch hierdurch die Wettbewerbswidrigkeit begründet werden.

E 64 **b) Für alle geltenden Normen.** Hier geht die Frage dahin, ob jeder Verstoß der öffentlichen Hand gegen eine für alle Wettbewerber geltende privatrechtliche oder öffentlich-rechtliche Norm bereits die Wettbewerbswidrigkeit begründet oder ob wiederum nach dem Schutzzweck der verletzten Norm zu differenzieren ist. (1) Eine Mindermeinung[54] hält solche Gesetzesverstöße der öffentlichen Hand für *per se* wettbewerbswidrig: Es sei anstößig, wenn sich die öffentliche Hand im wirtschaftlichen Wettbewerb über die von ihr selbst zur Regelung des Wettbewerbs geschaffenen Vorschriften hinwegsetze. Vor allem aber gelte es, die besondere Macht und Gefährlichkeit der öffentlichen Hand im Wettbewerb zu zügeln. (2) Vermittelnd wird vertreten,[55] mit Rücksicht auf die Besonderheiten des Wettbewerbs der öffentlichen Hand müßten zumindest schon geringere Wettbewerbsauswirkungen der Gesetzesverletzung für die Wettbewerbswidrigkeit ausreichen. (3) Die hM[56] will dagegen auf den konkreten Schutzzweck der verletzten Norm abstellen, um eine Benachteiligung der öffentlichen Hand gegenüber den privaten Mitbewerbern zu vermeiden. – Dem ist beizupflichten. Zu Unrecht identifiziert die Mindermeinung die öffentliche Hand mit dem Gesetzgeber, insbesondere wenn man bedenkt, wie vielfältig die Erscheinungsformen der öffentlichen Hand (z. B. Anwaltskammer, AOK) sind (ebenso *H. Schricker* S. 158). Der besonderen Macht und Gefährlichkeit der öffentlichen Hand ist dort zu begegnen, wo sie nachteilig im Wettbewerb in Erscheinung tritt. Dadurch läßt sich auch dem Anliegen der vermittelnden Ansicht Rechnung tragen.

E 65 **c) Nur für (bestimmte) Mitbewerber geltende Normen.** Soweit bestimmte Normen oder Regeln nur für (bestimmte) private Mitbewerber ein Wettbewerbsverhalten regeln, ist die öffentliche Hand grundsätzlich daran nicht gebunden (vgl. RGZ 124, 239, 249 f – *Landmesser I*). Dies gilt beispielsweise für **standesrechtliche Regeln** einzelner Berufe oder für **anerkannte Wettbewerbsregeln** iS der §§ 28 ff GWB. Allerdings können diese Regeln im Einzelfall eine Erkenntnishilfe für die Beurteilung der Wettbewerbswidrigkeit eines Verhaltens geben (vgl. *Kellermann*, in: Immenga/Mestmäcker, § 30 Rdn. 44; *Emmerich* Der unlautere Wettbewerb der öffentlichen Hand, S. 69; vgl. auch noch RGZ 132, 296, 299).

8. Gefährdung des Bestands des Leistungswettbewerbs

E 66 Die Gefährdung des Bestands und der Grundlagen des Leistungswettbewerbs („Marktstörung; dazu Rdn. D 3 ff) durch die wirtschaftliche Betätigung der öffentlichen Hand ist jedenfalls dann nicht hinzunehmen, wenn die öffentliche Hand dazu nur aufgrund des Einsatzes ihrer hoheitlichen Machtstellung, Mittel oder Möglich-

---

[54] *v. Gamm* Der Wettbewerb der öffentlichen Hand, Diss. Würzburg, S. 83 (zit. nach BGH GRUR 1965, 373, 375 – *Blockeis II*); *Emmerich* Der unlautere Wettbewerb der öffentlichen Hand, S. 66 ff; *ders.* Das Recht des unlauteren Wettbewerbs, 4. A., § 4/6 b bb.

[55] *v. Gamm* Kap. 20 Rdn. 18.

[56] Grundlegend BGH GRUR 1965, 373, 375 – *Blockeis II*; auch BGH GRUR 1990, 611, 615 – *Werbung im Programm*; *Baumbach/Hefermehl* § 1 Rdn. 931; *H. Schricker* S. 156 f; vgl. weiter VG Hannover, Anwaltsblatt 1974, 154 zum Schutzzweck des § 1 RBeratG.

keiten in der Lage ist, sie somit Wettbewerbsvorteile ausnutzt, die nur sie besitzt. Daran ändert auch der Umstand nichts, daß die öffentliche Hand eine öffentliche Aufgabe wahrnimmt, außer sie wäre kraft Gesetzes zu dieser Maßnahme verpflichtet oder ermächtigt (Rdn. 57). Allerdings bedarf es im Einzelfall sorgfältiger Prüfung, ob unter Berücksichtigung einer etwaigen Nachahmungsgefahr (bereits) von einer Gefährdung des Bestands des Leistungswettbewerbs gesprochen werden kann.[57] Zu beachten ist insbesondere, ob die Marktanteile der öffentlichen Hand fallende oder steigende Tendenz haben und ob konkrete Indizien für eine Nachahmung durch andere öffentliche Hände vorliegen.

9. Irreführende Werbung

Die öffentliche Hand darf grundsätzlich in gleicher Weise für ihre Leistungen werben wie ein privater Gewerbetreibender (vgl. RGZ 132, 298; OVG Münster GewA 1974, 315; *H. Schricker* S. 184). Die Werbung darf jedoch nicht irreführend iS des § 3 sein. Die öffentliche Hand genießt insoweit keine Sonderstellung (vgl. den Fall BGH GRUR 1959, 244 – *Versandbuchhandlung*). Irreführung ist zu bejahen, wenn zu Unrecht der Eindruck erweckt wird, eine Leistung sei besser, weil hinter dem Angebot die öffentliche Hand steht (Seriosität, Preisgünstigkeit, fehlende Gewinnerzielungsabsicht usw.). So wurde ein Verstoß gegen § 3 angenommen, als ein Gerichtsvollzieher, ohne eine Schätzung vornehmen zu lassen, die vom Gläubiger angegebenen „Mondpreise“ bei der Versteigerung übernahm (KG NJW-RR 1986, 201). Zur Irreführungsgefahr bei der Werbung mit staatlicher Förderung vgl. KG WRP 1986, 207, 211. Irreführend war der Hinweis eines kirchlich getragenen Unternehmens zur Verwaltung und Vermittlung von Versicherungsunternehmen, es werde unentgeltlich tätig, obwohl es sich von den Versicherungsgesellschaften Provisionen gewähren ließ (BGH GRUR 1981, 823, 826 – *Ecclesia-Versicherungsdienst*). Nicht als irreführend wurde die (geplante) Eigenwerbung einer Gemeinde *„St. ... schönster Aussichtspunkt der Mosel“* angesehen, weil es sich um ein objektiv nicht nachprüfbares Werturteil handelte (OLG Koblenz WRP 1983, 225, 226) – Als irreführend wurde auch das Vortäuschen von Verbundvorteilen durch die Deutsche Bundespost TELEKOM angesehen (OLG Düsseldorf GRUR 1992, 182, 183 m. Anm. *Lehmann*). Desgleichen die Anweisung einer Kommune, Patienten nur an Sozialstationen (und nicht auch an Privatstationen) zu verweisen, weil der Eindruck besserer fachlicher Kompetenz erzeugt wird (LG Hannover NJW-RR 1991, 432). **E 67**

VII. Öffentliche Hand und Kartellrecht

1. Die Anwendbarkeit des Kartellrechts auf die öffentliche Hand

Nach § 98 Abs. 1 GWB ist das GWB grundsätzlich auch auf Unternehmen anwendbar, die ganz oder teilweise im Eigentum der öffentlichen Hand stehen oder von ihr verwaltet oder betrieben werden. Das entspricht zugleich der gemeinschaftsrechtlichen Vorgabe des Art. 90 Abs. 1 EWGV. Dem Kartellrecht liegt ein **funktionaler Unternehmensbegriff** zugrunde (vgl. nur BGH GRUR 1990, 474, 475 – *Neugeborenentransporte*). Er umfaßt jedwede Tätigkeit im geschäftlichen Verkehr, un- **E 68**

[57] Bejaht in BGHZ 82, 375 = GRUR 1982, 425 – *Brillen-Selbstabgabestellen*; OLG Karlsruhe WRP 1989, 605; OLG Stuttgart NJW 1989, 778; verneint in BGH GRUR 1973, 530, 532 – *Crailsheimer Stadtblatt* und BGH GRUR 1987, 116, 118 – *Kommunaler Bestattungswirtschaftsbetrieb I.* – Verneint in BGH GRUR 1991, 52, 56 – *Kreishandwerkerschaft I.*

abhängig davon, welche Rechtsform die so tätig werdende Person hat, und ob sie daneben auch noch in anderer Weise, zum Beispiel hoheitlich handelt (BGHZ 67, 81, 84 = GRUR 1977, 51 – *Auto-Analyzer*). Wenn daher die öffentliche Hand im geschäftlichen Verkehr zu Wettbewerbszwecken tätig wird, handelt sie zugleich als Unternehmen bzw. Unternehmensvereinigung (wie z. B. Ärztekammern; BGH aaO – *Auto-Analyzer*) iS des Kartellrechts. (Anders mag es nur liegen, wenn die öffentliche Hand lediglich fremden Wettbewerb fördert und selbst auch keine Unternehmensvereinigung darstellt.) Dementsprechend ist auch im Kartellrecht zwischen den **Leistungsbeziehungen** und den **Wettbewerbsbeziehungen** der öffentlichen Hand zu unterscheiden. Unbeachtlich ist demnach, ob die öffentliche Hand die Leistungsbeziehungen zu ihren Marktpartnern öffentlich-rechtlich oder privatrechtlich ausgestaltet hat. Entscheidend ist vielmehr, ob die öffentliche Hand zu ihren privaten Mitbewerbern auf dem Boden der Gleichordnung in Wettbewerbsbeziehungen steht, also die Marktpartner frei zwischen der öffentlichen Hand und ihren privaten Mitbewerbern wählen können (dann Kartellrecht anwendbar), oder ob die Beziehungen zu diesen Mitbewerbern vom öffentlichen Recht gestaltet (z. B. bei einem Anschluß- oder Benutzungszwang) oder doch überlagert sind (vgl. GemS-OGB BGHZ 102, 286; *Emmerich*, in: Immenga/Mestmäcker § 98 Rdn. 13 ff mwN). Diese Abgrenzung ist zugleich für den **Rechtsweg** maßgeblich.

2. Parallele Anwendung von Wettbewerbs- und Kartellrecht

E 69 Aus dem Gesagten ergibt sich, daß die wirtschaftliche Betätigung der öffentlichen Hand der Kontrolle sowohl durch das Wettbewerbsrecht als auch durch das Kartellrecht unterliegen kann. Allerdings ist dabei die ausschließliche Zuständigkeit der Gerichte in Kartellsachen (§§ 87 ff GWB) zu beachten. Da bestimmte Sachverhalte aber sowohl UWG- als auch GWB-Tatbestände erfüllen können, die Wertungsmaßstäbe auch weitgehend übereinstimmen (vgl. nur BGH GRUR 1987, 116, 117 – *Kommunaler Bestattungswirtschaftsbetrieb I*; BGH GRUR 1987, 829, 830 f – *Krankentransporte*) ist es häufig unschädlich, ob eine Streitigkeit als Wettbewerbssache oder als Kartellsache behandelt wird. So kann beispielsweise eine **Behinderungsmaßnahme** der öffentlichen Hand sowohl nach § 1 UWG als auch nach § 26 Abs. 2 GWB beurteilt werden.[58] Das gleiche gilt für die Beurteilung eines **Boykottaufrufs** durch die öffentliche Hand nach § 1 und nach § 26 Abs. 1 GWB (vgl. BGH GRUR 1977, 51, 52 – *Auto-Analyzer*; BGH GRUR 1990, 474 – *Neugeborenentransporte*).

3. Kartellbehördliches Eingreifen

E 70 Das Kartellrecht bietet, insoweit dem Wettbewerbsrecht überlegen, noch die Möglichkeit des kartellbehördlichen Eingreifens gegen die wirtschaftliche Betätigung der öffentlichen Hand. Präventiv ist dies möglich im Rahmen der Fusionskontrolle (§§ 23 ff GWB; Europ. FKVO) und repressiv im Rahmen der Mißbrauchsauf-

[58] Vgl. BGH GRUR 1987, 829, 830 f – *Krankentransporte*. Vgl. weiter BGH GRUR 1989, 430 – *Krankentransportbestellung*. Darin wird (im Anschluß an BGHZ 96, 337, 346 – *Abwehrblatt II*) ausdrücklich auf die Übereinstimmung der Wertungskriterien von § 1 UWG und § 26 Abs. 2 GWB hingewiesen. Da der Klageanspruch bereits nach § 1 begründet war, hielt es der BGH für entbehrlich, auch noch § 26 Abs. 2 GWB zu prüfen. – Umgekehrt prüfte das OLG Koblenz (GRUR 1990, 64) eine Behinderungsmaßnahme der öffentlichen Hand nur nach § 26 Abs. 2 GWB.

sicht über marktbeherrschende Unternehmen (§ 22 Abs. 4 GWB; Art. 86 EGV). Der betroffene Mitbewerber kann ein solches Eingreifen anregen, einen Rechtsanspruch darauf hat er allerdings nicht (vgl. *Möschel* in: Immenga/Mestmäcker § 22 Rdn. 189 mwN). Zur Frage der **Marktbeherrschung** durch Unternehmen der öffentlichen Hand (dazu *Ulmer* ZHR 146 (1982) 466, 492 f; *Emmerich* in: Immenga/Mestmäkker § 98 Rdn. 75 ff) ist zu bemerken: zwar kann im Einzelfall das Handlungspotential der öffentlichen Hand aufgrund des Rückhalts in den öffentlichen Kassen ausreichen, um eine Marktbeherrschung zu begründen; es ginge aber zu weit, die öffentliche Hand generell als marktbeherrschend anzusehen (so *Emmerich* aaO). Vielmehr ist immer auch zu berücksichtigen, inwieweit interne Bindungen einen solchen Rückgriff verhindern. Auch kann ein Rückgriff im Hinblick auf die angespannte Finanzsituation der öffentlichen Hand von vornherein ausgeschlossen sein. Bei der Prüfung eines **Machtmißbrauchs** ist im Rahmen der gebotenen Interessenabwägung stets zu berücksichtigen, ob für die Maßnahme der öffentlichen Hand ein besonderes öffentliches Interesse oder eine öffentliche Aufgabe gegeben ist (vgl. *Ulmer* ZHR 146 (1982) 466, 493, 503). Machtmißbräuche kommen insbesondere bei der Nachfragetätigkeit der öffentlichen Hand und bei der Ausdehnung auf Drittmärkte in Betracht (dazu eingehend *Emmerich* in: Immenga/Mestmäcker § 98 Rdn. 82 ff mwN).